2024年度陕西高校学生工作研究课题成果
2024年陕西省共青团和青年工作调查研究项目成果
2024年西安理工大学"创翼"辅导员工作室、"嘹长安"实践育人名师工作室研究成果

新时代大学生实践育人探索与创新

冯雨 张晓春 王浩先 ◎ 主编
姚琪 赵婷婷 张帅 ◎ 副主编

地质出版社
·北京·

图书在版编目（CIP）数据

新时代大学生实践育人探索与创新 / 冯雨，张晓春，王浩先主编. — 北京：地质出版社，2024.8. — ISBN 978-7-116-14189-6

Ⅰ. G641

中国国家版本馆CIP数据核字第20246D7K26号

XINSHIDAI DAXUESHENG SHIJIAN YUREN TANSUO YU CHUANGXIN

责任编辑：	王一宾
责任校对：	关风云
出版发行：	地质出版社
社址邮编：	北京市海淀区学院路31号，100083
电　　话：	（010）66554511（编辑室）；（010）66554646（邮购部）
网　　址：	https://www.gph.clmpg.com
传　　真：	（010）66554656
印　　刷：	固安华明印业有限公司
开　　本：	787 mm × 1092 mm 1/16
印　　张：	17
字　　数：	323千字
版　　次：	2024年8月北京第1版
印　　次：	2024年8月河北第1次印刷
定　　价：	46.00元
书　　号：	ISBN 978-7-116-14189-6

（版权所有·侵权必究；如本书有印装问题，本社负责调换）

编委会

主　编：冯　雨　张晓春　王浩先

副主编：姚　琪　赵婷婷　张　帅

编　委：李　言　杨　媛　金永升　王　莉

　　　　　邹阿龙　王之石　刘小勇　聂高扬

　　　　　张　彤　赵文峰　张　鹏　崔娟妮

　　　　　张小飞　高达敬　朱未未　于海恒

　　　　　郭　玥　薛炜玉　葛聂方杰

FOREWORD 自序

自2017年以来，我一直致力于大学生创新实践领域，指导超过300余名学生参加各级各类创新实践活动并取得了一定成果，在创新实践活动过程中，学生们的创新意识进一步提高，创新能力进一步加强。在这段时间里，我也深刻体会到实践育人的重要性和必要性。

习近平总书记强调："整合科技创新资源，引领发展战略性新兴产业和未来产业，加快形成新质生产力。"当前，数智时代的新质生产力为教育提供了充足的物质基础，而标准化、同质化的人才培养却滞后于生产力发展的需求。新质生产力的发展需要大量创新人才的有力支撑，亟须为新质产业培养富有创新精神的新质人才。这为高校做好适应社会发展的新型人才培养工作、促进新质生产力人才培育提供了重要遵循。然而，新质人才所需的创新能力、实践能力、跨学科思维和社会责任感无法单纯依靠传统课堂教学培养出来。而实践育人则能够使学生通过实际操作、项目体验、社会实践等方式，在真实环境中应用所学知识，解决实际问题，培养创新思维和综合素质，从而成长为适应新时代需求的新质人才。

因此，编写一本系统且全面的指导书籍，更好地进行实践育人的探索与创新，进一步服务于新质人才培养显得尤为重要。相比于现有的书籍，本书在以下三方面进行了创新：一是增加了最新的研究成果和技术应用；二是结合了大量的实际工程案例，增强了实用性；三是配备了丰富的习题和实验指导，便于学生进行实践操作。本书的编写历时两年，凝结了"嘹长安"实践育人工作室、"创翼"辅导员工作室全体成员多年来实践育人工作的实践探索经验，希望能够为广大教育工作者和研究人员提供有价值的参考和指导，推动新时代大学生实践育人工作的创新与发展。在编写过程中，我们得到了许多专家和同仁的宝贵支持与帮助，在此表示衷心的感谢。

为了更好地掌握本书的内容，我们建议读者在学习过程中，注重理论与实践相结合，积极参与讨论和分析。同时，希望读者在使用过程中，随时提出宝贵意见，以便我们在今后的修订中加以改进。愿本书能够启发更多的教育实践和研究，为新时代大学生的全面发展贡献一份力量。感谢所有读者的关注和支持，愿大家在教育事业中取得丰硕成果，以实践育人为支点，培养符合新质生产力发展要求的创新人才。

冯雨

2024年7月

PREFACE 前言

　　党和国家始终将实践育人作为落实党之大计、国之大计的重要方式与环节，并在经济社会发展和高等教育改革的关键时刻对其进行了整体规划，赋予其不同的时代内涵与任务要求。2017年，中共教育部党组印发《高校思想政治工作质量提升工程实施纲要》（教党〔2017〕62号），将实践育人纳入"十大"育人体系之中，大学生社会实践成为提升高校思想政治工作质量的重要部分。2020年，中共中央、国务院印发《关于全面加强新时代大中小学劳动教育的意见》，该文件不仅明确规定高校应结合专业和学科积极开展社会实践，而且在开篇就提出："各地区和学校坚持教育与生产劳动相结合，在实践育人方面取得一定成效。"2023年，共青团中央、中华全国学生联合会（以下简称：全国学联）印发《关于增强新时代大学生社会实践活动实效深化共青团实践育人工作的意见》，该文件的下发进一步突显了其在构建高校"大思政"工作体系和"三全育人"格局里的重要地位，为推动大学生社会实践朝着内涵化、规范化、常态化、长效化的方向发展提供了明确具体的指导意见。

　　进入新时代以来，在经济体制深刻改革、社会结构深刻变动、思想观念深刻变化的当代中国，社会对人才的需求也在随之发生着变化，高等教育面临着新的机遇和挑战。2024年3月，习近平总书记在中共中央政治局第一次集体学习时强调，要按照新质生产力的要求，打通教育、科技、人才的良性循环。这便要求高校需要加快培养拔尖创新人才，在为新质生产力提供坚实人才支撑方面彰显出使命担当。实践育人作为引导学生将理论知识运用到解决实际问题的平台，乃是提升学生创新能力和团队合作能力的重要途径。同时，学生也可以借助实践中接触到的实际问题，激发科研创新的灵感，推动科研成果的转化应用，为新质生产力的发展添砖加瓦。

自2017年以来，西安理工大学"嚓长安"实践育人工作室、"创翼"辅导员工作室在实践育人方面取得了丰硕成果，长期在陕西省处于前列位置。工作室将社会实践与思想政治理论课教学改革加以融合，将"大学生社会实践"作为一门独立的必修课纳入西安理工大学本科教学计划当中，并于2020年被评为陕西省一流课程。《新时代大学生实践育人探索与创新》就是这门一流课程的教学用书。

为了配合教学上的便利性并满足学生自学的需要，本书在材料的选取和编写上尽力确保观点稳妥，对一些存在争议的问题或者在探索中尚不完备的经验，进行了规避。所讲授的内容是大学生进行社会实践所应具备的基础知识，期望使用者能够认真学习、掌握。本书内容涉及新时代高校实践育人模式的理论依据、新时代高校大学生社会实践概述、大学生社会实践的选题与内容、大学生社会实践的策划与组织、大学生社会实践基本技能和大学生社会实践总结与成果转化六章，同时融入了教学团队已有的社会实践经验和成果，从而为使用者提供了具体且可行的思路和参考。

本书以理论解析为主，并辅以章节习题和拓展阅读，注重思想性、理论性、原创性、可读性、实用性和规范性等多维度达成统一。其材料丰富，内容成体系，语言流畅，可操作性强。

本书可作为普通高等学校大学生社会实践的理论讲授教材，也可供独立学院、高职高专师生，以及高校的专兼职学生思想政治工作者、学生辅导员和相关研究人员参考。

作为一种时代色彩鲜明的教育活动，大学生社会实践教育正在不断发展、与时俱进，因此本书不免存在一些不足。我们热忱欢迎读者对本书提出意见和建议，期望在再版时能够予以更新和完善。

作者

2024年4月

CONTENTS 目录

第一章
新时代高校实践育人模式的理论依据 ——— 1

　　第一节　实践育人的世界观和方法论基础　　2
　　第二节　青年学生在实践中锻炼成长的规律　　9
　　第三节　实践赋能新质人才培养的理论逻辑　　19

第二章
新时代高校大学生社会实践概述 ——— 27

　　第一节　高校大学生社会实践的历史发展　　28
　　第二节　新时代大学生社会实践的意义与作用　　35
　　第三节　中外合作办学背景下大学生社会实践现状　　45

第三章
大学生社会实践的选题与内容 ——— 57

　　第一节　大学生社会实践的主要形式与内容　　58
　　第二节　大学生社会实践的选题原则与方向　　73
　　第三节　大学生社会实践的选题来源与方法　　83

第四章
大学生社会实践的策划与组织 ——— 93

　　第一节　大学生社会实践团队组建　　94

　　　　第二节　大学生社会实践流程安排　　　　　　　　　109

　　　　第三节　大学生社会实践活动开展　　　　　　　　　121

第五章
大学生社会实践基本技能 ——————— 133

　　　　第一节　文献查阅与信息检索　　　　　　　　　　134

　　　　第二节　问卷设计与调查　　　　　　　　　　　　149

　　　　第三节　数据的处理与分析　　　　　　　　　　　165

　　　　第四节　报告的写作与规范　　　　　　　　　　　174

第六章
大学生社会实践总结与成果转化 ——————— 185

　　　　第一节　大学生社会实践报告撰写　　　　　　　　186

　　　　第二节　大学生社会实践考评总结　　　　　　　　198

　　　　第三节　大学生社会实践成果转化　　　　　　　　206

附录
全国挑战杯一等奖调研报告
　　——以"医"汇乡，医"通"百通：资源整合式服务何以助力
　　"医"锦还乡？ ——————————————— 214

参考文献 ——————————————————— 261

第一章 新时代高校实践育人模式的理论依据

实践是大学生成长成才的重要途径。实践育人工作是高校教育引导大学生将理论与实践相结合，不断强化大学生理论认识，进一步提高实践能力的重要环节。通过理论指导，学生可以更好地激发自身的创新精神和实践动力，全面提升个人素质。知识来源于实践，能力来源于实践，大学生自身的素质需要在实践中养成和提升。

本章从梳理马克思主义实践观、中国共产党历代领导集体关于实践育人的思想等角度，主要讨论新时代高校实践育人模式的理论依据，涵盖实践育人的世界观和方法论基础、青年学生在实践中锻炼成长的规律，以及实践赋能新质人才培养的理论逻辑三个部分，旨在拓展理论研究视角，深化思想政治教育研究，增强高校实践育人的科学性和实效性。

第一节　实践育人的世界观和方法论基础

马克思主义认为,实践是人能动地改造客观世界的对象性活动,它的本质决定了实践在人类生活中占据基础和根本性地位。实践表现为主体与客体的相互作用。在实践过程中,人们将自己以外的客观事物当作自己的实践对象,将其作为实践客体,而自己则作为主体,二者构建起对象性关系。实践的过程就是主体与客体相互作用的过程,即人们认识和改造世界的过程。

一、实践育人的世界观基础

马克思主义认为,实践是主体与客体之间对象性关系的相互作用,是规律性与目的性的统一,也是自然性与历史性的统一。从实践的角度去看待和理解对象世界,也就是从现实的人以及历史发展出发去理解与把握对象世界。实践是人特有的对象性活动,构成了人的存在方式。人类通过实践活动存在于自然界并对其进行改造。随着社会生产力水平的不断提升,人类改造自然的实践能力也随之增强,与自然界的交换首先表现为物质交换,进而表现为人与人的交换,成为人类改造过的自然和人类社会的统一体,成为属人的自然、属人的世界。人类在实践过程中培养出自我意识的能力,按照人的模样去组织世界、创造世界,使之成为真正属人的世界。

实践使世界分为自然界和人类社会,它们之间相互影响,存在着对立又统一的关系。人类社会脱离自然界而得以存在,尽管其中仍包含自然元素,但这些元素已经不再是纯粹的自然,而是被人类目的所塑造的、具有人类特色的自然,即人化的自然。在人类社会中,自然与社会相互渗透、相互作用、相互制约。不仅社会是自然的一部分,而且自然也被社会所塑造。在人类世界中,自然与社会构成了不可分割的统一整体。在人类社会中,人对自然的改造需要在特定的社会形式下进行,并依赖这种社会形式。因此,人与自然的关系受社会关系的制约,又由于自然所具有的天然本性并不会因改造而消失,所以社会也受自然的制约。这是因为自然是社会存在的前提和基础,社会是从自然发展而来，是自然向人的生成过程。社会中产生的人的需求、目标、愿望只有通过人与自然的交流方可实现。因此，社会的变化和发展无法摆脱自然，而成为超越自然的历史过程。

实践是形成自然的社会及社会的自然的基础，实践使自然与社会在人类社会中实现了统一。在实践活动中，人类不仅按照物的尺度建构人类世界，而且也按照人的尺度建设人类世界。可见，我们不能将人类世界单纯归结为人类精神的结果，也不能将人类世界归因于单纯天然的自然界演化的产物，只有立足于实践，从实践出发去理解人类世界，才能准确把握社会的自然与自然的社会，才能准确把握在人的实践活动基础上形成的人类世界。马克思认为，人的实践活动、感性劳动和创造性生产是整个现存世界的基础。正因为如此，马克思在批判费尔巴哈时提到，费尔巴哈不能理解人们所在的社会环境并非固定不变的，而是社会历史不断发展的产物，是人们劳动实践的结果。其中，每一代都在上一代的基础上继续进行生产、交往、发展，并随着当代的需要不断变革社会制度。另外，人的实践活动是变动的、发展的、开放的，因此，在人的实践活动中所生成的人类世界是动态的、发展的、复杂多变的。正如马克思所说，人的生产劳动是全面的，动物的生产劳动是片面的，动物只懂得本能地生产自身的存在，人则懂得生产整个世界。人类实践活动并不是单一的，我们所生活的世界无不具有人的活动痕迹，无不是在人的实践活动作用下被创造和发展起来的。需要着重强调的是，确立实践的世界观并非要否定自然的优先地位，其重点在于提供准确认识自然的科学方法，揭示自然的本质与价值所在。马克思的实践唯物主义同其他唯物主义一样，首先肯定自然的优先地位，同时，又超越了自然唯物主义，但这种超越并非机械地将自然唯物主义推广到社会历史领域。

二、实践育人的方法论基础

毛泽东指出："我们不但要提出任务，而且要解决完成任务的方法问题。我们的任务是过河，但是没有桥或没有船就不能过。不解决桥或船的问题，过河就是一句空话。不解决方法问题，任务也只是瞎说一顿。"这完美地解释了实践育人的方法论基础，也是科学回答实践为什么能育人以及实践如何育人的前提条件。从方法论的角度出发，去思考实践为什么能推动人的思想道德进步和全面发展，至少可以从以下三个方面进行解读。

实践是人的主观与客观相互联系的桥梁。只有在实践中，人的主观世界与客观世界才能相互联系、相互作用。毛泽东指出："无论何人要认识什么事物，除了同那个事物接触，即生活（实践于）那个事物的环境中，是没有法子解决的。"毛泽东揭示了人类主观世界对客观世界的准确反映只能来源于实践，而这一反映归根到底也必将应用于实践中进行检验这一朴素原理。依托于实践这一桥梁，人类对客观世界的主观认识不断深化，同时也更好地促进了客观世界的改造和发展。主客观相互联系且相互作用的这一过程，推动了人的发展与进步。

实践是教育主体与客体交互作用的基础。就教育活动而言，人作为教育活动的对象，属于教育的客体。但与此同时，人也是教育的主体。因为人是教育和环境的产物，而"环境正是由人来改变的，教育者本人一定是受教育的"。人和环境在实践的过程中相互作用、相互影响的这一能动的实践活动，实现了教育主客体的辩证统一，使人不但作为教育的客体，实现了自身的成长和发展，而且作为教育的主体，在更广阔的范围内教育和影响包括其自身在内的人。

实践是德育与智育相互促进的基础。实践作为人类认识的来源和认识发展的动力，推动了人类认识成果得以极大地丰富，帮助人们不断掌握改造自然的新技能，这是一个"育智"的过程。同时，实践还是"育德"的过程，并实现了德育与智育的紧密结合与相互促进。马克思指出："在再生产的过程中，不仅客观条件改变着，而且生产者也改变着，他炼出新的品质，造成新的力量和新的观念，造成新的交往方式、新的需要和新的语言。"在再生产的实践过程中，不仅改造了物质财富等客观条件，还锻炼出生产者新的品质、新的观念、新的需要，推动着人们以新的交往方式进行互动，实现了改造自然与改造自我、改造智力因素与改造非智力因素的相互统一。基于这一认识，马克思明确地提出："体力劳动是防止一切社会病毒的最伟大的消毒剂。"将德育和智育紧密结合在一起的实践活动，是实现人的全面发展的根本途径。

通过检视马克思主义实践观与育人之间的联系可以发现，马克思主义对实践在世界观和方法论层面的解读，回答了实践为什么能育人、实践如何育人的问题。主体的对象化揭示了育人的过程，客体的非对象化提供了育人的素材，主体的对象化和客体的非对象化一起不断丰富和发展了人类文明成果，提高了主体认识和客体改造的能力。继而通过实践活动，将人的主观世界与客观世界相互联系，让教育活动的主体与客体相互作用，使德育与智育相互结合并促进，实现了人的思想道德进步乃至人的全面发展。

> **课后习题**
>
> 1. 马克思主义实践观的内涵是什么？
> 2. 实践的内涵是什么？
> 3. 实践育人的方法论基础包含几个方面？
> 4. 马克思主义实践观回答了哪些问题？
> 5. 结合自身实际情况，对"实践如何育人"展开论述。

深入认识新时代马克思主义实践观

实践观是马克思主义引领时代变革的重要理论基石，也是构建中国特色哲学社会科学的重要理论基石。中国特色社会主义进入新时代，我们要坚持和发展马克思主义实践观，在回应时代关切、促进实践发展中为构建中国特色哲学社会科学打牢实践观基础。为此，需要结合新的时代特点，从以下几个方面深化对马克思主义实践观的认识。

（一）坚守以人民为中心的价值导向

实践是变革世界的客观物质活动，但从事实践的人是有目的、有立场、有价值导向的。实践的最终目的是为了满足实践主体的需要，因而实践观必然包含价值性和方向性。人民群众是历史的真正主人，是社会物质财富、精神财富的创造者和社会变革的决定性力量。人民性这一马克思主义的鲜明品格，要求共产党人始终把人民立场作为根本立场，把为人民谋幸福作为根本使命，坚持党的宗旨，贯彻群众路线，尊重人民主体地位和首创精神，团结带领人民共创历史伟业。改革开放在认识和实践上的每一次突破与发展，改革开放中每一个新生事物的产生与发展，改革开放每一个方面经验的创造与积累，无不来自亿万人民的实践和智慧。建设中国特色社会主义的伟大实践，从根本上说是广大人民群众的实践。人民群众在实践中创造的经验，反映了事物发展的客观规律，代表着社会进步的方向。

实践是检验真理的唯一标准，发展着的实践是检验发展着的真理的唯一标准。越是发展着的真理性认识以及基于这一真理性认识所制定的正确的路线、方针、政策和推出的决策、举措，就越符合人民的根本利益、整体利益和长远利益；越符合人民利益的认识，就越能体现实践检验的目的。改革开放的根本目的在于增进民生福祉。新中国成立后特别是改革开放以来，我们党带领人民坚定不移解放和发展社会生产力，在短短几十年时间里推动我国成为世界第二大经济体，使人民群众物质文化需要基本得到满足、生活质量得到显著提高，各项社会事业获得长足发展，人民安居乐业，社会安定有序。

习近平同志指出："以人民为中心的发展思想，不是一个抽象的、玄奥的概念，不能只停留在口头上、止步于思想环节，而要体现在经济社会发展各个环节。"进入新时代，我们要牢牢把握人民对美好生活的向往，把以人民为中心的发展思想贯彻到改革发展实践全过程、各方面，做到发展为了人民、发展依靠人民、发展成果由人民共享，更好增进人民福祉，更好发展中国特色社会主义事业，更好推动人的全面发展、社会全面进步。

（二）弘扬革命精神，坚持破立并举

实践是改造世界的物质力量，也是推动变革的根本力量。40年前，实践是检验真理唯一标准的大讨论，以马克思主义实践观的伟力解放思想、破除桎梏，拉开了改革开放伟大历史进程的序幕。改革的过程是破除体制机制弊端的过程，是社会主义制度自我完善和发展的过程，是在破中立、在立中破、破立并举的过程。经过40年改革开放，我国各方面体制机制创新发展、日渐完备。然而，新的体制机制确立后，随着时代发展、社会进步，又会出现新的不合时宜之处。永葆中国特色社会主义制度的生机活力和巨大优越性，除了改革，别无他途。习近平同志强调，我们正在进行具有许多新的历史特点的伟大斗争。党的十八大以来波澜壮阔的斗争历程，充分展现了以习近平同志为核心的党中央迎难而上的实践意志、革弊鼎新的实践锐气、纵横捭阖的实践艺术。

在全面深化改革的实践中，中国共产党人坚持制度自信和改革创新有机统一，有力推动了中国特色社会主义制度的自我完善和发展。习近平同志指出，制度自信不是自视清高、自我满足，更不是裹足不前、故步自封，而是要把坚定制度自信和不断改革创新统一起来。中国特色社会主义制度具有独特优势和旺盛生命力，对此我们充满自信。但也应看到，同我国经济社会发展和人民群众的需要相比，同参与激烈国际竞争的要求相比，同实现国家长治久安和社会主义现代化的艰巨任务相比，我们的制度机制仍存在不足，尚未成熟定型。只有保持朝气蓬勃的革命精神，不断推进改革创新，促进中国特色社会主义制度更加成熟更加定型，才能进一步发挥其优越性，进一步增强制度自信。

全面深化改革必须坚持解放思想和实事求是的有机统一。面对"牵一发而动全身"

的复杂现实，面对发展的阶段性特征，需要进一步解放思想。但解放思想不是脱离国情的异想天开，也不是闭门造车的主观想象，更不是毫无章法的莽撞蛮干，其目的在于更好地实事求是。面对经济社会转型和思想观念转变，要正视社会利益分化的现实，加紧建立利益协调平衡机制；把握改革深水区矛盾问题的特点，确保全面深化改革有条不紊推进；看清我国发展新阶段的实际，既尽力而为又量力而行地保障和改善民生；深刻认识基本国情，更好实现改革力度、发展速度和社会可承受程度的统一。只有坚持一切从实际出发，坚持从基本国情出发、从人民群众的根本利益出发，既大胆探索又脚踏实地，才能保证我们的举措和行动遵循事物发展规律、符合历史前进方向。

（三）把握实践方式的辩证统一

实践是一个包含多要素、多目标和多参数的复杂系统，实践对象的选择往往起于局部而扩展至全局。事实上，我国改革开放一开始就走了一条从实际出发的渐进改革之路。安徽小岗村土地承包经营的探索、深圳经济特区的试验，我国改革遵循的是先易后难的务实路线，坚持的是由点及面的稳步推进。

随着改革进入攻坚期和深水区，改革面对的利益关系更加错综复杂，形成改革共识的难度在增大。改革进程中既有利益关系的盘根错节，又有体制机制的顽瘴痼疾。在这样的背景下，继续深化改革，必须把握大局、稳中求进。邓小平同志说过，改革是全面的改革。作为一场深刻而全面的社会变革，改革涉及经济体制、政治体制、文化体制、社会体制、生态文明体制以及党的建设制度，领域广泛，任务繁重。随着改革不断深入，各个领域各个环节改革的关联性和互动性明显增强，每一项改革都会对其他改革产生重要影响，每一项改革又都需要其他改革协同配合。如果不整体推进，很多改革就难以完成。以习近平同志为核心的党中央提出和部署全面深化改革，建立在对新时代改革特征深刻把握基础上，要求各方面、各领域改革相互促进、良性互动、协同配合。

摸着石头过河和加强顶层设计是辩证统一的。推进局部的阶段性改革，要在加强顶层设计的前提下进行；加强顶层设计，要在推进局部阶段性改革的基础上来谋划。也就是说，局部实践和全局实践应当统一起来。摸着石头过河是富有中国智慧的改革方法，也是符合马克思主义认识论和实践论的方法。对必须取得突破但一时又不那么有把握的改革，可以采取试点探索、投石问路的方法，看准了再推开。随着改革不断推进，必须加强顶层设计和总体规划，提高改革决策的科学性、增强改革措施的协调性。既要加强宏观思考和顶层设计，更加注重改革的系统性、整体性、协同性；也要继续鼓励大胆试验、大胆突破，不断把改革引向深入。党的十八届三中全会以来，全面深化改革从顶层设计进入实施建设阶段,一大批夯基垒台、立柱架梁的改革方案相继出台,呈现出全面发力、多点突破、蹄疾步稳、纵深推进的良好态势。

(四)坚持不断发展的开放性

实践在发展,实践观也在不断发展。实践观不是凝固的或现成的东西,也不是一经得到就不再改变的东西,而是在历史发展中不断生成和具体化的过程。这是因为实践检验真理绝不是一次性完成的,也不可能止于某一个时间节点,而是一个无限展开的过程。由于受主客观条件的限制,一个时期实践检验所得出的正确结论,可能在后来的发展中表现出其不完善的方面。同时,新情况新问题不断出现,需要人们的认识随之变化,决不能墨守成规。简而言之,实践观是与时俱进的。

马克思主义实践观具有鲜明的与时俱进的精神品格。马克思一再告诫人们,马克思主义理论不是教条,而是行动指南,必须随着实践的变化而发展。马克思主义实践观是不断发展的开放的理论,始终站在时代前沿,不断探索时代发展提出的新课题、回应人类社会面临的新挑战。这正是马克思主义实践观能够历久弥新、创新发展的奥妙所在。

回顾40年改革开放的光辉历程,每一次重大改革都给党和国家发展注入新的活力,给社会主义事业增添新的生机,给理论创新提供丰富素材。改革没有完成时,实践永无止境。实践不断发展提出新的时代课题,又催生一次次重大改革。站在新的历史方位上,改革的复杂程度、敏感程度、艰巨程度前所未有。我们要抓住机遇、推动发展、赢得未来,就必须始终坚持和运用马克思主义实践观,在改革中守正出新,在开放中博采众长,不断开辟21世纪马克思主义实践观发展新境界,不断开创中国特色社会主义发展新局面。中国特色哲学社会科学只有坚持马克思主义实践观、植根于中国特色社会主义伟大实践,才能不断发展完善。

(资料来源:任平.深入认识新时代马克思主义实践观[N].人民日报,2018-6-25.)

第二节　青年学生在实践中锻炼成长的规律

青年学生要在实践中锻炼并成长，实践是促进学生全面发展和积累经验的重要途径。新时期以来，江泽民、胡锦涛、习近平等党和国家领导人从党和国家发展的战略高度，系统阐述了与马列主义、毛泽东思想和邓小平理论一脉相承而又不断发展的育人思想，对青年一代寄予殷切期望，不断强调实践在青少年成长成才中的重要作用。这些思想可以概括为青年学生在实践中锻炼成长的规律。

一、坚持将学习书本知识与投身社会实践相统一

江泽民同志认为，青少年成长成才必须做到"四个统一"，即坚持学习科学文化与加强思想修养的统一、学习书本知识与投身社会实践的统一、实现自身价值与服务祖国人民的统一、树立远大理想与进行艰苦奋斗的统一。组织学生参加劳动、开展社会实践是实行素质教育、落实科教兴国战略的必由之路。江泽民同志在全国教育工作会议上强调，"如果只是让学生关起门来读书，不参加劳动，不接触社会实践，不了解工人农民是怎样辛勤创造社会财富的，不培养劳动人民感情，是不利于他们健康成长和全面发展的"。在会议上，结合当时部分学校大中专毕业生分配时出现的少数学生好逸恶劳、不珍惜劳动成果的现象，江泽民同志忧心忡忡地谈道："教育如果不与生产劳动相结合，将妨碍社会生产力的提高，而且剥削阶级的思想意识和资产阶级的生活方式就会在一部分青少年中滋长起来，教育为社会主义建设服务，培养德、智、体等方面全面发展的社会主义事业的建设者和接班人也就将成为一句空话。"对于当时社会上出现的恶性事件，江泽民同志专门发表《关于教育问题的谈话》，指出青少年的健康成长是家庭、学校和全社会的共同责任，要求"不能整天把青少年禁锢在书本上和屋子里，要让他们参加一些社会实践，打开他们的视野，增长他们的社会经验"。提出"社会主义改革开放和现代化建设，为年轻一代的成长提供了广阔的舞台，只要他们有为祖国、为人民贡献青春的志向，满腔热情地投入到建设祖国的伟大事业中去，认真学习和掌握实践知识与

技能，把自己的聪明才智奉献给祖国和人民，就一定能够成长为有用之才"。江泽民同志的论述阐明了实践是青少年成长的必由之路，中国改革开放和现代化建设为青少年在实践中成长提供了广阔舞台。

二、把创新思维与社会实践紧密结合起来

进入21世纪以来，青少年健康成长环境、自身行为特点都发生重大变化。胡锦涛同志在北京大学时鼓励大学生"积极参加社会实践，向人民群众学习，磨炼意志，增长才干，切实提高创造能力和创业能力，为今后走上社会、成就事业打下坚实基础"。在参加清华大学百年校庆大会时，胡锦涛同志提出："希望同学们把创新思维和社会实践紧密结合起来，坚持理论联系实际，积极投身社会实践，在实践中发现新知、运用真知。"指出创新思维和社会实践紧密结合是青年成才的科学途径，是青年成长的正确道路。其中，社会实践是创新思维的源头活水，创新的需求来源于实践探索，创新的动力来源于实践需要，创新的成果必须应用于实践检验。同时，在社会实践的过程中，必须坚持勇于探索、敢于求新，积极运用新思维、新办法以指导开展实践活动。青年学生坚持创新思想和社会实践紧密结合，有助于在解决实际问题时增长见识和提升本领，有助于培养创新精神和实践能力，从而为成长成才打下坚实基础。围绕青年学生必须坚持创新思维和实践能力紧密结合这一点，胡锦涛同志在一系列讲话中多次谈到创新精神和实践能力培养的重要性。胡锦涛同志在召开的全国教育工作会议上提出："要促进学生全面发展，优化知识结构，丰富社会实践，加强劳动教育，着力提高学习能力、实践能力、创新能力，提高综合素质，加快改变学生创新能力培养不足状况，推进教学、科研、实践紧密结合，学校、家庭、社会密切配合，加强学校之间、校企之间、学校和科研机构之间合作以及中外合作等多种联合培养方式。"强调了实践与教学和科研都是育人的有效途径，校企联合培养是人才培养的重要方式，提出促进学生全面发展，必须坚持教学、科研、实践紧密结合，学校、家庭、社会紧密结合，学校、企业、科研机构紧密结合。党的十八大报告指出，"把立德树人作为教育的根本任务……着力提高教育质量，培养学生社会责任感、创新精神、实践能力"。学生创新精神和实践能力培养被纳入中国共产党的重要工作范畴，第一次写进了党代会报告，是中国共产党领导下的青年工作和教育工作的重要内容。

三、实践是提升本领的途径

2012年11月以来,以习近平同志为核心党中央高度关注实践成才问题,多次在与青年代表座谈或在给青年学生回信中谈到实践的重要作用,鼓励青少年投身实现中国梦的伟大实践中,在与祖国同行、为人民服务中增长才干、磨炼本领。党的十八届三中全会审议通过的《中共中央关于全面深化改革若干重大问题的决定》中提出,要培养当代大学生的创新精神、实践能力和社会责任感,更是集中体现了党和国家对大学生实践能力培养的重视和关注。梳理习近平总书记关于青少年实践成才的观点论述发现,其关于青年在实践中锻炼成才的认识至少具有四个方面的显著特征。第一,充分论述实践在青少年成长成才中的作用。2013年5月2日,习近平总书记在给北京大学考古文博学院2009级本科学生团支部全体同学回信时,充分赞许了同学们坚持校园文化知识学习与野外考古实习相结合的学习方法,表示:"得知你们近一年来不仅校园学习取得新的进步,而且在野外考古实习中很有收获,甚为欣慰。"习近平总书记谈道:"只有把人生理想融入国家和民族的事业中,才能最终成就一番事业。希望你们珍惜韶华、奋发有为,勇做走在时代前面的奋进者、开拓者、奉献者,努力使自己成为祖国建设的有用之才、栋梁之材,为实现中国梦奉献智慧和力量。"在2013年"五四"青年节与各界优秀青年代表座谈会上,习近平总书记指出,在青少年成长成才中,学校学习固然是重要平台,但更重要的是要坚持学以致用、深入基层、深入群众,在改革开放和社会主义现代化建设的大熔炉中,在社会的大学校里,掌握真才实学,增益其所不能。习近平总书记还多次在不同场所谈到自己年轻时在陕北农村的"知青"经历,认为当初在农村"也曾几个月吃不上肉"的经历帮助自身更加深刻地认识到了农村和农业问题,锻炼了身体素质和劳动能力,培养了对劳动人民的深厚感情,是一段宝贵的成长经历。在2014年1月28日给病愈后返回工作岗位的村官张广秀回信中,习近平总书记勉励广大大学生村官热爱基层、扎根基层,增长见识、增长才干,促农村发展,让农民受益,让青春无悔。第二,辩证阐明了学习和实践的关系。在2013年3月1日中共中央党校举行建校80周年庆祝大会暨2013年春季学期开学典礼上,习近平总书记面向党员领导干部深刻阐述了学习和实践的关系。他从中国特色社会主义事业发展角度出发,提出好学才能上进,要求领导干部必须坚持学习、学习、再学习,坚持实践、实践、再实践,"我们的学习应该是全面的、系统的、富有探索精神的,既要抓住学习重点,也要注意拓展学习领域;既要向书本学习,也要向实践学习;既要向人民群众学习,向专家学者学习,也要向国外有益经验学习。学习有理论知识的学习,也有实践知识的学习"。习近平总书记还从青少年成长角度指出:"学习是成长进步的阶梯,实践是提高本领的途径"。辩证地阐述了学习与实践之间互促共进、缺一不可的关系,强调学习是成长进步的阶梯,实践是提高本领的途径,是马克思主义认识论和世界观的当代解读。第三,特别注重引导青少年在实现中国梦的伟大实践中锻炼成长。中国梦是在新时期新背景下,中国共产党团结和凝聚全国人民共同开展社会主义现代化建设的重要指导思想,是以"两个一百年"为核心内容的实现国家富强、民族振兴、人民幸福,推动中华民族伟大复兴的复兴梦。当代青少年是实现中国梦的关键力量,也将是见证中国梦实现的历史见证人。习近平总书记热情鼓励并倡导青少年要自觉投身实践中国梦的历史征程之中,努力在实现中华民族伟大复兴中国梦的生动实践中放飞青春梦想。在给华中农业大学"本禹志愿服务队"回信中,高度赞扬了大学生志愿者走进西部,走进社区,走进农村,用知识和爱心热情服务需要帮助的困难群众的行为,勉励大学生志愿者们坚持与祖国同行、为人民奉献,以青春梦想、用实际行动为实现中国梦做出新的更大贡献。在2014年3月5日给"郭明义爱心团队"回信时,习近平总书记再次勉励工人阶级带头"以实际行动书写新时代的雷锋故事,为实现中国梦有一分热发一分光"。第四,积极引导青少年投身劳动实践。习近平总书记多次谈到必须注重引导青少年开展劳动活动,养成爱劳动的品质习惯。在2013年5月29日参加"快乐童年放飞希望"主题队日活动时,习近平总书记谈到"生活靠劳动创造,人生也靠劳动创造。你们从小就要树立劳动光荣的观念,自己的事自己做,他人的事帮着做,公益的事争着做,通过劳动播种希望、收获果实,也通过劳动磨炼意志、锻炼自己"。勉励少年儿童从小就要立志向、有梦想,爱学习、爱劳动、爱祖国。2013年9月,中华人民共和国教育部(以下简称:教育部)部署在全国各级各类学校全面开展"爱学习、爱劳动、爱祖国"的"三爱"教育。党的十八届三中全会指出要形成"爱学习、爱劳动、爱祖国"活动的有效形式和长效机制,着力增强学生的社会责任感、创新精神和实践能力。江泽民同志、胡锦涛同志和习近平同志先后在不同历史时期,从不同侧面论述了青少年学生在实践中锻炼成才规律思想,他们都高度重视实践的育人功能。无论是江泽民同志指出的不接触社会实践,不了解工人农民是怎样辛勤创造社会财富的,是不利于培养青少年对劳动人民感情,不利于他们健康成长和全面发展的,还是胡锦涛同志把社会实践作为改进大学生思想政治教育的首要途径,以及习近平同志勉励青少年坚持学以致用,自觉投身于实现中国梦的历史征程,在实现中华民族伟大复兴的中国梦的生动实践中放飞青春梦想,都一脉相承地坚持了青年必须注重实践、投身实践,在实践中成长成才,也只有在实践中才能更好地成长成才的育人规律。

课后习题

1. 青年学生在实践中锻炼成长的规律有哪些？
2. 提升青年学生本领的实践途径有哪些？
3. 实践的育人功能有哪些？

知识拓展

习近平总书记的实践观

近期，中共中央办公厅印发《关于在全党大兴调查研究的工作方案》指出，党中央决定，在全党大兴调查研究，作为在全党开展的主题教育的重要内容，推动全面建设社会主义现代化国家开好局起好步。

调查研究是马克思主义实践观的根本要求。实践观点是马克思主义哲学的核心观点。实践决定认识，是认识的源泉和动力，也是认识的目的和归宿。习近平总书记的实践观是马克思主义在中国特色社会主义发展中的实践观点，着眼于实现中华民族伟大复兴，围绕着把我国建设成为社会主义现代化强国这一主题展开。

在党的二十大报告中，习近平总书记指出："只有把马克思主义基本原理同中国具体实际相结合、同中华优秀传统文化相结合，坚持运用辩证唯物主义和历史唯物主义，才能正确回答时代和实践提出的重大问题，才能始终保持马克思主义的蓬勃生机和旺盛活力。"习近平总书记立足于实际，站在新时代前沿，回答了一系列世界难题，进一步丰富了马克思主义哲学实践观，为我们提供了切实的理论指导。

（一）实践是理论之源

2018年5月4日在纪念马克思200周年诞辰大会上，习近平总书记指出，马克思一再告诫人们，马克思主义理论不是教条，而是行动指南，必须随着实践的变化而发展。一部马克思主义发展史就是马克思、恩格斯以及他们的后继者们不断根据时代、实践、认识发展而发展的历史，是不断吸收人类历史上一切优秀思想文化成果丰富自己的历史。

（二）实践在发展，实践观也在不断发展

党的十八大以来，以习近平同志为主要代表的中国共产党人团结带领全党全国各族人民从理论和实践结合上系统回答了新时代坚持和发展什么样的中国特色社会主义、怎样坚持和发展中国特色社会主义等重大时代课题，创立了习近平新时代中国特色社会主义思想。在党的二十大报告中，习近平总书记指出："坚持和发展马克思主义，必须同中国具体实际相结合。我们坚持以马克思主义为指导，是要运用其科学的世界观和方法论解决中国的问题，而不是要背诵和重复其具体结论和词句，更不能把马克思主义当成一成不变的教条。""坚持和发展马克思主义，必须同中华优秀传统文化相结合。只有植根本国、本民族历史文化沃土，马克思主义真理之树才能根深叶茂。"这些重要论述凸显了习近平新时代中国特色社会主义思想的实践性特征。

习近平新时代中国特色社会主义思想的主要实践来源有两个方面。一方面，是党的十八大以来的伟大实践和所取得的辉煌成就。十年来，以习近平同志为核心的党中央，提出实现中华民族伟大复兴的中国梦，以中国式现代化全面推进中华民族伟大复兴，统筹推进"五位一体"总体布局、协调推进"四个全面"战略布局，推动我国迈上全面建设社会主义现代化国家新征程。另一方面，源自习近平总书记极不平凡的个人经历和丰富的从政经验。长期的基层历练中，习近平总书记积累了丰富的党的领导工作经验与深厚的人民情怀，他在实践中有着切身感受和深度思考。

习近平总书记在党的二十大报告中指出："我们必须坚持解放思想、实事求是、与时俱进、求真务实，一切从实际出发，着眼解决新时代改革开放和社会主义现代化建设的实际问题，不断回答中国之问、世界之问、人民之问、时代之问，作出符合中国实际和时代要求的正确回答，得出符合客观规律的科学认识，形成与时俱进的理论成果，更好指导中国实践。"

新中国成立后特别是改革开放以来，我们党带领人民以经济建设为中心坚定不移解放和发展社会生产力，在短短几十年时间里推动我国成为世界第二大经济体，使人民群众物质文化需要基本得到满足、生活质量得到显著提高，各项社会事业获得长足发展，人民安居乐业，社会安定有序。

党的十八大以来，我们党在已有基础上继续前进，"不断实现理论和实践上的创新突破，成功推进和拓展了中国式现代化"。习近平总书记立足于坚持以经济建设为中心的基点，深刻回答了在新时代"为什么要以经济建设为中心、实现什么样的经济建设、怎么样以经济建设为中心"等系列问题，为新时代中国经济的持续发展指明了方向。

2021年7月1日，天安门城楼上，习近平总书记对百年大党开辟中国式现代化新道路的伟大成就作出深刻总结："我们坚持和发展中国特色社会主义，推动物质文明、政治文明、精神文明、社会文明、生态文明协调发展，创造了中国式现代化新道路，创造了人类文明新形态。"

作为当代中国马克思主义、二十一世纪马克思主义，习近平新时代中国特色社会主义思想坚持马克思主义科学性和实践性的有机统一，从理论和实践的结合上深刻回答了关系党和国家事业发展、党治国理政的一系列重大时代课题，是经过实践检验、富有实践伟力的强大思想武器，贯穿着强烈的问题意识、鲜明的实践导向。

（三）坚持理论联系实际

习近平总书记指出，我们党是高度重视理论建设和理论指导的党，强调理论必须同实践相统一。我们坚持和发展中国特色社会主义，必须高度重视理论的作用，增强理论自信和战略定力。在治国理政的实践中，习近平总书记始终坚持"实践、认识、再实践、再认识"，彰显出马克思主义认识论和方法论的高度统一，展现了马克思主义者求真务实、知行合一、实践第一的内在品格与科学态度。

习近平总书记先后在庆祝中国共产党成立100周年大会上的重要讲话和党的二十大报告中强调"把马克思主义基本原理同中国具体实际相结合、同中华优秀传统文化相结合"。可以说，"两个结合"命题的提出，既是中国共产党百年历史经验和理论创新的高度概括，也是进一步坚持和发展马克思主义的现实要求。它充分表明了中国共产党对坚持和发展什么样的马克思主义以及如何推动马克思主义理论创新等命题的认识，达到了一个新的高度。

在新时代，中国特色社会主义伟大事业尽管取得了历史性成就，发生历史性变革，但也面临着前所未有的复杂情况与艰巨任务，亟待解决实践遇到的新问题、改革发展稳定存在的深层次问题、人民群众急难愁盼问题、国际变局中的重大问题、党的建设面临的突出问题。面对国际国内形势发生的深刻变化，以习近平同志为核心的党中央坚持实践观点，统筹国内国际两个大局，贯彻党的基本理论、基本路线、基本方略，统揽伟大斗争、伟大工程、伟大事业、伟大梦想，坚持稳中求进工作总基调，战胜一系列重大风险挑战，解决了许多长期想解决而没有解决的难题，办成了许多过去想办而没有办成的大事，推动党和国家事业取得历史性成就、发生历史性变革。

党的十八大以来，习近平总书记多次强调，坚持理论和实践相结合，注重在实践中学真知、悟真谛，加强磨炼、增长本领。十年来，稳经济、促发展，战贫困、建小康，控疫情、抗大灾、应变局、化危机……原创性思想、关键性抉择、战略性举措、变革性实践、突破性进展、标志性成果，以习近平同志为核心的党中央带领全党全国各族人民，不断实现理论与实践上的创新突破。从根本上解决中国的个性问题，必须在共性与个性的具体结合中探索出一条适合中国国情的中国式现代化新路。而这条现代化新路的开辟，必须把坚持和发展马克思主义的理论诉求、中华民族的未来命运同中华优秀传统文化的历史根基紧紧联系在一起，推陈出新、革故鼎新，将马克思主义基本原理同中华优秀传统文化中的治国思想、人文精神与价值观念融会贯通，开创出一条超越西方现代化的中国道路来解决实践难题，为马克思主义中国化时代化不断注入与时俱进的强大生命力。

坚持研究与运用相统一、理论与实践相结合，以宽广的视野、长远的眼光研究中国发展面临的一系列重大问题，不断提高全党运用科学理论分析和解决实际问题的能力，以应对重大挑战、抵御重大风险、克服重大阻力、解决重大矛盾。坚持用习近平新时代中国特色社会主义思想指引方向，引导全党自觉增强"四个意识"、坚定"四个自信"、做到"两个维护"，使全党始终保持统一的思想、坚定的意志、协调的行动、强大的战斗力。

（四）坚持问题导向

习近平总书记指出，一种理论的产生，源泉只能是丰富生动的现实生活，动力只能是解决社会矛盾和问题的现实要求。解决现实要求即注重问题导向。坚持问题导向是马克思主义的鲜明特点，理论创新也只能从问题开始。从某种意义上说，理论创新的过程就是发现问题、筛选问题、研究问题、解决问题的过程。

中国共产党科学回答了新时代坚持和发展什么样的中国特色社会主义、怎样坚持和发展中国特色社会主义，建设什么样的社会主义现代化强国、怎样建设社会主义现代化强国，建设什么样的长期执政的马克思主义政党、怎样建设长期执政的马克思主义政党等重大时代课题。这三个"什么样"和"怎样"，关系着实现中华民族伟大复兴的方向性问题、目标路径问题、力量保证问题，科学回答了新时代中国之问、世界之问、人民之问、时代之问。

"问题是事物矛盾的表现形式"。坚持问题导向必须贯彻事物矛盾运动的基本原理。正视矛盾、解决矛盾，最为关键的就是要善于抓住事物其中的主要矛盾。

新时代，以习近平同志为核心的党中央解民生之忧，谋民生之利，立足人民最关心最直接最现实的利益问题和社会热点问题寻源讨本，探寻人民的真实诉求和问题的本质源头，指明我国不平衡不充分发展的主要矛盾制约。习近平总书记聆听时代声音，总结历史经验，把握战略主动，高瞻远瞩，指挥若定，强调要把增强问题意识、坚持问题导向作为我国社会主义现代化建设的正确思维方式和科学工作方法，有力破解我国发展的难题与挑战。

坚持问题导向彰显了习近平新时代中国特色社会主义思想的理论勇气、原创智慧和实践品格，是习近平新时代中国特色社会主义思想的世界观和方法论之一。

党的十九大报告明确指出党的建设新的伟大工程起决定性作用，但近年来部分地方主体责任失之于宽、失之于弱是提高党的建设质量的短板和弱项，我们党刀刃向内，全面从严治党，将增强主体的履职能力、促进主体责任的落实监督常态化作为主要方面，在问题的重点和弱项上全力突破，有效推动伟大的自我革命和社会革命。党的二十大报告指出，我们要增强问题意识，聚焦实践遇到的新问题、改革发展稳定存在的深层次问题、人民群众急难愁盼问题、国际变局中的重大问题、党的建设面临的突出问题，不断提出真正解决问题的新理念新思路新办法。坚持问题导向的方法是新时代中国特色社会主义事业不断改革创新的理论成果。

这一方法论要求我们在实际工作中处理好全局和局部、当前和长远、宏观和微观、主要矛盾和次要矛盾、特殊和一般的关系。这一方法论是马克思主义事物普遍联系观点在实践中运用的思想结晶，也是改革的系统性、整体性、协同性实践的理论升华。

（五）大兴调查研究

党的十八大以来，以习近平同志为核心的党中央加大了调查研究的力度，习近平总书记的足迹遍布全国各地。党的十八大一结束就轻车简从，到中国改革开放的前沿深圳和广东其他地方考察调研。在领导全党打响脱贫攻坚战之初，习近平总书记从河北阜平到湖南湘西十八洞村，在贫困山区实地调查研究中形成了"精准脱贫"的新思路；此后，习近平总书记一次又一次深入贫困地区进行实地调研，提出脱贫攻坚的重要举措。

党的十九大后，习近平总书记进一步指出："党的十九大描绘了未来发展的宏伟蓝图，要完成大会确定的各项目标任务，就必须在全党大兴调查研究之风。各级领导干部要带头调研、经常调研，扑下身子，沉到一线，全面了解情况，深入研究问题，把准事物的本质和规律，找到破解难题的办法和路径。"强调在调查研究中"要实事求是，有一是一、有二是二，既报喜又报忧，特别要力戒形式主义、官僚主义，坚决反对在调查研究中走马观花、浅尝辄止、一得自矜、以偏概全，草率地下结论、做判断"。

习近平总书记在党的二十大报告中要求，弘扬党的光荣传统和优良作风，促进党员干部特别是领导干部带头深入调查研究，扑下身子干实事、谋实招、求实效。党的二十大后，在新一届中共中央政治局首次召开的民主生活会上，习近平总书记再次强调，要大兴调查研究之风。

进入新时代，党中央关于全面深化改革、全面依法治国等重大决策和"十三五"规划、"十四五"规划以及京津冀协同发展、长江经济带、粤港澳大湾区、长三角一体化、黄河流域生态保护和高质量发展等重大战略，都是在习近平总书记亲自深入的调查研究中形成的。

近期，中共中央办公厅印发的《关于在全党大兴调查研究的工作方案》要求各地区各部门"真诚倾听群众呼声，真实反映群众愿望，真情关心群众疾苦""真正把情况摸清、把问题找准、把对策提实"。

调查研究必须把握实事求是这一重大原则。一定要坚持党性原则，从客观实际出发，既不回避矛盾，也不掩盖问题，要坚持结论产生在调查研究之后，建立在科学论证的基础上。在调查研究中愿不愿、能不能、敢不敢实事求是，不只是认识水平问题，而且是党性问题。对调查了解到的真实情况和各种问题，要坚持有一是一、有二是二，既报喜又报忧，不唯书、不唯上、只唯实，营造和保持讲真话、讲实话、讲心里话的良好氛围，坚决反对上下级和干部之间逢迎讨好、相互吹捧，坚决反对把党内生活庸俗化。

历史从未终结，实践仍将继续。我们党的理论是来自人民、为了人民、造福人民的理论，人民的创造性实践是理论创新的不竭源泉。习近平总书记指出，"马克思主义不是书斋里的学问，而是为了改变人民历史命运而创立的，是在人民求解放的实践中形成的，也是在人民求解放的实践中丰富和发展的，为人民认识世界、改造世界提供了强大精神力量。"在新征程上，宏伟目标，催人奋进，壮阔征程，核心领航。让我们以时不我待、只争朝夕的奋斗精神，向着强国建设、民族复兴更加光明美好的未来，踔厉奋发、阔步前进！

〔资料来源：刘文.习近平总书记的实践观[J].瞭望，2023（18）.〕

第三节
实践赋能新质人才培养的理论逻辑

物质生活资料的生产活动是人类社会存在和发展的基础。物质生活的生产方式制约着整个社会生活、政治生活和精神生活。新质生产力是生产力在数字化、智能化生产条件下所衍生的新形式。实践育人与新质人才培养之间存在双向驱动、相互促进的内在逻辑关联。

一、新质人才培养引发实践教育的系统性变革

马克思、恩格斯指出:"一个民族的生产力发展的水平,最明显地表现于该民族分工的发展程度。任何新的生产力,只要它不是迄今已知的生产力单纯的量的扩大(如开垦土地),都会引起分工的进一步发展。"迄今为止,人类经历的每一次工业革命都源于生产力的变革,而生产力的变革通过劳动力市场的分工推动教育理念、目标、内容、方式、体系以及治理的深刻变革。第一次工业革命是18世纪下半叶发生在英国的以蒸汽机为代表的机械化革命。这一时期的工业革命以机械化大规模生产替代传统手工生产,深刻地影响了生产方式、产业体系及劳动分工。据统计,工业革命前后,英国农业人口占总人口的比例由80%下降到25%,制造业、矿业和建筑业占比由29.3%上升到46.3%。工业革命引发劳动力市场的变革迫使教育作出改变,英国的"精英教育"理念、为教会服务的办学宗旨开始发生转变。例如,英国兴起"新大学运动",增设了数学、商科等应用学科和课程,以满足工业制造对人才培养的新需求。第二次工业革命始于19世纪末和20世纪初的电气化革命。这一轮工业革命以电力和内燃机为标志,促使交通、信息传播与通信等各个领域发生颠覆性变革。这一变革传导到教育领域,"推动了学校和大学的制度化建设,世界主要发达国家开始实行义务初等教育、普及中等教育、建立理工学院、发展师范教育等"。第三次工业革命始于20世纪60年代,以自动化和信息技术为标志,人类进入电子信息时代。信息技术的广泛应用,推动传统产业优化升级,催生了如软件制造、航空航天等新兴产业。在此背景下,各国相继在信息化浪潮中开展教育变

革。例如，英国从1965年开始推行的双轨制高等教育，不断增加技术学院的学生人数；德国创建了很多应用科学技术大学。总体来看，这一时期大学与产业深度融合，"知识生产从零散的自由探索转向主动面向广阔的、跨学科的社会情境"。在迈向21世纪第三个十年的进程中，第四次工业革命已然强势来袭。第四次工业革命是由数字化、人工智能、物联网等领域的突破性进展所引发的一系列技术和社会变革，其作为正式概念提出是在2011年4月德国汉诺威工业博览会上。与前三次工业革命相比，第四次工业革命影响范围更广、影响程度更深。新质生产力正是第四次工业革命进程中催生的以科技创新为主导、数字技术为支撑的新质态的生产力，它将对实践教育系统产生综合性重构和颠覆性影响。第一，新质生产力促进实践育人理念的革新。数字技术的井喷式发展使知识的获取"唾手可得"，以知识传承和技能培养为导向的传统教育理念不断向个性化、多元化、差异化的人才培养理念转变。第二，新质生产力引发人才培养目标的更新。对具备多种知识及技能的复合型人才、创新型人才、智能型人才及生态型人才的需求更加迫切。第三，新质生产力引发实践内容的重组。在技术强势时代，面对以生成式预训练模型（简称GPT）对传统教育内容的"降维打击"，数字意识、数据素养、计算思维、协作创新等将构成教育内容的新主体。第四，新质生产力引发实践育人方式的变革。数字技术的发展，使传统以教师为知识权威的地位不断削弱，催生了如混合学习、人机协同、自适应学习等多样化的教育方式。

二、实践是加快新质生产力形成的关键因素

通过分析新质生产力的内涵和特征可以看出，生产力三要素（劳动者、劳动资料、劳动对象）实现新质生产力形成的关键在于科技创新。科技创新的关键又依赖"人"的创造力和行动力，高素质的"人"的培养则需要通过高水平的实践教育来实现。因此，实践是加快科技创新和新质生产力形成的关键。实践通过促进劳动力再生产提升新质生产力。马克思主义认为，生产力主要由劳动者、劳动资料和劳动对象构成。劳动者"是具有一定生产经验、劳动技能和科学知识，从事生产活动的人，是生产力诸要素中最重要、最活跃的要素"。通过实践和训练，可以将一个"简单的"劳动力提升为"发展的"和"专门的"劳动力。因此，马克思曾明确指出，"教育会生产劳动能力"，进而推动生产力的发展和进步。有研究指出，2012—2022年，我国GDP保持中高速增长态势，而同期我国就业人员的绝对数量及其占总人口的比例出现"双降"。产生这一现象的主要原因在于我国教育为经济发展提供了大批高学历人才资源，而劳动力质量的提升带动劳

动生产率的显著提高，进而对经济增长产生促进作用。实践通过加速科技创新锻造新质生产力。科技是第一生产力，实践作为科学知识再生产的重要手段，通过推动科学技术的进步促进生产力的提高。日本科学史学者汤浅光朝（1962）研究发现，世界科学中心每隔80年左右就发生一次转移，先后出现了意大利、英国、法国、德国和美国五个科学中心。这五个国家都曾是世界高等教育中心，且世界高等教育中心的转移与科学中心的转移呈现高度相关性。有研究指出，德国的研究型大学的创立对第二次工业革命技术爆发起到促进作用，大学成为传播知识与创造知识统一的精神高地。例如，德国柏林大学作为世界上第一所研究型大学，有力地促进了自然科学教育的普及。在其办学理念的影响下，李比希在吉森大学开创了实验室教学法，并发明了稳定的工业染料和染色法，推动了德国轻工业和重工业的发展。正如哈努谢克和沃斯曼因的研究所揭示的那样，各国经济增长差异的四分之三可以归结于知识资本。由此可见，科技创新是加快形成新质生产力、促进经济发展的重要环节，而教育为尖端科技研发和转化提供了人才支撑。

实践育人将通过知识再生产升级新质生产力。教育的重要作用之一在于通过知识学习实现思想解放、观念更新，从而在超越原有知识体系的基础上实现知识的再生产。信息技术的突飞猛进带来了知识的爆炸式增长，同时也催生了新的知识观。有研究者指出，传统知识观的特点是分科化的、文本固化的，知识生产周期长且属于少数知识分子的智慧；而在人工智能冲击下的新知识观则是综合性的、动态的，凝聚全部人类智慧且具有强大的进化力。在新知识观的背景下，面对信息超载和知识碎片化的挑战，教育将更重视"提出问题的能力、分辨信息质量的能力等认知能力的培养，注重知识生产能力或者参与知识生产过程能力的培养"。而通过对海量知识进行提纯加工、多维链接、结构重组，创新理念和创新知识就会涌现出来，进而扩展对劳动对象、劳动材料的新认知，促进科技创新，加快新质生产力的形成。

课后习题

1. 新质人才的内涵是什么？
2. 实践育人与新质人才培养之间存在怎样的内在逻辑？
3. 新质人才培养对于实践育人的内在推动力体现在哪些方面？

知识扩展 1

习近平在中共中央政治局第十一次集体学习时强调加快发展新质生产力 扎实推进高质量发展

中共中央政治局2024年1月31日下午就扎实推进高质量发展进行第十一次集体学习。中共中央总书记习近平在主持学习时强调，必须牢记高质量发展是新时代的硬道理，全面贯彻新发展理念，把加快建设现代化经济体系、推进高水平科技自立自强、加快构建新发展格局、统筹推进深层次改革和高水平开放、统筹高质量发展和高水平安全等战略任务落实到位，完善推动高质量发展的考核评价体系，为推动高质量发展打牢基础。发展新质生产力是推动高质量发展的内在要求和重要着力点，必须继续做好创新这篇大文章，推动新质生产力加快发展。

这次中央政治局集体学习，由中央政治局同志自学并交流工作体会，马兴瑞、何立峰、张国清、袁家军同志结合分管领域和地方的工作作了发言，刘国中、陈敏尔同志提交了书面发言，大家进行了交流。

习近平在主持学习时发表了重要讲话。他指出，新时代以来，党中央作出一系列重大决策部署，推动高质量发展成为全党全社会的共识和自觉行动，成为经济社会发展的主旋律。近年来，我国科技创新成果丰硕，创新驱动发展成效日益显现；城乡区域发展协调性、平衡性明显增强；改革开放全面深化，发展动力活力竞相迸发；绿色低碳转型成效显著，发展方式转变步伐加快，高质量发展取得明显成效。同时，制约高质量发展因素还大量存在，要高度重视，切实解决。

习近平强调，高质量发展需要新的生产力理论来指导，而新质生产力已经在实践中形成并展示出对高质量发展的强劲推动力、支撑力，需要我们从理论上进行总结、概括，用以指导新的发展实践。概括地说，新质生产力是创新起主导作用，摆脱传统经济增长方式、生产力发展路径，具有高科技、高效能、高质量特征，符合新发展理念的先进生产力质态。它由技术革命性突破、生产要素创新性配置、产业深度转型升级而催生，以劳动者、劳动资料、劳动对象及其优化组合的跃升为基本内涵，以全要素生产率大幅提升为核心标志，特点是创新，关键在质优，本质是先进生产力。

习近平指出，科技创新能够催生新产业、新模式、新动能，是发展新质生产力的核心要素。必须加强科技创新特别是原创性、颠覆性科技创新，加快实现高水平科技自立自强，打好关键核心技术攻坚战，使原创性、颠覆性科技创新成果竞相涌现，培育发展新质生产力的新动能。

习近平强调，要及时将科技创新成果应用到具体产业和产业链上，改造提升传统产业，培育壮大新兴产业，布局建设未来产业，完善现代化产业体系。要围绕发展新质生产力布局产业链，提升产业链供应链韧性和安全水平，保证产业体系自主可控、安全可靠。要围绕推进新型工业化和加快建设制造强国、质量强国、网络强国、数字中国和农业强国等战略任务，科学布局科技创新、产业创新。要大力发展数字经济，促进数字经济和实体经济深度融合，打造具有国际竞争力的数字产业集群。

习近平指出，绿色发展是高质量发展的底色，新质生产力本身就是绿色生产力。必须加快发展方式绿色转型，助力碳达峰碳中和。牢固树立和践行绿水青山就是金山银山的理念，坚定不移走生态优先、绿色发展之路。加快绿色科技创新和先进绿色技术推广应用，做强绿色制造业，发展绿色服务业，壮大绿色能源产业，发展绿色低碳产业和供应链，构建绿色低碳循环经济体系。持续优化支持绿色低碳发展的经济政策工具箱，发挥绿色金融的牵引作用，打造高效生态绿色产业集群。同时，在全社会大力倡导绿色健康生活方式。

习近平强调，生产关系必须与生产力发展要求相适应。发展新质生产力，必须进一步全面深化改革，形成与之相适应的新型生产关系。要深化经济体制、科技体制等改革，着力打通束缚新质生产力发展的堵点卡点，建立高标准市场体系，创新生产要素配置方式，让各类先进优质生产要素向发展新质生产力顺畅流动。同时，要扩大高水平对外开放，为发展新质生产力营造良好国际环境。

习近平强调，要按照发展新质生产力要求，畅通教育、科技、人才的良性循环，完善人才培养、引进、使用、合理流动的工作机制。要根据科技发展新趋势，优化高等学校学科设置、人才培养模式，为发展新质生产力、推动高质量发展培养急需人才。要健全要素参与收入分配机制，激发劳动、知识、技术、管理、资本和数据等生产要素活力，更好体现知识、技术、人才的市场价值，营造鼓励创新、宽容失败的良好氛围。

（资料来源：习近平.习近平在中共中央政治局第十一次集体学习时强调加快发展新质生产力 扎实推进高质量发展［N/OL］.新华网，2024-2-1. https://baijiahao.baidu.com/s?id=1789665198906980661&wfr=spider&for=pc.）

习近平总书记强调的"新质生产力"

生产力是指人类在生产实践中形成的改造和影响自然的能力。作为马克思主义政治经济学和历史唯物论的最基本范畴，生产力既是人类历史的物质基础，也是推动社会进步的最活跃的、最革命的要素，没有生产力的发展就没有社会的进步。新质生产力是由技术革命性突破、生产要素创新性配置、产业深度转型升级而催生的当代先进生产力。2023年9月，习近平总书记在黑龙江省考察期间首次提出"新质生产力"一词，此后又在多个重要场合作了深入论述。这些重要论述是对马克思主义生产力理论的新发展，进一步丰富了习近平经济思想的内涵，为新时代全面把握新一轮科技革命和产业变革突破方向，推动生产力高质量发展，全面推进中国式现代化建设提供了根本遵循和行动指南。

2023年9月7日，习近平总书记在新时代推动东北全面振兴座谈会上强调，要积极培育新能源、新材料、先进制造、电子信息等战略性新兴产业，积极培育未来产业，加快形成新质生产力，增强发展新动能。2023年9月8日，习近平总书记在听取黑龙江省委和省政府工作汇报时强调，整合科技创新资源，引领发展战略性新兴产业和未来产业，加快形成新质生产力。产业是生产力变革的具体表现形式。新质生产力是以新产业为主导的生产力，特点是创新，关键在质优，本质是先进生产力。战略性新兴产业与未来产业是形成新质生产力的主阵地，战略性新兴产业对新旧动能转换发挥着引领性作用，未来产业代表着科技创新和产业发展的新方向，二者都是向"新"而行、向"实"发力的先进生产力质态。我们要围绕发展新质生产力布局产业链，及时将科技创新成果应用到具体产业和产业链上，加快传统制造业数字化、网络化、智能化改造，培育壮大战略性新兴产业，布局建设未来产业，推动产业链向上下游延伸，形成完善的现代化产业体系，为高质量发展持续注入澎湃动能。

2023年12月11日至12日，习近平总书记在中央经济工作会议上强调，深化供给侧结构性改革，核心是以科技创新推动产业创新，特别是以颠覆性技术和前沿技术催生新产业、新模式、新动能，发展新质生产力。新质生产力之"新"，核心在于以科技创新推动产业创新。发展新质生产力，就是将科学研究的最新发现和技术发明的先进成果应用到具体产业中，不断创造新价值。当前全球新一轮科技革命和产业变革孕育的技术成果已经到了应用转化的临界点，人工智能、生命科学、可控核聚变、量子科技等颠覆性技术和前沿技术进入加快向现实生产力转化的窗口期。培育和发展新质生产力，是把握新科技革命历史机遇、掌握未来发展主动权、塑造国际竞争新优势、推动经济高质量发展的关键之举。我们要牢牢把握这次新科技和产业变革机遇，整合科技创新资源，优化科技创新体系，强化国家战略科技力量，培育壮大科技领军企业，全面促进科技创新与产业创新协同发展。

2024年1月19日，习近平总书记在"国家工程师奖"首次评选表彰之际作出重要指示强调，希望全国广大工程技术人员坚定科技报国、为民造福理想，勇于突破关键核心技术，锻造精品工程，推动发展新质生产力，加快实现高水平科技自立自强，服务高质量发展，为以中国式现代化全面推进强国建设、民族复兴伟业作出更大贡献。2024年3月6日，习近平总书记在看望参加全国政协十四届二次会议的民革、科技界、环境资源界委员，并参加联组会，听取意见和建议时强调，科技界委员和广大科技工作者要进一步增强科教兴国强国的抱负，担当起科技创新的重任，加强基础研究和应用基础研究，打好关键核心技术攻坚战，培育发展新质生产力的新动能。科技是第一生产力，人才是第一资源，创新是第一动力。人才既是创新的发起者，也是技术应用的实践者，是形成新质生产力最活跃、最具决定意义的能动主体。发展新质生产力，必须不断提高劳动者素质，加快建设国家战略人才力量，努力培养造就更多大师、战略科学家、一流科技领军人才和创新团队、青年科技人才、卓越工程师、大国工匠、高技能人才。按照发展新质生产力要求，畅通教育、科技、人才的良性循环，完善人才培养、引进、使用、合理流动的工作机制，为发展新质生产力汇聚形成强大的人才支撑。

2024年1月31日，习近平总书记在主持二十届中央政治局第十一次集体学习时强调，发展新质生产力是推动高质量发展的内在要求和重要着力点，必须继续做好创新这篇大文章，推动新质生产力加快发展。2024年3月5日，习近平总书记在参加十四届全国人大二次会议江苏代表团审议时强调，要牢牢把握高质量发展这个首要任务，因地制宜发展新质生产力。面对新一轮科技革命和产业变革，我们必须抢抓机遇，加大创新力度，培育壮大新兴产业，超前布局建设未来产业，完善现代化产业体系。高质量发展是全面建设社会主义现代化国家的首要任务，新质生产力是实现高质量发展的重要着力点。高质量发展需要新的生产力理论来指导，新质生产力代表一种生产力的跃迁，是科技创新发挥主导作用的生产力，是摆脱了传统增长路径、符合高质量发展要求的生产力。新质生产力已经在实践中形成并展示出对高质量发展的强劲推动力、支撑力。

2024年2月2日，习近平总书记在听取天津市委和市政府工作汇报时强调，天津作为全国先进制造研发基地，要发挥科教资源丰富等优势，在发展新质生产力上勇争先、善作为。要坚持科技创新和产业创新一起抓，加强科创园区建设，加强与北京的科技创新协同和产业体系融合，合力建设世界级先进制造业集群。科技创新能够催生新产业、新模式、新动能，是发展新质生产力的核心要素。发展新质生产力，关键在于坚持科技创新和产业创新一起抓，厚植发展新动能、新优势。加快形成和发展新质生产力，要加强科技产业园区建设，充分发挥科技成果转化和产业集聚效应，实现科技创新与产业创新深度融合。通过将数字技术、人工智能等新一代信息技术融入传统产业来提高全要素生产率，通过数实融合促进制造业向高端化、高效能、高质量的集群化方向发展，通过建立科技创新联合攻关机制，加大研发力度，构建现代化科技创新体系，打造科技创新共同体和产业发展共同体。

2024年2月29日，习近平总书记在主持二十届中央政治局第十二次集体学习时强调，要瞄准世界能源科技前沿，聚焦能源关键领域和重大需求，合理选择技术路线，发挥新型举国体制优势，加强关键核心技术联合攻关，强化科研成果转化运用，把能源技术及其关联产业培育成带动我国产业升级的新增长点，促进新质生产力发展。能源问题是关系国家经济社会发展的全局性、战略性问题，对国家繁荣发展、人民生活改善、社会长治久安至关重要。包括新能源产业在内的能源技术及其关联产业是新质生产力的重要组成部分，是推动能源绿色低碳转型的重要支撑，也是带动我国产业升级的新增长点。绿色发展是新质生产力的内在要求，也是高质量发展的底色，新质生产力本身就是绿色生产力。我们必须坚定走能源绿色、低碳、可持续发展道路，加快绿色科技创新和先进绿色技术推广应用，壮大绿色能源产业，构建绿色低碳循环经济体系，为支撑和推动新质生产力发展提供可靠的能源基础。

（资料来源：王勃.习近平总书记强调的"新质生产力"[N].学习时报.2024-3-18.）

第二章 新时代高校大学生社会实践概述

实践育人是落实立德树人根本任务的关键环节，是高校思想政治工作体系的有机组成部分。大学生参加社会实践能够了解社会、认识国情、增长才干、奉献社会、锻炼毅力、培养品格。因此，了解社会实践的发展历程，明晰大学生参加社会实践具有怎样的意义和作用，是极为重要的。

本章主要内容为新时代高校大学生社会实践概述，包括高校大学生社会实践的历史发展、新时代大学生社会实践的意义与作用、中外合作办学背景下大学生社会实践现状。

第一节　高校大学生社会实践的历史发展

大学生社会实践是高等教育与生产劳动、社会实践紧密结合的必然产物，既是高校人才培养的有效途径，也是必然的选择。在我国，大学生社会实践经历了由单一、盲目发展到集体、有计划行动的过程，由局部发起逐步演变为全国响应，从最初由单一部门组织到逐渐实现多部门联合行动，整个过程由探索兴起逐步发展为创新阶段。

在1949年12月，召开了首次全国教育工作会议，明确了全国教育的总体方向。会议强调，建设新的教育体系应以解放老区教育经验为基础，汲取旧教育体系中一些有益经验，尤其要借鉴苏联在教育建设方面的先进做法。70多年来，我国的教育改革和建设，始终把教育与生产劳动相结合作为一条重要的内容和方针，大学生参加社会实践的状况与此紧密相关。

一、萌芽起步阶段（1949—1976年）

中华人民共和国成立之初，百废待兴。党和政府深刻认识到构建一个美好的社会主义社会必然经历长期而艰难的过程。为使青年学生通过生产劳动和社会实践更好地了解国情、认识国家建设任务的繁重性，并树立正确的人生观和价值观，自20世纪50年代起，党和政府高度重视在高校推行社会实践活动。全国各高校相继组织大学生参与土地改革等活动，使广大青年学生在实践中接受了有益的教育。1950年，政务院在《关于实施高等学校课程改革的决定》中强调："有计划地组织学生实习和参观，并将其作为教学的重要内容。"同年，教育部成立直属高等学校学生生产实习指导委员会，并颁布了《学生实习指导委员会暂行组织规程》。自1956年起，部分高校专业开始实施固定实习场所，并探索建立一套相对完善的实习规章制度。当前，我国高等学校的很多实习制度也是由那时延续而来的。大学生参加了生产实践，了解了社会，促进了理论与实际的结合。1958年9月19日，中共中央、国务院在《关于教育工作的指示》中明确阐述：党的教育工作方针是使教育为无产阶级的政治服务，教育与生产劳动相结合……共产主义社会全面发展的新人，应当具备既有政治觉悟又具备文化修养，既能从事脑力劳动又能从事体力劳动的特质，而非之前那种只注重专业而缺乏政治敏锐性、脱离生产劳动的资产阶级知识分子。党提出的"培养有社会主义觉悟的有文化的劳动者"口号，准确地诠释了"全面发展"的内涵，将其确定为我国教育的目标。该口号号召广大热血青年积极参与社会主义建设，投身工厂、农村，到最艰苦、最需要的地方，培养一代又一代青年学子成为社会主义伟大事业的建设者和接班人。

二、逐步起步阶段（1977—1982年）

自1977年高考恢复以来，各高校纷纷启动学生社会实践活动。自此，学生社会实践活动蓬勃兴起。1978年，邓小平同志在教育部召开的全国教育工作会议上指出："各级各类学校对学生参加什么样的劳动，怎样下厂下乡、花多少时间，怎样同教学密切结合都要有恰当的安排。"❶随后，教育部再次强调了学生参与生产劳动的规定。1980年，清华大学学生倡导了"振兴中华，从我做起，从现在做起"的口号，在全国大学生中引起了强烈反响。众多高校纷纷抓住这个机会，开展了诸如"学雷锋做好事月"、推行"五讲四美三热爱"、组织学生参观革命遗址等实践活动，引导学生们积极地将思想转化为实际行动。例如，在许多高校，大学生积极成立了业余服务队和学雷锋小组，走进社会开展了"学雷锋、送温暖"等社会服务活动，为新时期大学生社会实践活动拉开了序幕。1982年2月，北京大学等高校和国家农业委员会利用寒假时机，组织了157名来自农村的大学生，前往本地农村对生产责任制进行调查研究，取得了重要成果，这便是著名的"百村调查"。尽管这一时期的实践活动多由学校团委组织策划并实施，但其中大部分仍由学生自发在节假日组织开展，尚未形成高校学生普遍参与的实践活动。

三、走向规范阶段（1983—1988年）

1983年10月1日，邓小平同志为北京景山学校题词"教育要面向现代化、面向世界、面向未来"。这个题词高度概括了我国教育方针的时代特征和时代要求。在1983年10月，共青团中央和中华全国学生联合会发布了《关于纪念"一二·九"运动48周年，

---

❶ 曹银忠，胡树祥，2010. 新中国成立以来大学生社会实践活动的回顾与展望[J]. 思想理论教育导刊（05）：84-88.

开展"社会实践周"活动的通知》(简称《通知》),呼吁全国各地的大学生组织积极参与"社会实践周"活动,并受到了各高校团组织和学生会的积极响应。《通知》中指出:"社会实践活动,是近年来高等院校中涌现出的一种思想教育的有效形式,是共青团和学生会在适应改革方面迈出的可喜一步。用知识做桥梁,把学校和社会连接起来,在可能的条件下组织学生走向社会,向人民学习,为社会服务,这是促进大学生健康成长的重要措施。"该《通知》在充分阐述了大学生社会实践活动的意义基础上,对如何组织好大学生进行社会实践活动在新时期提出了新的、具体的指导性意见。该《通知》首次提出了"大学生社会实践活动"的概念,标志着高校社会实践逐渐朝着正规化的方向发展。1984年1月,以南开大学为代表的高校组织学生积极参与勤工助学等多样化的社会实践活动。1984年5月,共青团中央在辽宁省召开了高等学校社会实践现场观摩会,时任共青团中央书记处书记的胡锦涛正式提出了大学生社会实践"受教育、长才干、作贡献"的论述。这一原则已被确立为大学生社会实践活动的指导方针。1987年5月,《中共中央关于改进和加强高等学校思想政治工作的决定》强调:"青年学生只有在学习科学文化知识的同时,积极参加社会实践,更多地了解国情,了解社会主义建设和改革的实际,了解人民群众的思想感情,才能树立起为社会主义祖国献身的信念,逐步锻炼成为有用的人才。"同年6月27日,为贯彻中央精神,国家教育委员会、共青团中央联合印发《关于广泛组织高等学校学生参加社会实践活动的意见》(以下简称《意见》),该《意见》在指导思想上明确强调了组织学生深入到改革、建设生产的第一线中去,深入到群众中去,在实践中学习、在实践中锻炼,更好地为社会主义建设贡献自己的一份力量。在这一时期,大学生社会实践活动受到规范性文件的要求,各高校逐渐认识到了这些活动在补充和延伸课堂教育方面,以及在加强大学生思想政治教育等方面的重要作用。这也标志着大学生社会实践活动已经突破了零散、自发、单一的格局,逐步朝着规范化的方向迈进。

四、蓬勃发展阶段(1989—1998年)

1989年8月,江泽民总书记与清华大学部分师生举行座谈会,真诚期望广大青年学生积极向工农群众虚心学习,广泛参与社会实践活动。在理论与实践的结合中,找到自身的缺点和不足,并努力加以克服。1993年党的十四大的召开在进一步解放思想的同时,将改革开放和现代化建设伟大事业带入了新的发展阶段。在这一时期,各高校的大学生社会实践活动也相应地进入了适应社会主义现代化建设发展所需要的阶段,展现出了蓬勃的发展势头和强大的生命力。1993年12月，共青团十三届二中全会通过的《在建立社会主义市场经济体制进程中我国青年工作战略发展规划》，提出实施"跨世纪青年文明工程"和"跨世纪青年人才工程"。作为实施两个重点工程的"青年志愿者"活动和"大学生科技文化服务"活动，已成为大学生社会实践活动的主要形式。1995年，共青团中央启动了"中国大学生志愿者五年扫盲行动"，组织了万余支大学生志愿者服务队深入农村、基层和少数民族地区进行实践活动，在服务社会、促进发展、教育青年等方面发挥了重要作用。在此期间，各高校高度重视大学生社会实践活动，将其纳入教育轨道，逐渐成为中国特色社会主义高等教育的有机组成部分。学校注重将学校教育与社会教育结合，组织青年学生深入社会、基层，了解国情、民情，同时也深入了解社会主义建设和改革所取得的巨大成就。由此，实践规模进一步扩大，使得社会实践活动蓬勃发展起来。

五、纵深发展阶段（1999—2004年）

1998年，江泽民总书记在庆祝北京大学建校一百周年大会上的讲话指出："我们的大学应该成为科教兴国的强大生力军。教育应与经济社会发展紧密结合，为现代化建设提供各类人才支持和知识贡献。"❶ 这是面向21世纪教育改革和发展的方向，希望大学生能够在"坚持学习书本知识与投身社会实践的统一"理念下努力。1999年6月，第三次全国教育工作会议召开，标志着我国教育事业迈入了深化改革、积极发展的新阶段，高校社会实践活动也进入了纵深发展阶段。会议通过的《中共中央、国务院关于深化教育改革全面推进素质教育的决定》（以下简称《决定》）中指出："要从实际出发，加强和改进对学生的生产劳动和实践教育，使其接触自然，了解社会，培养热爱劳动的习惯和艰苦奋斗的精神。高等学校要加强社会实践，组织学生参加科学研究、技术开发和推广活动以及社会服务活动。"❷《决定》将大学生社会实践提升至教育体制改革的高度，进一步充实了其内涵，肯定了其价值。该《决定》为指导高校开展大学生社会实践活动提供了政策性文件，也为大学生社会实践常规化、常态化提供了法治保障。为积极响应中央的呼吁，自2000年起，教育部和共青团中央每年都组织一批优秀的大学生前往贫困地

---

❶ 都基辉，刘晓东，胡智林，2015. 改革开放以来大学生社会实践的历程、经验和启示[J]. 思想教育研究（03）：97-101.

❷ 邵明英，2009. 改革开放30年大学生思想政治教育途径的回顾[J]. 中国电力教育（05）：200-202.

区从事支教、支农、支医等志愿者活动。相关计划包括"中国青年志愿者研究生支教团计划"和"博士生三下乡"服务队等。这一举措不仅丰富了社会实践活动的内涵，也使社会实践朝着与专业结合的发展道路迈进。2002年，共青团中央、教育部、全国学联印发了《关于实施"大学生素质拓展计划"的意见》（中青联发〔2002〕14号），决定开展"大学生素质拓展计划"试点工作，为配合学校文化素质教育工程的实施并为学校深入教学改革提供实证经验。2004年暑期，大中专学生"三下乡"社会实践活动在全国范围内全面开展，温家宝总理致信参加"三下乡"的大中专学生，对他们的做法予以了肯定，并提出殷切希望，他指出："看到你们参加2004年暑期文化科技卫生'三下乡'社会实践活动的消息，甚感欣慰。你们选择的是一条正确的道路。大学生走出校门，走进农村，在同农民接触中，会进一步了解国情，懂得社会，认清自己对国家和人民的责任；会在社会实践中经受锻炼，增长才干，培养实际工作的能力。这将对你们今后的人生道路产生深远的影响。希望你们把这项光荣而有意义的活动坚持下去。"❶ 2004年8月，中共中央、国务院颁布了《关于进一步加强和改进大学生思想政治教育的意见》，明确指出："高等学校要把社会实践纳入学校教育教学的总体规划和教学大纲，规定学时和学分，提供必要的经费。"这一文件对大学生社会实践进行了明确的定位，确定了指导思想，并提出了具体的要求。这一阶段，大学生社会实践活动的范围进一步扩大，活动规模进一步扩大，活动更加趋于法制化、常态化、专业化。这一阶段，大学生社会实践在内涵和形式上进一步得到了丰富和发展。首先，强调培养大学生的奉献精神，鼓励他们将所学应用于实践，提高社会服务水平成为此阶段的显著特征。其次，致力于培养学生的创业精神，鼓励他们实践创业，并将创业教育与社会实践相融合。总的来说，这一阶段在大学生社会实践的内涵和形式方面都取得了较快的发展，深度也有所提升。

六、科学发展阶段（2005—2010年）

2005年1月，在北京召开的全国加强和改进大学生思想政治教育的工作会议中，明确指出要深入开展大学生社会实践。2005年2月，为贯彻中央的精神，中共中央宣传部（以下简称：中宣部）、中央精神文明建设指导委员会办公室（以下简称：中央文明办）、教育部、共青团中央联合印发了《关于进一步加强和改进大学生社会实践的意见》

---

❶ 刘晓娟，2013. 大学生"三下乡"活动的成败因素与对策探索[J]. 赤峰学院学报（自然科学版），29（09）：259-261.

（中青联发〔2005〕3号）[1]。该文件中进一步强调了大学生社会实践的重要意义，总结了其总要求和工作原则，并明确规定将大学生社会实践纳入教学计划。对前一阶段的社会实践工作进行总结后，提出了深入开展"三下乡"和"四进社区"活动的计划。当年，中宣部、中央文明办、教育部、共青团中央联合发起了以"服务和谐社会建设，提高思想政治素质"为主题的社会实践活动，鼓励全国大学生深入社区和农村，积极参与各种形式的社会实践。2006年，更是启动了以"践行荣辱观，服务新农村"为主题的暑期"三下乡"社会实践活动。这一系列活动的开展充分展示了新时期广大青年学子朝气蓬勃、奋发有为的精神风貌。与此同时，也为广大青年学子深入基层、了解国情，通过实践深入学习党的先进理论提供了有利机遇，显著提高了大学生的理论素质和实践水平。广大青年学子与祖国共命运、与时代同发展，在建设社会主义新农村、构建社会主义和谐社会方面作出了卓越的贡献。

在这一阶段，一系列重要文件得以发布，特别是那些涉及社会实践的专门性文件的颁布，将大学生社会实践发展过程中所产生和形成的各种重要表现形式在文件里进行了规范，并结合时代特点，进一步丰富了大学生社会实践的内容和形式。这些文件通过科学的方式为大学生社会实践的发展提供了明确的指导路径。

七、创新发展阶段（2010年至今）

2010年7月，中共中央、国务院印发了《国家中长期教育改革和发展规划纲要（2010—2020年）》（以下简称《教育规划纲要》）。《教育规划纲要》强调，教育的核心在于培养学生的能力。它旨在优化知识结构、拓展社会实践，以及加强学生的学习、实践和创新能力的培养。《教育规划纲要》坚持将理论学习与社会实践相结合，强调知识与实践的统一，以及教育与生产劳动、社会实践的紧密关联性。更进一步来说，《教育规划纲要》建议开发实践性的课程和活动，用以增强学生在科学实验、生产实习和技能训练等方面的实际效果。该《教育规划纲要》特别强调了社会实践的重要意义，为大学生社会实践的深化和拓展提供了全面的指导框架。2011年4月，胡锦涛总书记在庆祝清华大学建校100周年大会上的演讲中强调，要全面贯彻党的教育方针，坚持以培养人才为本、德育为先、注重能力培养、推动全面发展。他特别强调了增强学生服务国家、服

---

[1] 邵明英，2009. 改革开放30年大学生思想政治教育途径的回顾[J]. 中国电力教育（05）：200-202.

务人民的社会责任感，培养勇于探索的创新精神以及善于解决问题的实践能力的重要性。为了提高人才培养质量、强化学生的国家服务责任感、培养学生的创新精神和实践能力，唯有深入基层、深入群众，方能深刻理解社会、增进与人民群众的感情，并提高解决实际问题的能力。在对广大青年学子的期望中，胡锦涛总书记表达了这样的希望："希望同学们能够将创新思维与社会实践紧密结合起来。"2011年5月，教育部发布了《关于学习贯彻胡锦涛总书记给北京大学第十二届研究生支教团成员回信精神的通知》（教党〔2011〕14号），明确要求全面贯彻落实胡锦涛总书记回信精神，积极推进实践育人工作。2011年7月，温家宝总理在北京师范大学首届免费师范生毕业典礼上的讲话中鼓励即将奔赴祖国各地的学子："应当做好吃苦的准备。基层环境虽然辛苦，但正如所言'艰难困苦，玉汝于成'。"2012年1月，教育部、中宣部、财政部、文化部、中国人民解放军总参谋部、中国人民解放军总政治部、共青团中央联合发布了《关于进一步加强高校实践育人工作的若干意见》（教思政〔2012〕1号）文件。该文件在新形势下对加强高校实践育人工作提出了多项重要建议，并再次明确了在新时期的背景下，强调了大学生社会实践的重要性；呼吁综合推进大学生社会实践的各项工作，强化对大学生社会实践的领导工作；强调实践育人是一项系统工程，需要各地区各部门的大力支持，以及各高校的积极努力；提倡推动地方各级政府整合社会各方面的力量，全力支持高校实践育人工作，形成工作的合力。此外，该文件还强调要积极宣传和推广加强实践育人工作的新思路、新做法、新经验。

在新时期、新形势下，大学生社会实践正迈入新的发展阶段，党中央和国务院对此保持着高度的关注和关心。通过连续的讲话和文件发布，明确强调了大学生社会实践在大学生思想政治教育中的重要性，以及在大学生成长成才过程中的关键地位和作用。在近期的文件中，更是将大学生社会实践的地位直接提升到了与学校教育同等重要的水准，将其从一种课外实践活动转变为教育教学的必修环节，进而成为思想政治教育的重要途径。在应对新情况和新问题的同时，大学生社会实践需要积极探索新的思路、采用新的做法，并总结新的经验。

课后习题

1. 简单描述社会实践的发展历程。
2. 通过学习社会实践的发展历程，对当前开展大学生社会实践有何启发？
3. 通过学习和实践，你认为新时代大学生社会实践面临怎样的机遇和挑战？请结合实际谈谈。

第二节　新时代大学生社会实践的意义与作用

为什么大学生要开展社会实践活动？为什么学校如此强调实践教育的重要性？为什么就业单位在招聘中非常看重大学生的社会实践经历？相信以上这些都是大学生心目中迫切希望得到回答的问题。而这些问题的背后，都与大学生社会实践的意义与作用有着紧密的关系。

一、社会实践是实施素质教育的重要内容

社会实践活动得到广泛重视，是与其在高等教育人才培养、大学生全面发展方面的特殊作用分不开的，其育人作用主要表现在以下两个方面。

（一）培养高等教育人才的必然要求

高校是培养有理想、有道德、有文化、有纪律的社会主义合格建设者和可靠接班人的摇篮。不管是为祖国发展、为人民幸福而拼搏的理想信念，还是科学知识理论与工作技能，都只有通过实践的感悟与运用，才能够被人们吸收并内化为自身所有。这是大学精神之所在，也是大学办学理念的根本出发点和必然要求。脱离实践参与的单纯的理论灌输，不利于高校人才培养目标的实现。

在高等教育中，社会实践是课堂教学的自然延伸和重要补充。教师的职责不单是让学生了解事物的表象，更要让他们理解事物的本质。通过实践锻炼，学生的积极性和创造性得到了充分激发，这在教育中占据着重要地位。教师引领学生参与实践锻炼，使他们能够找到具体的实践对象，从而深入理解所学内容。课堂教学虽然系统完整，但相对抽象和概念化，只有结合实践才能更好地被学生接受。理论教学和社会实践的有机结合，有助于学生接受和理解所学知识。实践中巩固和运用知识，将理论知识转化为实际工作能力，是教育的重要目标。

（二）提升大学生综合素质的有效载体

当今社会高速发展，社会对人才需求的标准日益提升。社会主义高等教育的重要任务既包括提升大学生专业知识与技能的学习能力，还需要有较高的思想道德素养、科学文化素质、艺术审美素质、劳动素质和身心素质。

社会实践具有帮助大学生掌握和应用专业知识的作用。大学的理论教学往往重视对知识的模仿与继承，而社会实践则强调知识的获得要遵循从现实中学、从实验中学、从研究中学的路径，突出大学生对知识的概括、提炼和领会，注重大学生读书学习的最终目的是运用知识、解决问题。通过社会实践活动，大学生得以实现对知识的深入掌握，完成对知识的聚合与整合，实现新思想、新观点的涌现；大学生构建知识系统、提升学习能力的综合水平得到整体性的优化和提升。

社会实践能够有效全面提升大学生的综合素质。大学生在社会实践的过程中，从群众中学习，强化对各种知识和技能的掌握，注重身心健康，追求全面发展，坚定社会主义信念，逐步成长为社会主义建设的合格建设者和可靠接班人。

二、社会实践是促进学生就业的重要举措

随着社会主义市场经济体制的建立和完善，社会对大学生提出了越来越高的要求：不仅要掌握丰富的科学文化知识，还必须拥有较强的社会实践能力。大学生参与社会实践，既是学生自身成才的客观要求，也符合社会对大学毕业生的基本需求。大学生通过社会实践提前了解社会，锻炼了综合实践能力，为以后参加工作、进入社会打下了坚实的基础。

（一）锻炼就业综合实践能力

大学生的实践能力是指大学生解决问题的能力。社会实践可以使大学生所学知识在实际活动中得到求证，强化学生知识与技能的针对性应用和训练，帮助学生了解、熟悉社会各种行业的职业资格认定标准和角色活动领域以及所需的各种专项技能，并将这些要求作为培养和提高自己实践能力的参照标准。同时，社会实践活动能有效锻炼大学生的分析判断能力、监控评价能力、决策执行能力等。大学生积极地参与社会实践活动，可以发现自身的不足，有利于调整课程选择，明确职业目标，完善知识结构，强化专业技能，实现知识向能力的转化，由学业意识向职业意识的转化。

（二）强化社会生存责任意识

大学生开展社会实践活动，除了包含对生存知识与能力的学习，更包含对生存意义的追寻与探求。特别是在当前的经济社会条件下，大学生模拟"社会人"的身份参与社会生活与实践中，能够以更加全新和全面的视角认识自我，以便更好更快地融入社会、立足社会。社会实践为高校强化大学生挫折教育、历练生存意志提供了非常好的途径。大学生在社会实践中了解用人单位的人才需求信息和趋势，认识到来自社会职业竞争的压力，调整自身的立业目标以适应社会，矫正心态转变观念，抓住机会，以"先就业后择业再创业"的方式学会立业和生存。

（三）提高修养完善人格品质

健康的人格既有利于个体的成长成才，也有益于社会。正处于步入社会前"成人早期"的大学生，人格依然具有较强的可塑性。大学生在社会实践中，同各种各样的人打交道，逐步学会如何与人分工合作，怎样与他人配合学习，如何处理人际关系、学会关心和尊重别人。社会实践活动的现场也就成为考验和养成大学生修养品行的好环境。

社会实践能极强地促进青年学生准确定位自身价值，培育大学生具有远大的奋斗目标和强烈的道德责任感，提高自我意识和形成良好的情绪调控能力，构建良好的社会适应能力与和谐的人际关系，具备乐观向上的生活态度和崇高的审美情趣，塑造健康的人格。

知识拓展

主席嘱咐我们"在社会的广阔天地大显身手"
——习近平与大学生朋友们

2010年12月7日，时任中共中央政治局常委、中央书记处书记、国家副主席习近平在重庆考察期间，专程来到重庆师范大学图书馆看望同学们。在图书馆"党的知识阅读角"，习主席语重心长地对同学们说，"人生一年之春、一日之晨就是我们的大学时代，这是一个黄金的时期""一定要利用好大学时期，很好地打下这个基础"。他嘱咐同学们"立志要高、起步要低""重视实践、知行合一""端正择业观念，精准定位，在社会的广阔天地大显身手"，号召同学们到基层去，到边远地区去，到社区去，到农村去，到军营去！

采访对象： 毛霞，女，1980年1月生，四川泸州人，时任重庆师范大学数学科学学院党委副书记，现任重庆师范大学团委书记。孙玖江，男，1987年1月生，四川巴中人，重庆师范大学音乐系2008级本科生，现任校团委综合科副科长。
采 访 组： 石新明　熊宇　邱少华　唐敬
采访日期： 2018年10月16日
采访地点： 重庆师范大学团委办公室

　　采访组： 毛霞老师、孙玖江老师，你们好！2010年12月7日下午，时任中共中央政治局常委、中央书记处书记、国家副主席习近平在重庆考察期间，专程到重庆师范大学图书馆看望师生，请简要介绍一下当时的情况。

　　毛　霞： 好的。2010年12月7日是一个难得的艳阳天，下午5点左右，习主席来到我们学校图书馆广场。一下车，习主席就向围聚在友谊林、大草坪一带的师生挥手致意。随后，他健步来到图书馆前，与我校时任党委书记邓卓明、校长周泽扬等亲切握手，在人流的簇拥下步入图书馆。

　　在图书馆大厅的雕塑《开卷有益》前，周泽扬校长向习主席介绍了雕塑所蕴含的意义："'开卷有益'是我校第一任校长、邓小平同志的胞弟邓垦先生于94岁高龄所书，寄语我校学子：'多多读书、增长知识。'"

　　当习主席看到位于图书馆大厅右侧的党员"一讲二评三公示"展示台时，饶有兴趣地走上前来。

　　"这是图书馆的党员职工根据岗位职责进行的公开承诺，他们将岗位职责和承诺事项都公示上墙，接受师生员工的监督。"

　　听了邓卓明书记的介绍，习主席满意地表示："不错，做得很好。"

　　当习主席一行来到图书馆三楼时，正在这里看书的同学们纷纷起立鼓掌，习主席亲切地与大家握手，微笑着问道："是来做作业的吗？看的什么书？"

　　同学们一一作答。

　　在校园文化精品展示区，习主席发现一直拿着录音笔跟在自己身后的两名女同学，便和蔼地问道："你们是小记者？你们有自己的刊物吗？"

　　两名同学回答道："首长，我们是重师大的小记者，我们有自己的《重庆师大报》。"

　　看着同学们自信的笑容，习主席会心地点了点头。随后，习主席来到"党的知识阅读角"。

孙玖江：习主席走过来的时候，我当时作为学校"青马工程"第二期的学员正在"党的知识阅读角"进行学习讨论。我们激动地迎上前去，习主席高兴地向我们打招呼，并同我们一一握手。

随后，习主席在图书馆三楼《巴渝雄风》碑刻前发表了即兴讲话。

当时我就站在习主席身旁，聆听着他对我们大学生的寄语，内心十分激动，不由自主地向习主席保证："请首长放心，我们一定好好学习，不辜负您和人民的期望！"习主席微笑着又与我握了手。

采访组：请回忆一下习主席当时在图书馆给同学们讲话的主要内容。

孙玖江：见到习主席，安静的图书馆一下就沸腾起来了，楼上楼下挤满了同学，大家都在不停地招手、欢呼。

习主席拿起话筒，用浑厚的嗓音向大家问好："同学们好！"

图书馆里500多名师生齐声回答："首长好！"

习主席接着说："很高兴来到重庆师范大学，来走一走，看一看。大学城初具规模，前景广阔，同学们能够在这么一个优越的环境里学习，这是一件很幸福的事情。"

习主席希望大家珍惜机遇，好好学习。为什么要说好好学习呢？习主席说："一年之计在于春，一日之计在于晨。那么人生一年之春、一日之晨就是我们的大学时代，这是一个黄金的时期。毛主席说你们是早晨八九点钟的太阳，那么大学时期是我们获得知识、丰富知识、打下基础的一个重要阶段，一个关键时期，也是我们提高学习能力的一个黄金时代，所以我们一定要利用好大学时期，很好地打下这个基础。"

如何打好基础呢？习主席讲道："打基础，我认为知识面需要扩展，大学阶段是一个不断充实自己基础知识的阶段。"他说，学工的人、学理的人，还要学习人文社科方面的知识；那么学文的人，也要掌握一些自然科学方面的知识，这样才能做到触类旁通和融会贯通。习主席强调，我们正处于不断学习、永远学习的时代，我们每个人都要终身学习，所以要抓住这个时间打好基础，否则很快就会坐吃山空。

习主席教导我们要重视实践，知行合一。他说："古人云，'读万卷书，行万里路'，这叫知行合一，学习更重要的是它的实践性……将来走向社会，自然是以实践为主，在我们上学的时候，也要知行合一，尽可能利用在大学的时间做一些社会实践，要去学习工，学习农……这些啊，为我们走向社会奠定一些实践基础。"习主席强调社会实践很有必要，鼓励我们学校在教学改革中可以做一些有意义的尝试与探讨。

习主席教导我们立志要高、起步要低。他说："同学们四年寒窗，以后要走向社会。我们的各级政府要重视、解决好大学生就业问题；我们的学校要为大学生就业提供指导；我们大学生也应端正择业观念，精准定位，在社会的广阔天地大显身手，到基层去，到边远地区去，到社区去，到农村去，到军营去！志存高远的青年一代，立志要高，但起步要低，一定要脚踏实地，在基层摸爬滚打后，终会脱颖而出。"

习主席说："我就跟大家讲这么几句，也是和同学们交心。祝同学们身体健康，学业有成！向你们并通过你们向全校的大学生和教职工们致以衷心的问候，美好的祝愿！"习主席话音一落，全场立即爆发出雷鸣般的掌声。

采访组： 请谈谈习主席这次即兴讲话对同学们的影响。

毛 霞： 习主席即兴讲话的时间只有八分钟，但是给同学们的教导却非常深刻。

一是从大学生的学习、实践讲到就业，给同学们如何度过大学生活提供了具体指导。二是从政府责任、学校责任讲到个人努力，为我们如何做好大学生的就业工作指明了前进方向。三是从志存高远、脚踏实地讲到立志要高、起步要低，为教师如何育人和学生如何成长带来了深刻启迪。

习主席的讲话语重心长，催人奋进，令人感动，为全校师生上了一堂思想深刻、生动活泼的"金课"和"大课"。同学们纷纷表示，要牢记习主席的谆谆教诲，让大学生活过得更加精彩，未来到社会的广阔天地大显身手。

习主席讲话结束后，在同学们的簇拥下走出图书馆。面对同学们的依依不舍，习主席上车后打开车窗向同学们挥手致意。我们目送习主席离开学校，久久地伫立在原地……

习主席的嘱托和教诲一直回荡在校园里，鼓舞着、激励着一批又一批的重庆师大学子。近年来，我校85%以上的毕业生到中西部就业，约60%的毕业生留在重庆就业，绝大部分毕业生到基层就业……他们正在社会的广阔天地大显身手。

〔资料来源：佚名.习主席嘱咐我们"在社会的广阔天地大显身手"[N].中国青年报，2020-6-18（1）.〕

三、社会实践是学生服务社会的重要途径

大学生不仅是学习者，更是创新和奉献的重要力量，是社会宝贵的人力资源。社会实践作为一座桥梁，有力地连接了学校与社会，促进了校外生活与校内教育的有机结合。通过实践，大学生亲身感受到国家建设的巨大成果，深刻体会到国家对人才的迫切需求，也领会到社会对大学生的期望。这一过程不仅提升了大学生的综合素质，同时也让他们将所学的知识、技能和智慧积极地贡献给社会，展现了他们在现代化进程中为社

会服务的积极角色。

（一）增进生产劳动的体验与感受

大学生完成学业后，必然以普通劳动者的身份进入社会，从事一定的职业。开展社会实践，参与生产劳动，首先可以培养学生对劳动和劳动者的尊重和感情，得到思想陶冶。其次，在劳动中可以锻炼思维能力，养成反复思考和总结的习惯。最后，生产劳动既是对大学生立业心智的一种必要磨炼，也是对其综合职业素质的试运行和试检验。

大学生在社会实践中积极参与公益服务、生产实习、学习参观、勤工俭学、挂职锻炼等活动，可以与生产劳动紧密结合，充分发挥自身的知识特长和优势，为实际生产生活服务。

（二）推动同人民群众的结合与联系

坚定不移地走与人民群众相结合的道路，是有志青年锻炼成长的一面旗帜，是中国青年团结进步、奋发成长的必由之路。"与人民群众相结合"的思想，指引着青年大学生成长成才的正确方向。大学生积极参与社会实践，与人民群众相结合，是对自身政治觉悟和精神境界的演练与提升。在校大学生的知识体系和能力体系并不完整，只有坚持同人民群众相结合，才能真正做到理论知识与实践知识相结合，能力发展与社会需求相统一。

知识拓展

习近平关于实践育人重要论述的理论与实践基础

理解习近平关于实践育人重要论述，首先要从其作为实践者的思想形成入手。马克思说："人的思维是否具有客观的真理性，这不是一个理论的问题，而是一个实践的问题。"❶ 对于一个实践者来说，一种基于静观的哲学是不可能用于指导实践的，而唯有基于实践的哲学才是最适当的。❷ 实践本身是开启习近平实践育人重要论述的一把钥匙。不满16岁的习近平曾在延安梁家河村度过7年插队生活，他和社员一起打井、打坝、修公路，通过劳动磨炼自己、锻炼意志。独特的实践经历造就了他干工作要"严谨务实，

---

❶ 马克思恩格斯选集（第1卷）[M].北京：人民出版社，1995：54-55.
❷ 王南湜.追求哲学的精神走向实践哲学之路[M].北京：北京师范大学出版社，2006.

一分耕耘一分收获，苦干实干"❶的认识。在正定下乡调研时，习近平跟乡亲们一起锄地、间苗，扎根基层，积极参加生产劳动。在福建宁德工作时，他投入到清沟排障修整水渠的一线实践中。在浙江和上海工作时，他去过矿区、下过矿井。在担任党和国家最高领导人后，习近平依然不改实践本色，他结合自己的实践经验和亲身体会，着眼于人才成长和国家、时代的需要，指出了实践育人的重要价值。习近平站在实践者的角度，以艰苦奋斗的精神证明着"生活靠劳动创造，人生也靠劳动创造"的价值观。作为一个马克思主义者，习近平通过亲身实践证明着思维的真理性，告诉我们社会主义是干出来的，新时代也是干出来的，只有埋头苦干、真抓实干，我们才能实现一个又一个伟大目标。对于真正的实践者来说，活生生的实践体验，实践中的种种困惑，都是促成思想发展的动力❷。习近平参与中国改革开放历史进程的切身体会和治国理政的实践经验，内在地促使他探求一种实践哲学。当今时代，国际竞争实际上已经演变为创新型人才的竞争。习近平在党的二十大报告中，充分分析了中国面临的复杂问题，指出"十八大以来，国内外形势新变化和实践新要求，迫切需要我们从理论和实践的结合上深入回答关系党和国家事业发展、党治国理政的一系列重大时代课题。"❸立足于实现第二个百年奋斗目标和中国式现代化建设的实际，习近平对我国正在从人口大国迈向人才强国的现实做出了科学判断和全新把握。他明确指出，教育、科技、人才在国家发展中具有的基础性、战略性支撑地位，作出了加快建设教育强国、科技强国、人才强国的战略部署。人的培养是一项长期而重要的国家战略，习近平把实践育人与国家发展、人才培养结合起来，要求青少年在实践中增长才干，与祖国同行。习近平指出，实践是不断发展的，"当代中国正在经历着人类历史上最为宏大而独特的实践创新"❹，广大青年学生正在时代变迁中实现着理论和实践的良性互动。建设教育强国，是事关中国共产党长期执政、国家长治久安和中国特色社会主义事业后继有人的战略决策。习近平要求青年人要走在创新创造的前列，做锐意进取、开拓创新的时代先锋，不做过客、看客，要做奋进者、开拓者、奉献者。❺这是新时代加快建设教育强国对实践育人提出的紧迫呼唤，是习近平

---

❶ 习近平.在北京大学师生座谈会上的讲话[N].人民日报，2018-05-03（02）.

❷ 王南湜.追求哲学的精神走向实践哲学之路[M].北京：北京师范大学出版社，2006.

❸ 习近平.高举中国特色社会主义伟大旗帜为全面建设社会主义现代化国家而团结奋斗——在中国共产党第二十次全国代表大会上的报告[N].人民日报，2022-10-26（01）.

❹ 人民日报评论员.勇于推进实践基础上的理论创新——六论学习贯彻习近平总书记"7·26"重要讲话精神[N].人民日报，2017-08-05（01）.

❺ 习近平.在知识分子、劳动模范、青年代表座谈会上的讲话[N].人民日报，2016-04-30（02）.

在世界政治变局中把握大势的正确判断。实践育人是培养学生在实践中检验知识的真理性，养成实践德性、形成实践能力的过程，是建立在马克思实践唯物主义基础上的科学的教育理念和教育方法。习近平指出，"实践性是马克思主义理论区别于其他理论的显著特征。"❶马克思主义哲学以前的旧哲学只追求"精神""物质"的本体，大都忽略或者轻视变革世界的实践活动，当然也就不能解决思维与存在的关系，更不可能变革社会、改造世界。马克思看到了旧哲学在本质上的根本缺陷，认为实践是感性世界生成的基础，将科学的实践观作为其整个哲学的核心和灵魂，建立了以实践为中心的唯物主义新哲学。作为马克思主义的忠实践行者，习近平在党的二十大报告中进一步强调，"实践告诉我们，中国共产党为什么能，中国特色社会主义为什么好，归根到底是马克思主义行，是中国化时代化的马克思主义行。"❷马克思实践唯物主义为习近平关于实践育人重要论述提供了研究的理论依据和供这种研究使用的科学的方法论。中国传统哲学"知行合一"的思想蕴含着深刻的民族智慧，为习近平提出实践育人重要论述提供了精神滋养和源头活水。习近平对知行辩证关系进行了深刻的理论阐述和实践探索。习近平先后在不同时间、地点和场合谈到实践育人时，多次引用著名教育家陶行知的名言警句，多次强调要"坚持知行合一"，寄语青年人主动担当作为，做真知真行的建设者和接班人。在党的二十大报告中，习近平强调要让马克思主义在中国大地上牢牢扎根，必须"把马克思主义思想精髓同中华优秀传统文化精华贯通起来"❸，因为只有植根中华民族的历史文化沃土，马克思主义真理之树才能根深叶茂。习近平关于实践育人的重要论述吸收了马克思主义实践哲学和中华优秀传统文化的精髓，结合治国理政实践，创造性地提出了实践育人的系列重要思想。马克思从对人类本质和社会关系本质的分析中找到了克服人的异化和片面发展的办法——"生产劳动同智育和体育相结合，它不仅是提高社会生产的一种方法，而且是造就全面发展的人的唯一方法"❹。毛泽东基于中国革命的伟大实践写就《实践论》这一重要哲学篇章，提出"实践第一"的思想，他说"判定认识或理论之是否真理，不是依主观上觉得如何而定，而是依客观上社会实践的结果如何而

---

❶ 习近平. 在纪念马克思诞辰200周年大会上的讲话[N]. 人民日报，2018-05-05（02）.

❷ 习近平. 高举中国特色社会主义伟大旗帜为全面建设社会主义现代化国家而团结奋斗——在中国共产党第二十次全国代表大会上的报告[N]. 人民日报，2022-10-26（01）.

❸ 习近平. 高举中国特色社会主义伟大旗帜为全面建设社会主义现代化国家而团结奋斗——在中国共产党第二十次全国代表大会上的报告[N]. 人民日报，2022-10-26（01）.

❹ 中共中央马克思恩格斯列宁斯大林著作编译局. 马克思恩格斯文集：第5卷[M]. 北京：人民出版社，2009.

定。真理的标准只能是社会的实践。"❶中共中央、国务院于1958年9月颁布的《关于教育工作的指示》明确指出："党的教育方针是教育为无产阶级政治服务，教育与生产劳动相结合。"❷邓小平是中国改革开放和现代化建设的总设计师，他始终都坚持"实践是检验真理的唯一标准"，强调"世界上的事情都是干出来的，不干，半点马克思主义都没有"❸。毛泽东、邓小平等中国的马克思主义者都倡导用劳动教育促进人的全面发展。在此基础上，习近平结合中国教育改革的实际，将实践育人摆在国家发展战略和世界教育强国竞争的重要位置，将劳动教育重新确立为全面发展教育的重要组成部分。党的二十大报告明确指出，我国的教育目的是"培养德智体美劳全面发展的社会主义建设者和接班人"❹，这是以习近平同志为核心的党中央对新时代实践育人的现实需要和未来发展做出的深刻总结和系统回答。习近平用实践育人丰富和拓宽了劳动教育的内涵，赋予"人的全面发展"以更加科学的含义，使实践育人的指向更加明确，更加符合我国教育的本义。习近平关于实践育人的重要论述是习近平新时代中国特色社会主义思想的重要组成部分，开拓了马克思主义实践哲学的新境界，是对毛泽东、邓小平实践观的创新性继承与发展。

［资料来源：于洋，周洪宇.习近平关于实践育人重要论述的主要内涵与鲜明特色[J].海南大学学报（人文社会科学版），2013，41（04）：11-17.］

课后习题

1. 如何理解大学生社会实践的内涵？
2. 怎么看待大学生通过社会实践"受教育、长才干、作贡献"？
3. 你希望在社会实践中提升什么能力？

---

❶ 毛泽东.毛泽东选集：第1卷[M].北京：人民出版社，1991.
❷ 中共中央国院，1958.关于教育工作的指示[N].人民日报，1958-09-20（01）.
❸ 中共中央文献研究室.十六大以来重要文献选编：上[M].北京：中央文献出版社，2005.
❹ 习近平.高举中国特色社会主义伟大旗帜为全面建设社会主义现代化国家而团结奋斗——在中国共产党第二十次全国代表大会上的报告[N].人民日报，2022-10-26（01）.

第三节
中外合作办学背景下大学生社会实践现状

在中外合作办学的背景下,大学生社会实践呈现出一系列独特的现状。这种中外合作模式为学生提供了更广泛的社会实践机会。首先,通过中外合作办学,学生有机会参与国际性的社会实践活动,拓宽视野,增加跨国文化交流的经验。其次,中外合作办学为大学生提供了丰富的资源支持,使得学生在社会实践中能够更全面、更深入地参与,培养学生的综合素养。另外,中外合作办学也推动了社会实践活动的专业化和深度化,使学生在实践中能够更好地将所学知识应用于实际情境,提升专业素养。

一、中外合作办学学生社会实践的必要性

大学生社会实践是中外合作办学面向新发展形势的现实需要。大学生社会实践活动是高校思想政治教育工作的重要内容,作为大学生受教育、长才干、作贡献的重要途径,社会实践体现了理论教学和实践教学的有机结合,是对高校思想政治教育工作实践价值的评估和理论拓展。

中外合作办学是我国教育事业在公办学校、民办学校之外的一种新的办学力量,作为新的办学形式,中外合作办学的院校不同于一般的其他院校,学生在接受国外先进教育理念和高质量教学资源的同时,也不可避免地受到外来文化的影响。如果缺乏对中外合作办学学生进行正确思想政治教育的指导,西方国家的文化思潮有可能对学生的思想和价值观产生冲击,而"大学生的思想政治状况、道德品质、科学文化素质以及健康素质的好坏,直接关系到现阶段中华民族的素质"(徐精鹏,2013)。"特别是大学生思想政治素质的高低,更是直接关系党和国家的前途命运,要使大学生成长为中国特色社会主义事业的合格建设者和忠实可靠的接班人,不仅要大力提高他们的科学文化素质,而且要大力提高他们的思想政治素质。"因此,强化中外合作办学学生的思想政治教育具有重要意义。

大学生社会实践作为高校思想政治教育工作的重要内容,对中外合作办学学生的教

育有着不可忽视的作用。通过积极引导中外合作办学学生参与社会主义现代化建设，加强理论学习，掌握经济、政治、社会、文化、生态等多方面知识。通过深入基层、群众、生活，不断提升对国家和社会的认识，增进对党政方针和国家政策的理解。同时，持续完善提高自身能力素质，树立正确的世界观、人生观、价值观。这一过程旨在使学生能够更好地融入社会主义现代化建设中，实现全面发展。

"加快和扩大新时代教育对外开放，是教育发展的需要，是国家建设的需要，是新时代发展的需要，既迫在眉睫，又恰逢其时。中外合作办学作为教育对外开放的重要载体实现了蓬勃发展。"近些年来，随着党和国家对扩大教育对外开放和推动高等教育国际化水平的高度重视，我国高校的中外合作办学事业正在迅速、平稳、稳定地发展。合作办学的质量得到进一步提升，办学特色更加凸显，布局更趋合理，呈现出高水平、高质量的发展态势。随着我国对外开放战略的不断深化，中外合作办学项目持续增加，办学规模进一步扩大，几乎覆盖了大部分的学科门类。社会各界对中外合作办学的认可度也在不断提升，满足了多样化和优质教育的需求，实质性地完善了我国高等教育体系，为当前优质教育的资源供给增添了丰富内容，成为我国高等教育的重要组成部分。因此，在面对中外合作办学新的发展形势时，高校教育工作者应充分把握机遇。通过开展大学生社会实践活动，切实强化中外合作办学学生的思想政治教育，推动中外合作办学在新时代的背景下提升质量和增加发展量，进一步发挥中外合作办学对我国教育对外开放和高等教育国际化的推动作用。

大学生社会实践是中外合作办学践行教育理念的客观要求。中外合作办学最显著的特征在于其开放性，通过引进国外优秀的教育教学资源，为我所用。其独特之处在于办学主体由中外双方学校共同组成，中方院校与国外大学直接对接，在办学目标、课程配置、教师引进、教学安排等方面密切合作。中外合作办学的学生在接受国外教育资源的同时，也有更多机会直接接触外来文化。在中外文化的交流渗透和交融中，学生的视野得以拓宽，然而，他们也不时受到外来文化和价值观的冲击，这影响着学生的思想认知。当代青年学生是祖国的未来、民族的希望，新时代中外合作办学的学生更应该坚定立场，怀揣对祖国的热爱，妥善处理"放眼世界"与"立足本土"的矛盾关系。通过积极参与学校组织的大学生社会实践活动，学生不仅能够提升个人能力素质，还能增进对国家、社会的认知，并积累丰富的实践经验。大学生社会实践秉持着贴近生活、实际、社会、群众的执行原则，要求大学生主动走出校园，积极投身社会、深入基层、参与实践。这使得大学生能够在实际操作中全面了解社会主义现代化建设所取得的成就，理性思考全面建设小康社会和实现中华民族伟大复兴所面临的问题，并有效地体验普通民众的生活艰辛。通过这一过程，有助于在思想上端正学生的认知，从行为上规范学生的实践行为，从心理上影响学生的成长。同时，帮助大学生们了解自身的身份作为社会主义现代化建设事业和实现中国梦接班人所应肩负的职责和使命。通过社会实践，学生们能够端正思想认识，树立长远目标，制订良好的职业发展规划，培养出良好的社会责任感和历史使命感。

大学生社会实践是中外合作办学实现人才培养的必然选择。目前，高等教育的国际化追求并非简单地模仿西方教育模式，也不是追求"国际趋同化"。相反，其目标是通过引入国外优质资源，实现在自身国情基础上建立的本土化和特色化高等教育。尽管高校中外合作办学的学生在具体的培养方式和教育教学模式上与其他学生存在差异，但人才培养的总体目标和最终导向完全一致，即致力于培养适应中国特色社会主义建设的新时代人才。

当前，中外合作办学的学生作为新时代国际化人才和未来社会主义建设的主力军，肩负着参与教育国际化竞争和在国际舞台上传播中华文化的重要使命。在教育全球化的浪潮中，他们扮演着越发重要的角色。他们的思想道德素质的培养和自身能力素质的培养同样关系到国家前途和民族命运。通过参与学校组织的大学生社会实践活动，这些学生不仅能够提升自身的能力素质，还能够增进对国家和社会的认知，积累丰富的实践经验。

大学生通过主动、自觉、积极地参与社会实践活动，有助于充分发挥他们的主观能动性，实现对所学知识的学以致用和不断改进。这有利于培养他们的责任意识和良好的学习、生活、工作习惯，同时在实践中发挥自身的专业优势，发现自己的兴趣和专长。因此，大学生社会实践是促进中外合作办学学生了解国情、认识和适应社会发展、锻炼自身能力素质、增长才干的有效途径，是实现中外合作办学的学生成长成才的有效载体，也是实现中外合作办学人才培养的必然选择。

厦大开展2023年大学生暑期海外社会实践

共青团厦门大学委员会组织开展2023年"颉颃计划"大学生暑期海外社会实践。实践团由来自27个学院的61名本硕博学生组成5个支队，分别前往印度尼西亚、新加坡和马来西亚等共建"一带一路"国家，围绕中华文化海外传播、"两国双园"建设、中国—

东盟数字经济合作、高等教育"走出去"以及高等教育境外办学等五个主题展开调研实践。

实践队员先后赴新加坡国立大学、南洋理工大学、厦门大学马来西亚分校、诺丁汉大学马来西亚分校、印度尼西亚建国大学以及印尼巴中三语学校进行交流访问。与当地师生围绕拔尖创新人才培养、国际化办学模式、数字经济发展趋势、海外华文教育等议题进行了学习与探讨,积极探寻海上丝绸之路高校共商共建共享的未来,推动加强"一带一路"国家教育文化领域的交流合作。在厦门大学马来西亚分校和印尼巴中三语学校,实践队员还通过书法、武术、京剧、快板等表演形式,为各国青年打开了一扇了解中国和中华文化的窗口,为讲好中国故事、传播中国声音、展示更为立体的中国形象发挥了积极作用。

2023年是"一带一路"倡议提出十周年。实践队走进东盟基金会(AF)、中国-东盟投资合作基金(ACCF)、中国驻东盟使团以及印尼-中国经济、社会与文化合作协会等单位进行调研,学习了解中国-东盟双边合作的历史、成就与未来挑战,并就"两国双园"建设、中国东盟菁英奖学金、"10+1合作机制"等具体项目展开交流,感知东盟现状,涵养责任担当。同时,实践队还参访了马来西亚最具影响力的华文媒体《星洲日报》总社,聚焦中马两国经济交流、文化融通以及价值传播的理念与做法,探索在共建"一带一路"国家讲好中国故事、让世界听到中国声音的多元途径。

在联合国可持续发展解决方案网络(SDSN)亚洲总部,实践队员深入了解了中国

双向FDI对碳排放的影响、教育的发展如何影响货币收入的增长以及"一带一路"倡议在可持续发展领域的影响等热点议题，勾勒绿色经济的未来图景，领悟"人与自然生命共同体"的深远意涵。到访华为亚太地区总部，了解中资企业在海外的发展情况，并聚焦人工智能、数字化人才培养、校企合作以及中资企业社会责任等议题提问交流，主动

探索当代青年在科技大发展浪潮下的使命与担当。

据悉,返校后,将进一步围绕调研课题撰写实践报告并召开专场交流研讨会,推动实践活动出成果见实效。

(资料来源:佚名.厦大开展2023年大学生暑期海外社会实践[N].人民日报客户端,2023-9-4.)

二、中外合作办学的学生社会实践的特殊性

中外合作办学的学生因家庭因素、个人因素等,具有一定的特殊性,且接触到的外方文化更多,学生的世界观、人生观、价值观还不够成熟,因此,对中外合作办学的学生进行思想政治教育的重要程度不言而喻。社会实践是实现思想政治教育的重要载体,大学生通过参加社会实践活动能够充分调动其主观能动性,使其更好地实现理论与实践结合教育,从而实现思想政治教育的目的。

中外合作办学的学生个性明显,价值取向多元化。他们多数出自经济条件优渥的家庭,且大多数为独生子女,家长较为重视孩子的教育,尤其是文艺、体育等特长方面的培养,多数学生多才多艺、个性张扬、自我表现意识强,能够通过一些平台来展示自己的才华,敢于表达自己的观点。在中外合作办学模式下,所用课程教材多为国外原版教材,且部分任课教师为外方教师,学生所接触的外方文化和教育理念更多,加之,学生对未知世界的探索精神,一定程度上促使其价值取向的多元化倾向。然而,大学生正处于人生观、世界观、价值观形成的最重要时期,价值观念还不成熟,缺乏对客观事物的认知能力和辨识能力,容易被一些错误思潮所左右。因此,第一,中外合作办学的学生的社会实践必须要坚持把爱国主义理想信念教育和价值引领作为社会实践的核心,社会实践的主题要紧紧围绕坚定学生理想信念,以爱党、爱国、爱社会主义、爱人民、爱集体为指导思想,实践内容要围绕国情社情、祖国发展、家乡建设、乡村振兴、追忆红色足迹、弘扬中华优秀传统文化等方面开展,引导学生了解国家发展,加强对党和国家的政治认同、思想认同、情感认同,坚定中国特色社会主义道路自信、理论自信、制度自信、文化自信。第二,中外合作办学的学生的社会实践要开创新方法,拓展新途径。和普通社会实践相比,中外合作办学的学生的社会实践更应该增强学生对中外文化的认识,坚定中国文化自信,提升自身综合素质。在社会实践途径和方式上,可以根据中外合作办学特点,针对创新融合和跨文化交流,联合创新创业导师和中外籍教师,鼓励学

生对各种实践结论、观点和习以为常的理论提出质疑，倡导敢于挑战传统、标新立异的大胆创新的精神，引导学生树立大实践观，促使其将创新精神自主运用到社会实践活动中去检验；在社会实践基地的选择和管理上，要按照"多方受益、平等互利"的原则，根据办学情况和实际需求，因地制宜地建立一批稳定长久的社会实践基地，保持长期的互惠合作模式。作为中外合作办学的第二教育场所，要避免"打游击战"一年换一个地方的形式，中外合作办学要广泛推行科研与实践合作机制，加强与企业的长久互惠合作关系，与其建立战略联盟关系，共建和发展大学生社会实践基地。第三，中外合作办学的学生的社会实践要加强指导教师队伍建设，提升社会实践的育人功能。社会实践的发展要培养一批优秀的指导教师，加强对指导教师的再培养、再教育，有利于中外合作办学社会实践的全方位发展以及学生的全面培养；同时要鼓励指导教师积极主动地参与社会实践活动，在工作性质的评定和工作量的计算、工作绩效的评奖评优、职称晋升等各方面作出统一规范的明确规定，也能够调动他们参与社会实践活动的积极性和主动性，发挥指导教师在社会实践中的指导作用，提升社会实践的育人功能。

 知识拓展

勇于进取，提升国际化办学能力

国家发展同大学发展相辅相成。习近平总书记强调，"我们要在国家发展进程中办好高等教育，办出世界一流大学"。如今，我国综合国力和世界影响力不断提升，为高等教育实现跨越式发展，推动中国文化传承创新、参与塑造世界文明新进程提供了保障。与此同时，今天党和国家事业发展对高等教育的需要，对科学知识和优秀人才的需要，比以往任何时候都更为迫切。可以说，我国高等教育的发展与中华民族伟大复兴紧密相连。

现代高等教育的发展是一个不断走向开放和国际化的过程。国际影响力是衡量办学水平的重要标志。扎根中国大地办世界一流大学，需要提升教育国际化能力。习近平总书记指出："要扩大教育开放，同世界一流资源开展高水平合作办学。"中国大学只有主动加强与世界一流资源的合作，以更开放的姿态参与国际教育竞争，不断提升办学水平，持续吸引全球优秀学生学者，才能搭建民族优秀文化与世界文明交流互鉴的桥梁，成为世界科学文化交流的重要阵地。这就要求我们，因校制宜确立国际化战略，研判资

源和机制边界，优化发展路径，着力加强国际化办学能力建设，提升全球影响力。

只有培养出一流人才和聚集世界一流师资的高校，才能够成为世界一流大学。我国大学必须立足中国、放眼全球，坚持价值塑造、能力培养和知识传授"三位一体"的培养模式，培养具有跨文化沟通能力和领导力，适应国家发展需求的拔尖创新型人才，为构建人类命运共同体提供强有力的人才保障。在统筹推进世界一流大学和一流学科建设进程中，大学需要创新国际联合办学模式，建立全学程贯通、全过程育人的国际化培养新模式，既做好本土人才培养，又做好国际人才培养。与此同时，强化高层次人才的支撑引领作用，加快培养和引进一批活跃在国际学术前沿、满足国家重大战略需求的一流学者、科学家、学科领军人物和创新团队，建设具有国际竞争力影响力的高水平师资队伍。

国际化能力建设不只是向外的功能与影响拓展，也是向内的体制机制改革。当前，高等教育资源的跨国流动在不断加速，一流的教育资源与顶尖人才日趋集中。对于高等教育国际化而言，大学在教学科研领域的双边或多边合作交流，正在扩展和深化为全方位、全过程和全员共同参与的学校国际化能力建设。因而，我们需要坚持深化教育改革创新，建设跨学科、跨领域的国际科研合作平台，在重要基础科学、技术、工程等学科领域进行全球布局；建成适应国际化办学的学校管理体系，解决在治理体系、人事制度、教育模式、科研机制、资源配置等方面的深层次矛盾和问题。

教育传承过去、造就现在、开创未来，是推动人类文明进步的重要力量。无论全国教育大会，还是《教育部等八部门关于加快和扩大新时代教育对外开放的意见》，都进一步凸显了教育对外开放在我国教育事业和全面开放新格局中的作用。应时而动提升国际化办学能力，提高我国高等教育的全球影响力，进而增强未来塑造力，大学才能为实现中华民族伟大复兴作出更大贡献。

〔资料来源：郦金梁.勇于进取，提升国际化办学能力（新论）[N].人民日报，2020-12-18（5）.〕

三、中外合作办学的学生社会实践的现状——以西安理工大学国际工学院为例

经过多年的组织与建设，中外合作办学的学生社会实践已经形成了一定规模，且正在向着正确的方向发展着。不论是教师还是学生，对社会实践的认识都是一致的，对社

会实践在中外合作办学人才培养中的作用也都是充分肯定的。在中外合作办学背景下蓬勃发展的社会实践活动中，呈现出社会实践制度日趋完善、学生参与热情积极、成果转化效果明显的特点，下面以西安理工大学国际工学院为例具体分析。

2021年，西安理工大学国际工学院首次组建两支社会实践队，实践足迹遍布陕西6县35镇，两支实践队分别立足国家碳达峰、碳中和与健康中国战略目标开展社会实践。西安理工大学"减排赋能"实践队获得2021年西安理工大学暑期"三下乡"社会实践校级二等奖、2021年陕西省暑期"三下乡"社会实践优秀调研报告、第五届陕西省青少年公益项目大赛省级铜奖、"力诺瑞特杯"第十四届全国大学生节能减排社会实践与科技竞赛国家级三等奖；"医联共建惠红区"社会实践服务队获得2021年西安理工大学暑期"三下乡"社会实践校级一等奖、2021年陕西省暑期"三下乡"社会实践优秀团队。

"减排赋能"实践队是由西安理工大学国际工学院9名学生组成，他们立足我国实现碳达峰、碳中和农业绿色发展战略目标，通过问卷调查法和实地访谈相结合的方式，以沿黄河区域农业绿色发展的碳排放制约及其消解——基于黄河沿岸5县29镇的实地调研为题，奔赴沿黄河地区大荔县、乾县、合阳县、华阴市、绥德县及其周边乡镇进行实地调研，采访参观了华西循环农业经济产业园、大荔县新颖智慧农业园区、合阳县兴皇苹果专业合作社、华阴市万亩荷花苑景区、绥德县创新农业园区等多个沿黄河区域农业绿色发展优秀示范基地，并在各地农业农村局及相关政府部门召开绿色农业发展座谈会，扎根基层开展有关绿色农业发展宣讲会。在实践的过程中，实践队员还进行了义务植树、摘椒与直播带货活动，为沿黄河区域生态保护与高质量发展献出青年学子应有的担当与力量，用实际行动助力生态的发展。在获取并梳理数据的基础上，使用Bartlett球形检验和KMO检验，基于因子分析模型对该数据进行全面剖析，发现减排赋能、绿色农业、黄河治理在基层建设中所存在的问题，结合沿黄河区域农业碳排放现状及其影响因素，分析其成因；最终，在调查研究的基础上提出8条对策建议。该实践以碳排放为切入口，发挥新时代青年的独特视角，探寻沿黄河区域农业减排对策，更好地在基层推进农业绿色发展的深刻革命，建设黄河流域生态保护和高质量发展，实现中华民族伟大复兴的千秋大计。

西安理工大学国际工学院"医联共建惠红区"社会实践服务队是由国际工学院7名大一学生组成，他们走进革命老区陕西延安，对延安市各乡镇卫生院医疗服务能力现状进行实地调研，在城乡融合视角下围绕提升人民群众健康获得感这一根本落脚点，深入延安市偏远乡村通过问卷调查、现场采访、座谈、开展医疗知识宣讲和测量血压等活动进行了深度调研。通过现场演示的方式将急救方式与预防措施教授给居民，同时邀请西安市级医院知名教授通过连线的方式对乡亲们在线诊疗，制订治疗方案。最终与延安市宝塔区卫生局进行座谈会交流，促进基层医疗全面发展，有利于巩固脱贫成果，有效避免因病返贫，有助于提高乡镇卫生院医疗服务能力实效性。

2022年，西安理工大学国际工学院共组建12支社会实践队，实践主题涵盖乡村振兴、疫情防控、传统文化、社会民生、居民养老、返乡创业、科技人才、安全工地等各方面。

"半导体行业人才技能供需矛盾调研"项目，聚焦于研究半导体行业人才所需技能与当下高校培养模式的矛盾。在培养端为高校半导体人才培养模式升级转变提供参考，使得半导体行业人才在大学期间掌握当下所需技能，更好地匹配半导体企业对人才的需求。

"传承瓷文化，振兴瓷产业——以耀州窑陶瓷烧制技艺为例"项目，通过有效的宣传能为耀州瓷打开市场，拓宽销路，壮大行业队伍，为乡村振兴添砖加瓦。"探究直播带货的时代下洛川苹果的品牌营销策略"项目，通过对洛川苹果主要产区进行走访与调研，探索直播带货的因素与条件，对洛川苹果的振兴出谋划策。

""亿'尘不染——工地扬尘治理忠诚卫士"项目，通过对建筑施工现场环境调研、施工地扬尘问题成因分析，利用模型整合和数学工具，最后形成一份翔实、完整的数据报告，为城市扬尘污染治理提供科学、有效的解决方案。

"重走长征路，传承红色基因，助力乡村振兴"项目，采取广泛采访的方式来了解在当下革命老区人民的红色精神对其生活的引导，同时拜访慰问老红军，了解革命根据地的变迁与发展，学习延安精神，用革命先辈留给我们的宝贵精神财富凝聚人心、激励斗志、开创未来。

"让'方便'更方便：'厕所革命'背景下第三卫生间的服务需求研究——基于150个公共场所的调查研究"项目，通过宣传普及，增强对"第三卫生间"的宣传力度，以扩充用户对其的认知度。通过调查问卷及实地访谈，对"第三卫生间"需求状况进行研究，探寻合适的"第三卫生间"构建模式，为我国的卫生部门、公共设施建设部门提供理论依据，完善"第三卫生间"设施。

"疫情常态化下西安市地摊经济的现状及其影响"项目，在新型冠状病毒感染疫情防控常态化的背景下，通过实地调研的方式，以西安市地摊经济为例，深入挖掘其现存问题。从地摊摊主、政府和合作方三个不同角度出发，提出一系列建议，旨在提高地摊经济的热度，同时保障摊主和消费者的权益。这一研究旨在为已有研究提供补充，有助于促进地摊经济在城市中实现长期健康和谐发展。

"针对西安市夕阳红产业以及养老政策的调查研究"项目，基于本市养老服务供需的实证研究以及敬老院实地考察，通过李克特量表法对影响养老需求的因素进行定量分析，提出了如何应对多元化、多需求养老服务的建议，追求更好的养老服务供需平衡，旨在合理利用资源的前提下优化老年人养老生态，探究如何更好地解决老年人的护理服务需求，构建心灵港湾，推进西安市社会化养老服务业的发展。

"'工业强国'背景下工人安全意识及工地安全隐患排查研究——以三十个工地为例"项目，通过实地调研发现建筑施工安全领域存在的突出问题，排除工地安全问题新隐患，为推广智能工地安全新系统奠定基础。

"乡村振兴背景下助力人才返乡创业"项目，通过实地调研来感受当前乡村对于人才的迫切需要，观察各类返乡人才的可行创业路径，深入了解在人才返乡过程中面临的问题和挑战，可以有针对性地深入研究，提出更具有可行性的解决方案。

"喜迎二十大，奋进新征程"项目，通过前往榆林的多个红色革命根据地进行调研，充分感受革命前辈为民族独立和人民解放事业前仆后继、英勇奋斗的感人事迹和高尚的革命情怀。

"建制镇冬季供暖方式提升路径研究"项目，通过实地调查居民家中仍在采取的供暖方式、居民冬季供暖成本等数据，利用算法计算煤炭的排放量及对环境的影响程度，通过调查问卷和实际走访的方式收集百姓意见，借鉴国内外对供热采暖的相关研究，探索出小城镇冬季供暖方式的提升路径。

课后习题

1. 如果有机会出国社会实践，你最想参观访问的是哪里，为什么？
2. 你认为如何培养全球视野与世界眼光？
3. 通过学习和实践，你认为新时代中外合作办学的社会实践面临怎样的机遇和挑战？请结合实际谈谈。

第三章 大学生社会实践的选题与内容

俗话说:"万丈高楼平地起。"选题是大学生社会实践活动这栋大厦的地基所在,做好选题对于大学生社会实践高质量地完成具有重要意义。本章首先介绍了大学生社会实践的主要形式与内容,涵盖了不同类型的实践活动,为大学生提供多样化的选择。其次,阐述了大学生社会实践选题的原则和方向,并讨论了大学生社会实践选题的来源和方法,帮助大学生有效确定实践项目的主题,为社会实践的成功实施奠定坚实基础。

第一节　大学生社会实践的主要形式与内容

大学生社会实践活动在形式上呈现出多样性。根据参与者的数量，可以划分为团队实践和个人实践两大类别。在实践活动的内容方面，可以将其划分为调查研究、公益服务以及职业发展三大主要范畴。这三大范畴涵盖了各种具体活动，包括参观考察、社会调查、社会服务、生产劳动、"三下乡"活动、四进社区活动、学习参观、科技发明与研究、社会创业与创新、实习工作与体验等多种内容类别。需要特别强调的是，在实践活动中，这些内容类别经常会相互交织和融合。例如，一次社会服务活动可能既包括社会调查，又包括科技发明与研究。这种综合性的特点赋予了社会实践活动丰富的内涵和灵活性。深入研究这些不同类别和内容的特点，有助于大学生更好地理解社会实践的广度和深度。这种理解有助于他们在选择和策划实践项目时，更具见识和决策能力，从而更有效地参与社会实践并促进知识的传播和应用。

一、基本形式——团队实践与个人实践

大学生社会实践活动基本形式可以根据参与人数和组织方式进行划分，主要包括团队实践与个人实践两大范畴。团队实践作为主要的组织形式，有助于培养和锻炼大学生的综合实践能力。

（一）团队实践

团队实践在大学生社会实践中扮演着重要的角色，它为学生提供了一个深入参与社会活动的机会，并培养了他们的综合实践能力。这种形式的社会实践不仅有助于学生个人成长，还对教育和社会需求产生积极影响。

在团队实践中，学生可以根据共同兴趣或围绕特定主题组建团队。这样的组织结构有助于学生更深入地参与社会活动，因为他们可以共同制订实践目标、规划活动内容，并协同合作以达到既定目标。在此过程中，学生需要协调实践行动方向、处理人际交往

等，提升了综合实践能力，如团队协作、沟通技巧、问题解决等。这些技能在学生未来的职业生涯中也将发挥重要作用。

从教育和社会需求的角度看，团队实践有助于培养学生的集体意识和团队精神。在一个团队中，学生需要相互协作，分工合作，共同面对挑战和解决问题。这不仅有助于他们更好地理解团队合作的重要性，还有助于培养团队精神和集体荣誉感。此外，社会对高素质人才的需求不断增加，团队实践为学生提供了锻炼和展示自己的机会，有助于他们成为具备综合素质的人才。

在团队实践活动的过程中，团队负责人扮演着关键的角色。他们需要对实践课题进行清晰规划，明确实践目标、内容和进度安排，以及预期的成果。此外，他们还需要协调团队成员的活动内容、进度安排、实践地点、人员分工等问题。这需要投入大量时间和精力，因此团队负责人需要有合理的心理预期，具备团队协作和协商分析的能力，以确保团队实践活动的顺利进行。

招募和组建团队成员是团队实践活动的重要一环。团队的规模、成员的年级、专业背景、性别比例、性格特点和个人特长等因素都需要谨慎考虑。这些因素将直接影响团队的协作效率和实践活动的质量。因此，团队负责人需要根据实践课题的需求，合理选择成员，并根据性格特点和个人擅长领域进行任务分工，以确保团队的多元化和高效性。这样，团队实践活动才能更好地发挥作用，为学生和社会带来更多的益处。

（二）个人实践

个人实践指学生在没有同伴参与的情况下，单独从事社会实践活动。选择个人实践形式时，需要特别注意两个方面的工作。

第一，要确立合适的实践选题方向，注重培养和提高个人的综合实践能力。在个人实践中，所有决策都由个人自行决定。因此，大学生应在选题确定阶段，着力使自己的社会实践活动具有高度立意、明确的方向和丰富的收获。个人实践的范围相对较小，适合开展公益服务和职业发展内容的活动。因此，建议学生在选择个人实践形式时多考虑这些领域的选题。对于社会调查类型的实践活动，由于个人实践的力量有限，样本数量较少，规范程度和科学水平相对较低，难以产生显著成果。在个人实践中，大学生主要以个人的体验和感悟为主，需要在实践过程中努力培养和提高自己的综合实践能力。

第二，在选择个人实践形式时，需要充分考虑实践活动的可行性，坚持不懈，确保能够安全地完成实践任务。在个人实践的前期规划和中期实施过程中，需要做好充分的准备工作，并不断根据实际情况进行调整，以提高实践活动的可行性，避免或减少不必要的困难。在实践内容的设计上，需要有序地安排活动进度，保持严谨性、逻辑性，避免混乱。此外，在实践的定位上，根据自身掌握的实践理论和技能，选择适当的方式和方法，避免因难度过高而难以着手，或者要求过低而无法展开的情况。个人实践活动相对较为脆弱，因此选择此形式的学生需要时刻保持安全意识，并采取措施来确保活动的安全。这包括在实践前对潜在风险和安全隐患进行充分了解，并制订适当的安全防范措施。此外，持之以恒是成功完成个人实践活动的关键。在整个实践活动的过程中，需要坚定不移地推进活动，按部就班地进行，避免因为自由度过高而导致进度拖延，甚至最终放弃实践的情况。

总之，无论是团队实践还是个人实践，都有其独特的特点和优势。通过精心选择适合的形式，并根据具体情况进行规划和实施，大学生可以更好地参与社会实践活动，提高综合实践能力，并确保活动的安全和成功。

二、调查研究型实践

在当今社会，深入调查和探索事物的真相以及掌握其背后的规律，是认识社会和应对社会变化的必要途径。在这个背景下，社会调查研究成为大学生认识社会、预测社会变迁趋势、提出应对策略的重要方式和方法。

社会实践中的调查研究型实践，是帮助大学生更好地了解社会、认识社会的实际活动。具体而言，社会调查研究是一种运用科学方法，系统地直接获取关于社会现象真实情况的活动，并对所获得的数据进行整理、分析，以科学方式揭示社会状况与其变化规律的认知过程。通过进行调查研究型的社会实践活动，大学生可以正确认识社会现象，掌握科学研究方法，提高分析问题、解决问题的能力，把握事物的本质和规律。

调查研究型实践是大学生社会实践的基本类型之一，根据调查的性质、内容和要求，可以分为不同类型。根据调查的深度，可以将调查研究型实践分为参观考察和社会调查两类。其中，参观考察活动要求较低，注重大学生的体验，并使用描述性的语言材料来反映社会现象。而社会调查则需要大学生使用科学和适当的技术与方法来深入社会生活，进一步整理和总结获得的资料，以科学方式阐明社会状况及其变化规律。

（一）参观考察

参观考察是调查研究型实践的一种相对较低要求的类型。与社会调查相比，参观考察更侧重于大学生对社会现象的感性了解与体验。所获得的材料更注重感性体验，而进一步地分析和提炼材料通常还不能达到理论或规律的认识水平。因此，参观考察活动较易实施，对大学生来说，是认识社会、了解国情、深入了解人民群众，从而促进个性品质全面发展，逐步形成科学的世界观的重要途径。

大学生在开展参观考察类型的实践活动时，需要强调考察的主题，提高实践效果，避免形式主义。以下是三个供参考的选题方向：

时代建设成果考察：大学生可以深入乡镇农村、街道社区和工厂企业，实地考察改革开放前沿和经济社会发展取得的辉煌成就。这种考察有助于加深对党和国家路线、方针和政策的理解，让大学生切身感受时代的发展，提升自身的社会责任感。例如，新农村建设的实际情况可以从农村产业发展、教育医疗改善等方面的成果进行了解，同时，重点关注乡村振兴战略、可持续发展目标等重要政策的落实情况，以更全面了解中国社会的变迁和发展。

杰出英模人物走访：调查特定人物或个案是社会调查研究的重要组成部分。通过对战斗英雄、劳动模范、优秀工作者等杰出人物的走访活动，大学生可以了解这些杰出人物的人生经历，学习他们的优秀事迹，深入思考他们的思想境界。这有助于激发大学生的远大理想、勤奋踏实的工作态度，并帮助他们树立正确的人生观和价值观。

历史文化专题体验：大学生可以选择特定的地区和单位，进行专题考察和体验，以了解祖国悠久的历史和丰富的文化。这种经历有助于学习近代以来中华民族为追求民族独立和国家繁荣而付出的努力，感受中国革命和建设所取得的成就。通过深入的学习体验，大学生可以充分利用博物馆、纪念馆和展览馆等文化资源，激发对全面建设小康社会和实现中华民族伟大复兴的责任感。

（二）社会调查

社会调查通常包括两个关键部分：调查和研究。调查是通过科学方法直接接触社会并收集客观世界材料的活动；而研究是对调查所获得的材料进行分析、比较、归纳和演绎的一系列活动，是对调查材料的综合和深化。调查是为了获取材料，是手段；而研究是为了发现问题并找出解决方法，是目的。因此，社会调查可以定义为大学生通过有目的、有意识地考察、了解、分析、研究社会现象，以正确认识社会真实情况、认识社会生活本质和发展规律、探索改造社会和建设社会的自觉认知活动。

在社会调查中，大学生应有明确的目标和科学的方法。因此，在进行社会调查之前，大学生需要学习社会调查的目的，掌握社会调查和研究的方法，这些内容将在后续章节中详细介绍。以下是几个供参考的调查选题方向：

民生社会热点调查研究：这是社会调查的主要方向之一，涵盖丰富多样的内容。大学生可以选择特定的社会问题，通过考察和研究来了解问题的本质、原因以及提出解决问题的建议。这有助于提高大学生的社会认知和解决问题的能力，并为服务社会、建设和谐社会提供有力支持。

行业发展与专业需求研究：大学生可以根据自己所学专业，选择相关行业和单位进行调查研究。通过了解行业的发展现状和前景，以及对所学专业的社会需求，大学生可以制订适合自己的职业规划，为未来的就业做好准备。

结合社会需求开展专项调研：社会调查往往是科学决策的客观依据，因此，大学校园内和校外的社会组织（如政府机关、研究机构、社会团体等）常常组织一些专题调研项目。大学生可以根据自己的兴趣和能力，选择参与相关的专项调研活动。这有助于将实践锻炼与服务社会相结合，锻炼和提高社会活动能力，进而产生有价值的实践成果。

三、公益服务型实践

公益服务型实践活动就像花朵一样，在社会实践的花园中绽放着奉献与爱。这类实践活动在大学生社会实践中扮演着重要的角色，常常吸引着众多大学生积极参与其中。这些活动的核心特点是以志愿服务为主导，旨在提升社会福祉，而非谋取利润或金钱回报。公益服务类的实践活动呈现多样性，包括传统的邻里互助、扶贫助困，以及更广泛的领域，如冲突解决、减轻痛苦等。

大学生投身公益服务类的实践活动时，通常参与以爱心奉献为主的工作。那为什么此类社会实践活动会让大学生如此热衷？通常情况下，大学生参与此类实践可获得以下几方面的回报：

精神层面的追求。通过参与志愿服务，大学生获得了被他人需要和社会认可的机会，这种内在的精神满足感为他们赋予了更多的意义和价值。正如爱因斯坦所说："只有献身于社会，才能真正探索生命的短暂和充满风险的真正意义。"

社会使命感。大学生参与实践活动，不仅是为个人作出贡献，还能与社会产生互动，积极地参与增进人类福祉的活动当中，以实际行动改变社会面貌，从而塑造出强烈的社会责任感和使命感。

知识学习。公益服务实践活动为大学生提供了学习新的知识和技能的机会，有力地促进了个人成长和人格的完善，深化了对理论知识的理解，从中获得了启发与教育。

自我价值的实现。通过参与公益服务实践，大学生的内心得以充实，精神得以升华，潜力得以发挥，使得自我价值得以实现。正如美国著名心理学家马斯洛所说，自我实现是人生的最高境界。

人生体验。虽说公益服务活动只占据生活的短暂瞬间，但常常闪耀着绚烂的光彩。在这些活动中，大学生与人民群众建立了深厚的情感联系，留下了深刻而难以忘怀的人生体验。

心理完善。通过公益服务实践活动，大学生能够培养快乐的心态和积极向上的价值观，最终构建自尊、自强、自立、自爱的人格特质，拥有健康乐观的心理素质。

公益服务类实践活动尽管常常伴随着付出和艰辛，但正是因为符合大学生的成长需求和心理年龄特点，且易于操作、组织，所以备受欢迎。根据其内容和对象，可以将公益服务类实践活动划分为社区服务、生产劳动、科技、文化、卫生"三下乡"活动以及科教、文体、法律、卫生"四进社区"活动。

（一）社区服务

社区服务通过志愿者的参与，来改善社区居民的生活状况，推动社区的可持续发展。其形式之多样、内容之丰富，不仅为社区提供了实际的帮助，也为参与者提供了锻炼自己的机会。主要内容包括敬老助残、扶贫济困、拥军优属、支教宣讲、社区环境整治等多个方面。

社区服务不仅有利于解决社会问题，还有利于培养大学生的社会责任感，提高团队协作能力和实际操作技能。在社区服务中，大学生需要与社区居民密切互动，理解他们的需求，并通过团队合作去解决问题。这不仅促进了学生的个人成长，也培养了他们在实际工作中解决问题的能力。社区服务还提供了一个宝贵的机会，让大学生更好地融入社会，了解社会的多样性和复杂性。通过与不同背景的人交往，大学生能够更全面地认识社会的各个方面，增强自己的社会适应能力。这对于他们未来职业的发展，甚至是个人生活都具有积极的影响。

（二）生产劳动

生产劳动既是一种对实际劳动的参与，也是一种培养学生实际动手能力和团队协作意识的途径。通过参与生产劳动，大学生得以深入社会、了解农业生产、感受实际工作，同时也为社区和农村地区的发展提供了实质性的支持。

生产劳动的形式非常多样，其中包括农田劳作、农产品采摘、手工艺品制作、工厂的生产实践等。在农田劳作方面，大学生常常参与到农民的农业生产活动中，如种植、耕作、收获等。这种亲身参与使得大学生能够亲自感受到农业生产的辛勤和耕耘，更好地理解农村社会的运作机制。

生产劳动活动有助于培养学生实际动手的能力。在大学课堂中，学生接触到大量的理论知识，但理论知识的实际应用需要通过实际操作来掌握。通过生产劳动，大学生能够将课堂上学到的理论知识付诸实践，提高实际操作的技能水平。例如，在农田劳作中，学生需要学会正确使用农具、了解作物生长的规律，这对于他们未来的职业发展是具有实质性帮助的。

生产劳动不仅仅是为了获取技能，更是一种对劳动价值的重新认识。通过亲自动手，大学生更能够理解不同工种的辛苦和贡献，尊重劳动者的劳动成果。这种认知不仅有助于促进社会的尊重劳动、尊重劳动者的氛围，也有助于培养大学生谦逊、踏实的品质。

一方面，生产劳动能够加深大学生对农村地区的理解和关爱。在农田、农村社区中亲自投入劳动，学生会更加直观地感受到农民的生活状况、面临的困难以及他们所需要的支持。这种亲身经历能够唤起大学生对农村发展、农民生活的关切之情，激发他们参与社会建设的积极性。

另一方面，生产劳动是一种培养团队协作精神的有效途径。在农田劳作或其他生产劳动中，往往需要多人共同合作，协同完成任务。这促使大学生学会团队合作、协调分工，培养集体荣誉感。团队合作是社会中一个至关重要的素养，能够在日后的职业生涯和社交场合中发挥积极作用。

生产劳动既包括对农业生产的参与，也包括涉及手工艺品的制作。通过手工艺品制作，大学生能够体验到传统手工艺的魅力，了解手工艺品的制作过程，同时也能够通过销售手工艺品为一些手工艺者提供帮助。这不仅能够保护传统文化，也为手工艺者提供经济支持。

在大学生社会实践活动中，生产劳动活动还可以与社会创新和创业相结合。通过了解社会需求，大学生可以发现一些有待改进或解决的问题，进而提出创新性的解决方案。这种创新意识和实际动手能力的培养，为学生未来创业和创新科研打下了基础。

（三）科技、文化、卫生"三下乡"活动

科技、文化、卫生"三下乡"活动作为大学生社会实践的重要组成部分，旨在通过科技支持、文化交流以及卫生服务，促进农村社区的发展，提高居民的科技水平、文化素养和健康状况。在这一系列的活动中，大学生深入农村地区，与当地居民亲密互动，

为农村的全面发展贡献自己的一份力量。

"科技下乡"强调的是科技对农村发展的支持。大学生可以通过组织科技培训、推广科技成果等方式，为农村居民提供现代科技知识和技能。这包括了农业技术、信息技术、环保技术等多个方面。通过传授现代科技知识，大学生助力农民提高农业生产效益，减轻劳动负担，推动农村产业升级。

科技支持的范围涉及十分广泛，包括引进先进的农业技术、推广高效的耕作和种植方式、提供数字化的农业管理培训，甚至涉及农产品的营销与物流。通过这些活动，大学生可以为农村居民搭建与科技发展同步的桥梁，使其更好地融入现代社会，分享科技发展的红利。

"文化下乡"重点关注的是文化交流。在这方面，大学生可以通过组织文艺演出、书法绘画展览、手工艺制作等形式，丰富农村居民的文化生活，传递正能量，激发他们对文化的热爱。这也为大学生提供了一个展示才艺、传播文化的平台。大学生还可以挖掘和保护当地的文化传统，开展文化遗产的保护和传承工作。这有利于使农村社区在现代文明冲击中保持独特的文化特色，增强社区的凝聚力和认同感。

大学生还可以引入先进的互联网技术，通过在线教育平台为农村居民提供文化课程。这种远程教育的方式能够打破地理障碍，让农村居民享受到城市同等的文化资源。同时，大学生还可以组织文学、艺术、历史等方面的讲座，激发农村居民对知识的渴望，促进文化水平的提升。

"卫生下乡"包括卫生检查、义诊等，为农村居民提供健康服务。通过与医学专业的学生合作，组织免费的健康检查和疾病防治，使农村居民能够及时了解自身的健康状况，得到专业的医疗建议。"卫生下乡"还包括环境整治活动，提高农村居民的居住环境卫生水平。具体包括垃圾分类、污水处理、清理病媒生物、美化农居环境等，这不仅改善了农村社区的生活环境，还能够减少传染病的传播风险，提高居民的整体健康水平。

（四）科教、文体、法律、卫生"四进社区"活动

"四进社区"活动是一项重要的社区建设活动，包括科教进社区、文体进社区、法律进社区和卫生进社区。这些活动丰富了社区文化生活，传播了科学知识，提高了居民法律意识，改善了居民生活质量。

"科教进社区"活动要面向主要群体，充分利用小巷讲坛、专家咨询、科普讲座、展览等方式，结合文艺、旅游、休闲娱乐等开展丰富多彩的科普活动，重点宣传节约资源、保护生态、改善环境、安全生产、应急避险、健康生活、合理消费、循环经济等观

念和知识，倡导建立资源节约型、环境友好型社会，形成科学、文明、健康的生活方式和工作方式，促进科学发展观在全社会的树立和落实。

在"文体进社区"活动中，大学生通过组织文艺演出、体育赛事、艺术展览等形式，为社区居民提供丰富多彩的文体活动，丰富居民的精神文化生活，促进社区的文化繁荣。

"法律进社区"活动旨在通过法律咨询、法治讲座、法律援助等形式，提高社区居民的法律意识，解答法律问题，促进社区的法治建设。

"卫生进社区"活动旨在通过卫生健康知识宣传、环境整治、医疗服务等形式，提高社区居民的卫生水平，改善生活环境，保障居民的身体健康。

总之，公益服务类实践活动不仅有助于大学生的个人成长和价值实现，还对社区和社会产生积极影响，推动社会的进步和发展。这些活动不仅是学术领域理论知识的实践应用，也是大学生社会责任感的体现；同时也丰富了大学生的生活体验，帮助他们更好地理解社会，为未来的职业和居民生活积累了宝贵的经验。

四、职业发展型实践

近些年来，职业发展型实践已经在大学生社会实践活动中兴起。这一趋势与高学历人群的不断增加以及大学生就业形势的严峻性息息相关。职业发展型实践，是指大学生为了提升自身的职业素养，以专业学习为基础，开展一系列理论与实际相结合、参与性强的活动，如参观、实验、发明、实习等。不同于传统实践活动，职业发展型实践活动更强调与社会需求和个人发展规划的结合，让大学生能够深刻体会知识与实践的互动，从而启发个人成长。

职业发展型实践的范畴不仅包括传统的考察、调研、访谈、服务等形式，还包括了与社会生活和实际生产活动紧密结合的内容。它不仅注重理论创新，更加注重实际价值的创造。这种实践活动依赖于大学专业理论学习，可以直接提高大学生的就业能力，并培育创新和创业意识。

职业发展型实践服务于高等教育的多个目标，包括学术研究、职业规划和创业教育。与广义的学术研究、科学实验、科技发明不同，职业发展型实践更加强调与社会生活或实际生产活动的结合，更加关注实际价值的创造。它可以分为学习参观、科技发明与研究、社会创业和创新、实习和工作体验四个类型。

（一）学习参观

在完成专业基础课程或部分专业课程后，大学生通过实地参观不同类型的企业、机构或组织，将课堂学到的理论知识与实际应用相结合。这种活动涵盖了对企事业单位工作性质、组织管理体制和运作机制等方面的全面了解，旨在巩固和深化学生的知识储备，拓宽他们的知识面，并激发他们对专业前沿理论的深入研究。

学习参观为大学生提供了一个了解实际工作环境和行业运作机制的绝佳机会。在课堂上，大学生接触到的知识往往是抽象的、理论性的，而通过亲身参与实地参观，他们可以更加直观地感受到企业内部的运作机制、人际关系以及产业链的各个环节。这种实际接触有助于他们建立对专业知识的更加深刻和具体的认识，为将来步入职场提供了实质性的支持。

学习参观能够拓宽学生的视野，使他们对所学专业更加全面地理解。通过参观不同行业的企业，学生能够了解到同一专业在不同领域的应用情况，从而更好地为未来的职业方向进行规划。这有助于大学生更加明晰自己的兴趣和发展方向，提高未来职业选择的针对性和准确性。

学习参观为大学生提供了与企业从业者面对面交流的机会。通过与企业员工、管理者的互动，大学生可以提出自己关心的问题，了解企业内部的职业发展机会、行业趋势以及对应用专业的实际需求。这种直接的交流不仅有助于大学生建立起对职业发展的清晰认识，还为他们积累了实际应用技能和行业经验。

在实际的社会实践中，学习参观的形式多种多样。有些学校组织大学生参观本地知名企业，如科技公司、制造厂等，以展示当地产业的发展状况；有的大学生会选择走出国门，参观国际性企业，亲身感受不同国家的商业文化和管理方式。同时，也有一些特殊类型的参观活动，如参观科研机构、文化机构等，以满足不同专业学生的需求。

（二）科技发明与研究

科技发明与研究是大学生参与应用发明研究的一种实践活动。这种活动不同于一般的科学实验或技术创新，更注重对实际生产和生活问题的解决和创新，包括技术改良、工艺革新、产品发明等。

科技发明与研究突破了传统科学实验和技术创新的界限。与传统实验室研究不同，科技发明与研究侧重于解决实际生产和生活中的问题。大学生在这个过程中不仅能够深入理论，还要关注实际需求，更要注重科技创新的实际应用。这种全新的研究方式，使得科技研究更加贴近社会需求，更有可能在实际应用中产生深远的影响。

大学生在这一过程中通过技术改良、工艺革新、产品发明等多种方式，着力解决社会和产业中存在的问题。这不仅提高了大学生的实际动手能力，也培养了他们对实际问题敏锐的洞察力和解决问题的能力。这种解决问题的过程，使得他们在理论知识的基础上更加注重实际应用，实现了知行合一的目标。

在实际社会实践中，科技发明与研究的形式多种多样。有的学校设有专门的科研实验室，为大学生提供先进的科研设备和实验平台，鼓励他们在实验室中进行创新性的科技研究；有的大学生选择参与一些应用性的项目，如科技改革、工艺改进、产品设计等，通过与企业合作，解决实际的生产问题；还有一些大学生通过参与科技竞赛，挑战自我，锻炼团队合作精神，提高解决复杂问题的能力。

在实际操作中，大学生科技发明与研究的范围涉及广泛。例如，他们可以致力于环保技术的研究，开发新型的清洁能源；也可以关注生命科学领域，进行医学研究，为人类健康作出贡献；同时，还可以参与信息技术的创新，推动数字化社会的发展。这些研究方向都反映了大学生在科技发明与研究中对实际问题的关注，以及对社会可持续发展的责任感。

（三）社会创业和创新

社会创业和创新突出了大学生将所学知识与实际社会问题相结合的能力。与科技发明与研究不同，社会创业和创新更侧重于解决社会问题，为社会提供新的服务、产品或方法。社会创业和创新实践注重实际操作，需要学生具有敏锐的市场洞察力、强烈的社会责任感和出色的团队合作能力。

社会创业和创新着眼于将学生所学的知识应用于解决实际社会问题。大学生在参与社会创业项目时，通常会面对一系列的社会挑战，如教育不公、环境问题、社会服务不足等。通过深入参与这些问题的解决，大学生不仅能够实践专业知识，还能够感受到自己对社会的积极影响。这种实际参与解决社会问题的过程，不仅培养了大学生解决实际问题的能力，也让他们更深刻地理解专业知识的社会价值。

社会创业和创新注重实际操作和市场需求。与科技发明与研究强调技术的创新不同，社会创业更加注重项目的实际操作，关注社会的需求和市场的反馈。大学生在社会创业和创新中往往需要深入了解目标群体的需求，通过市场研究和用户反馈来不断优化项目。这使得大学生在创业和创新过程中更注重实际操作的可行性，提高了他们的市场洞察力和项目管理能力。

社会创业和创新鼓励大学生关注社会责任和可持续发展。在创业过程中，大学生常常需要思考他们的项目对社会和环境的影响，注重社会的可持续发展。这种注重社会责任的创业心态，使得大学生在创新项目中更注重维护社会的公共利益，追求经济效益的同时，不忽视社会的公正和可持续性。

在社会创业和创新的实践中，大学生可以选择多种形式，如社会企业、非营利组织、社会创新项目等。有些社会企业致力于通过商业手段来化解社会问题，追求经济和社会的双重获益；非营利组织则专注于为弱势群体提供服务，推动社会公益事业的发展；社会创新项目可能通过创新的模式、技术或服务方式，改变传统的社会问题解决方式。

社会创业和创新也面临一系列的挑战。项目的可行性、资金的筹措、社会影响的评估等都是需要考虑的问题。因此，学校和社会应该提供更加全面的支持，包括提供创业培训、提供创业基金、建立创业孵化平台等，为大学生的社会创业和创新提供更好的环境。

（四）实习和工作体验

实习和工作体验包括挂职锻炼、预就业实习、勤工助学等。挂职锻炼突出体现在组织中以非正式身份参与管理，拓展对领导层级的理解；预就业实习注重大学生在专业领域进行实践，提前适应职场环境，增强就业竞争力；而勤工助学则强调在学业间隙通过工作获取经验和酬劳。这三者共同构成丰富多样的实习和工作路径，培养了大学生的实际操作技能和职业素养。

1. 挂职锻炼

挂职锻炼是一种深度融入企事业单位、亲身感受工作流程和环境的实践形式。通过挂职锻炼，大学生不仅能够在实际工作中学到专业知识和技能，还能够更好地了解职业领域的实际需求和挑战。这一实践形式为大学生提供了一个全面了解职业生活、规划个人职业发展的机会。

挂职锻炼通常要求学生在一定的时间内深度参与企事业单位的实际工作。这包括了与实际岗位相符的工作内容，大学生在这期间将真实地体验到工作的方方面面，从工作流程、组织管理体制到运作机制等各个层面。这种深度参与让学生能够更全面地了解自己所学专业在实际工作中的运用，弥补了理论知识和实际操作之间的鸿沟。

挂职锻炼为学生提供了解工作实际要求和挑战的机会。在实际工作中，学生可能会面临各种工作压力、项目难题以及与同事协作的挑战。这种实际经历帮助学生更好地理解职业领域的实际运作，让他们在面对工作时更加从容，提高解决问题的能力。

挂职锻炼为学生提供了一个了解企业文化和职业发展路径的机会。在实际工作中，学生可以感受到企业的氛围、理念和团队文化。这对学生未来的职业发展至关重要，因为一个人能否融入企业文化，是否符合企业的价值观，直接关系他在职场中的发展和成就。

另外，挂职锻炼有助于大学生建立起对职业生涯的清晰规划。通过亲身体验工作，大学生可以更好地了解自己的兴趣、优势和短板。这有助于他们更明晰地确定职业方向，为将来的就业选择和职业规划提供有力支持。

在挂职锻炼的过程中，学生还有机会建立起与企业内部人士的深厚联系。与实际岗位工作的同事和领导建立良好关系，有利于学生将来在求职和职场中有更多的工作机会。

2. 预就业实习

预就业实习强调学生在毕业前能够提前进入实际职业环境，深入了解公司运营机制、积累实际工作经验，并建立起与潜在雇主的联系。与挂职锻炼不同，预就业实习更加注重学生在即将毕业之际对自己所学专业的实际应用和职业生涯的初步规划。

预就业实习为学生提供了与潜在雇主建立联系的机会。通过提前进入实际职场，学生能够了解企业文化、团队氛围，建立与公司内部人员的直接联系。这种联系有助于学生更好地了解自己所感兴趣的行业和职位，为将来的就业提供更为明确的方向。同时，雇主也能够提前了解实习生的工作能力和潜力，为日后的招聘提供有力的参考。

预就业实习使学生提前适应职场环境，了解职业要求。通过实际工作，学生能够感受到职场的工作压力、项目挑战以及与同事协作的复杂性。这种提前的职业体验让大学生更好地了解自己所学专业在实际工作中的应用，培养了他们在实际工作中解决问题、团队协作的能力，提高了他们适应职场的速度。

预就业实习帮助学生建立职业规划和个人发展目标。通过实际工作，大学生能够更清晰地认识到自己的职业兴趣和优势，并在实践中不断调整和完善自己的职业规划。这有助于学生更有针对性地准备将来的求职材料，提高了他们在就业市场上的竞争力。

预就业实习为学生提供了一个更广泛的职业网络。在实习过程中，学生会接触到来自不同领域的同事，拓宽了社交圈子。这种人脉的建立不仅对于学生当前的实习有利，也在将来的求职中发挥着积极的作用。与不同背景的专业人士建立联系，有助于大学生获得更多的行业信息、就业机会和职业建议。

3. 勤工助学

勤工助学是大学生实践和工作体验的一种独特形式，与挂职锻炼、预就业实习相比，它更为侧重学生利用课余时间通过兼职工作来获得实际的工作经验。勤工助学不仅能够帮助学生解决一些经济问题，还能培养他们的劳动观念、独立自主精神以及实际工作中所需的技能。

勤工助学强调学生在课余时间通过参与各种合法的兼职工作来赚取一定的生活费。这些工作涵盖家教辅导、技能培训、翻译、写作投稿、摄影等。通过这样的方式，学生在实际工作中可以得到薪酬的回报，同时也能够锻炼自己的实际工作能力。

勤工助学有助于培养学生的劳动观念和独立自主精神。在工作时，学生需要承担一定的责任和义务，学会合理安排时间，适应工作环境，并与他人合作。这不仅培养了学生的责任心和团队协作能力，同时也强化了他们的独立自主精神，使他们更好地适应社会生活的各个方面。

勤工助学使学生接触社会的各行各业，积累多元化的工作经验。不同于预就业实习和挂职锻炼，勤工助学的工作内容可能更广泛，学生有机会尝试不同类型工作的契机，了解不同行业的运作方式。这有助于学生更全面地认识社会，找到自己真正感兴趣的领域，从而为未来的职业发展做好准备。

勤工助学给学生提供了一个在实际工作中提升技能的平台。不同于专业实习，勤工助学的工作可能更偏向一些基础技能的培养，如沟通能力、人际关系管理、服务意识等。这些技能在学生将来的职业生涯中同样非常重要，而通过勤工助学，学生可以提前培养这些技能，增加在职场上的竞争力。

勤工助学有助于学生更好地实现学业和生活的平衡。通过在课余时间投身兼职工作，学生在赚取一些零花钱的同时，也能够更好地规划自己的时间，强化时间管理能力。这有助于培养学生更好地应对学业和工作的能力，提高他们的综合素养。

职业发展型实践为大学生提供了丰富多彩的实践机会，有助于提高他们的综合素质，培养职业技能，为未来的就业和创业打下坚实基础。同时，这些实践活动也有助于满足社会对高素质人才的需求，推动着社会的进步与发展。并且，这些活动也在不断创新发展，以适应不断变化的社会需求和学生的发展目标。

知识拓展

美国高校服务学习与我国大学生社会实践的对比

概念内涵的比较：美国高校服务学习的概念中，强调"服务"与课程相结合、"服务"与"学习"并重，注重在服务过程中对课堂知识的运用和学生能力的提升。此外，美国高校服务学习强调实施过程中的"互惠性"和"反思性"，通过学生、学校与社区组织间合作，实现学生的成长与满足社区的真正需要。最后美国高校服务学习最终指向是培养学生的公民意识和公民素养，为塑造现代公民打下坚实基础。与美国高校服务学习内涵中所强调的"服务学习并重""互惠反思"相比，我国大学生社会实践，首先概念界定较为笼统，更加侧重于强调社会实践的"服务性质"，满足社会需要，为服务对象带来实质性好处，对于社会实践的"学习性"以及与社会实践的"课程化"的关注较少，缺乏实施过程中与课程的联系和实施环节中的结构性反思。

实践服务实施的比较：在实践主题确定阶段，美国高校社会服务的主题是基于实现学生学习目标和满足社区要求而进行选择的，因此在确定服务主题，制订具体服务项目时，教师和学生通过集体沟通协商来确定主题，并针对其进行有针对性的培训。与美国高校服务学习的主题选择相比，我国大学生社会实践主题的确定主要是各个高校根据自身实际和国家政策倡议而确定的，教师和学生依据学校下发的文件集中组队或分散开展进行活动。因此我国大学生对社会实践主题的选择往往缺少主动选择权，同时从主题确定到具体实施之间的间隔时间短，学生缺乏系统性的培训或相关知识储备。

在实践服务的具体实施阶段，美国高校服务学习过程更倾向于双向的互惠与合作。学生通过服务学习，巩固并实践了课堂所学知识、提升了自身素质和能力；社区通过服务学习解决了实际问题、增进了社区能效。与美国高校服务学习的具体实践过程相比，我国大学生社会实践更偏向于单向过程，侧重学生的"服务角色"而忽视了"学习角色"，侧重满足对方的需要，忽视与自身学习的结合，与美国传统的志愿服务和社区服务的形式有相似之处。

〔资料来源：王润青.美国高校服务学习对优化我国大学生社会实践的启示[J].西部学刊，2021（12）：3.〕

课后习题

1. 描述团队实践与个人实践的基本区别，并给出各自的两个优点和缺点。（参考：基本形式：团队实践与个人实践）
2. 大学生社会实践的内容可以划分为几个类型？每个类型的实践都有什么特点？（参考：大学生社会实践的主要形式与内容）
3. 结合自身的实际情况，谈谈您会选择哪一种实践形式与内容开展社会实践，并说明选择的理由和预期效果。

第二节　大学生社会实践的选题原则与方向

大学生社会实践的选题是培养学生综合素质、锤炼实践能力的重要环节，也是促使学生深度思考、参与社会发展的机会。选题的合理性和前瞻性对实践活动的质量和成果产生深远影响。本节将探讨大学生社会实践选题的原则与方向，旨在为学生提供指导和启发，帮助学生更好地进行社会实践选题。

一、大学生社会实践选题的基本原则

在明确选题的来源和方向后，为了确保选题的质量和适切性，必须严格遵循选题的基本原则。选题原则是社会实践活动中的关键环节，主要体现在对选题的标准审查和选题的意义评估两个方面。

（一）社会实践选题的意义

社会实践选题的意义不仅局限于活动的具体开展，还包括了大学生在思想、理论、知识等多个层面的准备和发展。优质的选题在社会实践中具有引导、指导、统筹和提升等关键作用，对于顺利进行社会实践并实现其价值至关重要。社会实践选题的意义主要表现在以下三个方面。

1. 选题方向决定实践目标

社会实践选题的方向直接影响着实践活动的整体规划和执行。在大学生社会实践中，选定一个合适的选题方向意味着能够更好地定义实践的目标和任务。以一个具体的案例来说明，如果我们决定以社会热点问题为选题方向，那么就能够明确实践的目标是提供有针对性的服务，解决特定的社会难题。这一选择有助于我们更好地规划实践活动的细节，包括地点、团队规模和活动方式，并使我们能够合理地预测实践活动的效果。

社会实践的最终目标、任务和成果与选题密切相关。确定选题方向意味着能够更好

地规划和统筹活动，从而达到整体效益最大化。选题方向的明确定义了实践活动的范围和侧重点。确定了选题方向就需要明确实践活动的地点、参与团队的规模、活动形式等。这有助于我们更专注地解决特定问题，确保实践活动的侧重点和方向明确，从而提高实践效果。

选题方向的选择关系到社会实践活动的成败。社会实践活动通常按照发现问题、分析问题、解决问题的思路进行，而选题方向的确定便是"发现问题"的第一步。只有明确要解决的问题和实践目标，我们才能着手"分析问题"，进而拟定相应的活动目的、方向、内容和规模，最终展开社会实践活动。因此，选题方向不仅仅是一个标题，它是社会实践活动策划和组织的核心，也是大学生参与社会实践、将个人与学校和社会联系起来的关键步骤。

不同的选题方向会影响社会实践活动的不同效果。例如，一些社会实践活动侧重于教育和感官体验，如聆听教育报告或进行参观考察。这些活动有助于学生从感官中"受教育"，受到精神启发。而一些选题方向则更注重培养学生的实际技能，使他们能够在实践过程中掌握一定的社会实践技能。一些融合较好的选题方向可以使学生在"受教育"和"长才干"的同时，也为社会和国家作出贡献。

社会实践选题的方向决定了实践活动的整体方向和效果。它不仅是活动策划的关键一步，也是确保实践活动与选题方向一致、最终实现实践目标的重要因素。因此，在大学生社会实践中，选题方向的选择应该经过深思熟虑，以确保活动的成功和实现更大的社会价值。

2. 选题内容影响实践过程

社会实践选题的内容决定了整个实践过程的走向和深度。选题的合理性与精确性，直接影响着实践活动的每一个环节和细节。选题内容决定了实践活动参与的对象、调查手段、人员选拔、团队规模以及整体协调安排等各个方面。若选题的设计等考虑不够充分，社会实践可能会在执行过程中遇到各种问题和困难，这些问题的本质常常可以追溯到选题的不妥之处。在实践过程中，尽管选题内容可能会根据实际情况进行适度的微调，但选题的核心框架通常难以改变，因此它将直接影响社会实践活动的流程和最终成果的效果和质量。选题的质量和适应性对于大学生社会实践活动的顺利进行、项目的策划和实施，尤其是对于成果的创新性、实用性、价值性等方面都具有至关重要的作用。因此，选择和确定一个合适的社会实践选题，有助于确保活动能够顺利开展，提高成果的质量，同时也有助于提升学生的实践能力，全面提高他们的综合素质。

3. 选题设计关系实践成败

一个合适的实践选题虽然不能百分之百确保活动成功，但却是取得成功的一个关键因素。相反，一个不合适的选题，无论方案设计多么周密，活动执行多么认真，都可能导致失败。

大学生作为社会实践的主体，他们渴望在活动中发挥自己的主观能动性，充分利用自身的知识和优势，走进社会，贴近群众，为社会提供服务。然而，许多大学生往往忽视了选题策划的重要性，盲目乐观地估计实践成果，既缺乏应对困难的心理准备，也缺乏实践经验和相关知识技能，这最终可能导致社会实践的失败。因此，在确定社会实践选题设计阶段，实践者需要具备广阔的视野、敏锐的洞察力、较强的判断力以及一定的社会生活经验，利用专业理论知识和综合实践素质来确保社会实践的成果具备有效性、深度和实质性。

教师在社会实践中担当着组织者和引导者的角色，他们对社会实践的成功起着至关重要的作用。大学生正处于世界观、人生观和价值观的形成时期，因此在实践选题的过程中，教师应积极参与指导学生，提供有益的建议和指导。大学生应该在积极挖掘选题的意义、策划执行的过程中，多听取教师的意见，不断改进选题思路，整合选题线索，提高选题质量。这一过程不仅可以激发大学生对选题相关领域和社会热点的兴趣，还可以培养他们独立思考的能力，为社会实践活动的顺利开展奠定坚实的基础。

社会实践选题的设计直接关系实践活动的成败。选题的质量和合理性需要社会实践学生和教师的共同努力来确保，以保证社会实践活动取得成功。大学生需要具备一系列必要的素质，而教师则需要发挥引导作用，双方共同推动社会实践活动朝着更好的方向发展。

（二）选题标准：现实性、可行性和创新性

社会实践选题需要根据一定的标准进行评估，以确保选题的质量和有效性。主要的选题标准包括以下三个方面。

1. 现实性

列宁这样说过："实践高于（理论的）认识，因为它不但具有普遍性的品格，而且还具有直接现实性的品格。"由此可见，实践具有直接现实性的特点。在统筹社会实践的选题时，应选择能够与思政理论课重点、难点问题和大学生关注的热点、焦点问题密切相关，能够将理论与实际紧密结合，具有实用价值和现实意义的题目。有学者指出，现实性原则包括现实意义、应用价值、锻炼培养三个层面。本节社会实践选题的现实性

原则从以下两个方面进行解读。

社会实践的选题应当具备明确的应用价值，这意味着选题不仅应具备理论研究价值，更重要的是要在实际实践中产生实际应用效果。这样的选题被认为是"值得做的"，因为它们能够解决或改善社会中的问题，提供有益的信息或服务。选题的应用价值有助于确保社会实践活动具有明确的社会价值，也更容易得到相关部门的支持和协助。这种应用价值的来源多种多样，可以包括社会主义现代化建设中的重大理论和实践问题，本地区或本行业在工作实践中遇到的问题，以及大学生成长过程中与专业学习、思想发展等相关的问题。因此，社会实践选题应该能够形成具体的实践成果，解决某一具体的需求或问题，为相关部门提供有益的建议和策略。这种价值越大，影响越广泛，选题就越具有现实性。

社会实践的选题有助于锻炼学生分析现实问题的能力。选题的设计应该考虑实践主体的知识背景和理论能力，以便更好地发挥他们的优势。学生可以根据自身的专业特长和兴趣，将选题与自己的特长相结合，从而在实践中发挥特长优势，形成团队成员的优势互补。实践选题的现实性原则鼓励大学生找准自己能力的薄弱环节，并在实践活动中有针对性地加以锻炼和培养，这有助于提高他们的全面素质和综合能力。

2. 可行性

社会实践的可行性必须对现有的条件和资源，如人力、物资和财务等因素进行全面的分析和评估。简言之，作为社会实践的主力军，大学生需要确保他们选择的社会实践选题是在当前的条件下可行的。为了确保资源的有效利用，以下四个方面的策略是必要的。一是充分评估大学生的基础知识、综合能力和实践经验，认识到他们的优势和特点，从而选择一个适合他们能力的实践主题。二是根据学生的学术水平、实践背景和生活经验，切实分析他们解决问题的能力，确保所选的主题是他们能够胜任的。三是在确定实践主题时，应考虑学生的个人兴趣和专长，使其更加投入和热情地参与实践活动。四是选择的主题应既有广度又有深度。需要避免选择过于宏大或过于琐碎的主题。从实用性的角度考虑，选择一个内容丰富、视角独特且有深度的小型项目比选择一个范围过广的大型项目更为明智。可行性原则包括以下三个方面：

（1）社会实践的选题应当确保其难度和实用性都处于适当的范围内。首先，选题的广泛性和深度会直接影响实践活动的推进难度。当考虑社会实践的选题时，我们要综合评估活动的目标、内容和预期效果。选择过于广泛或复杂的选题可能会超出学生的能力范围，这需要他们有丰富的实践经验和较强的问题分析与解决能力。以高端的科学技术，如克隆技术为例，学生可能仅能通过查阅文献或在线资料来进行初步了解和讨论，而缺乏实际操作和深入研究的机会。与此相反，如果选题太过简单，如用纸制作饰品或用食材制作艺术品，那么学生可能会很快完成任务而缺乏挑战性，这样的实践活动可能并不能真正激发他们的兴趣或实现预期的教育目的。

其次，实践的客观条件，如所需要的资源和背景知识，也会间接决定实践活动的难易程度。在选择社会实践选题时，除了要考虑学生的专业知识和技能背景，还需要明确所需要的各种资源。这涉及所需要的专业知识、与之相关的组织或单位的联系方式、涉及的物资和人员等各个方面的具体需求。

（2）社会实践的选题要确保安全问题，必须具有可行性，保证在社会实践过程中学生和实践带队老师的身体健康和安全。

交通的安全性是社会实践活动中最基本的安全问题之一。根据所选的实践主题和地点，学生可能需要使用不同的交通工具，如动车、火车或飞机。在这方面，必须提前为学生和带队老师购买适当的保险，并制订详细的安全预案。这包括了解当地的交通状况、了解紧急处理程序以及如何在突发情况下采取适当的行动。此外，在选择交通工具时，必须确保乘坐的是运营规范、合法并具备安全保障的交通工具，切忌乘坐无牌照、超载或有故障的车船，以最大限度地降低交通事故的风险。

实践地点的安全性是需要充分考虑的问题。社会实践选题可能涉及不同的实践地点，包括室内和室外的环境。在统筹社会实践的选题时，必须考虑实践地点的社会环境和条件限制。例如，在室外社会实践地点，需要评估是否存在危险生物或植物，以及如何应对可能的危险。此外，在前往少数民族地区进行社会实践时，必须尊重当地的民族风俗和文化，以确保活动的顺利进行和社会关系的和谐发展。

实践内容的安全性是需要特别关注的方面。某些社会实践选题可能需要学生与特殊人群进行接触和采访，如残疾人、老年人或儿童等。在这种情况下，必须提前进行充分的准备工作，包括采访预约、制订采访提问大纲等。为了确保采访过程的安全有序进行，还可以进行模拟采访演练，以帮助学生更好地应对各种情况。

食宿安全和其他因素的安全系数级别及综合安全程度也需要得到重视。在选择住宿时，必须确保不选择危险的住宿地点，而是选择具有防火、防盗措施的宾馆或居民房。在饮食方面，要避免食用街边摊等不卫生或不安全的食品，同时要考虑南北方口味的差异性，以满足学生的饮食需求。此外，还要注意食宿周围环境的安全性，加强学生的自我保护意识和财产保护意识，以及学会在发生纠纷或紧急情况时及时报警并采取适当的措施。

（3）社会实践的选题必须与学生的个人情况相契合。在统筹社会实践的选题时，学生应该充分考虑自己的独特性和自身情况，以确保选题的合适性和可行性。这个过程涵盖了多个方面，包括个人特长、兴趣爱好、性别、年龄、语言、体能、身体健康、知识积累、实践经验、综合素养和经济状况等主观因素。

学生应该思考自己的特长和优势领域。每个人都有自己独特的技能和特质，可能是在特定学科、领域或技术方面具备突出的能力。在选择社会实践的选题时，大学生可以考虑如何将这些特长应用到社会实践中，以便更好地发挥自己的潜力。例如，一个擅长音乐的大学生可以选择开展音乐教育项目，而一个擅长编程的大学生可以参与计算机科学相关的实践活动。

兴趣爱好在选题过程中起着重要的作用。大学生通常对自己感兴趣的主题更有动力和热情。因此，在选择社会实践的主题时，他们应该考虑自己的兴趣爱好，以确保他们能够全身心地投入实践活动中。无论是对环境保护、社区服务、文化艺术还是其他领域的兴趣，都可以成为选题的灵感来源。

大学生需要考虑自己的身体状况和生理因素。不同的实践项目可能需要不同的体能水平和健康状态。因此，大学生应该选择适合自己身体条件的主题，以确保能够胜任相关的任务和活动。此外，语言能力和年龄也可能对选题产生影响，因此需要综合考虑这些因素。

经济状况是另一个需要考虑的重要因素。一些社会实践项目可能需要一定的经济支持，包括旅行费用、实验材料、场地租赁等。大学生应该选择符合自己经济状况的主题，以确保能够负担相关的费用，不至于因财务压力而影响社会实践活动的质量和效果。

3. 创新性

创新是社会进步的引擎，是国家兴旺发达的不竭动力，也是中华民族深刻的民族基因。在当今激烈的国际竞争中，只有不断创新，才能立于不败之地。大学生社会实践作为一个培养创新精神的重要平台，旨在通过实践中的探索与创新，培养学生的创造力、创新能力，增强他们的综合素养，因此，创新性原则在选题过程中显得尤为重要。创新性原则要求选题在思路、方法、理论、观点、内容、对象、形式等方面都具有某种独特性和新颖性，以挑战既有的思维模式和解决方案。

随着社会的不断发展和进步，创新性原则也需要与时俱进，不断更新。创新的核心是要打破现有的思维模式，提出新的思路，研究新的见解，以有限的理论知识在特定的实践环境中改进或创造新的理论、方法以及路径。

因此，在统筹社会实践选题时，学生应具备积极的思维和创新的魄力。盲目跟风、追求热门话题、照搬他人的研究成果都不符合创新性原则。创新性原则要求学生敢于挑战传统观念，敢于质疑已有的研究方法，敢于走出舒适区，勇敢地迈向未知领域。只有在实践中勇攀科学和社会进步的新高峰，不断追求知识的前沿，才能为社会实践活动带来真正的创新和价值。

创新性原则通常表现为两种模式：

（1）人无我有。这类社会实践选题具有高度的创新性，从实践题目到实践形式再到实践内容都是全新的，也是前人从未涉足的问题领域。这样的选题难度较大，实施也较为复杂，一旦取得显著的社会实践效果，其研究价值和社会影响力都将十分巨大。因此，学生需要具备坚实的理论基础和实践经验，同时在统筹选题时对选题进行深入的研究和探讨，以充分理解选题的复杂性和挑战性。

（2）人有我新。这类社会实践选题是大学生社会实践中最常见的类型，它们在已知的社会实践题目中寻找新的研究内容，提出新的观点和看法。社会生活本身就是多变的，所以学生在统筹社会实践选题时应当善于观察，积极思考，发现合适的实践选题。即使是以往学术界研究的"热点"问题，虽然已经进行了大量的研究，但如果能够以独特的视角抓住其隐藏的角度，从而提出新的研究方向，开展一系列的实践活动，同样具有重要的研究和实践价值。

选题的创新性原则也与其他两个原则有着密切的联系。现实性原则确保了选题在实践中能够解决实际问题，可行性原则确保了选题在现有条件下可以实施，而创新性原则则要求选题在思路和方法上有所创新，以赋予选题更大的价值和深度。这三个原则相互作用，共同推动着社会实践活动的成功开展和学生综合素质的提升。

正确的社会实践选题应该是一个综合考虑现实性、可行性和创新性的结果。这三个原则相辅相成，构建了一个稳健而有活力的选题体系。学生应当在选题过程中充分思考，紧密结合自己的专业知识、兴趣爱好、实践经验等因素，找到一个既符合这些原则又具有个人特色与价值的选题，以确保社会实践活动的成功和富有意义，同时不断提升自己的综合素质和创新能力，为社会和自己的成长贡献更多的力量。对社会实践选题的统筹是对学生创新能力的锻炼，也是培养未来领袖和创新者的重要途径之一。因此，在大学生社会实践中，切不可忽视社会实践选题的重要性，应始终秉持现实性、可行性和创新性原则，以取得更大的社会实践成果和学术进步。

二、大学生社会实践选题的选题方向

在学习了解几种社会实践选题的来源之后，对大学生来说，心目中的社会实践选题可能依旧是一个相对广泛的概念。确定适合的实践选题需要更深入的思考，以明确选题的方向、问题解决重点以及必要的修正，以构建出具体可行的实践课题。大学生社会实践作为一项紧密结合社会发展并具有鲜明时代特色的认知活动，其选题方向在不同的历史背景下可能会受到时代特点的影响，但也存在一些共性的选题方向。通常情况下，大学生社会实践的选题可以主要分为以下三个方向。

（一）面向社会，深入基层

教育家陶行知曾言："不运用社会的力量，便是无能的教育。不了解社会的需要，便是盲目的教育。"大学生社会实践与其他形式的实践教育最主要的区别在于其与社会的密切联系。社会实践最重要的特点之一就是能够使大学生深入了解社会现实，为社会作出积极贡献。因此，面向社会、与社会紧密结合，是大学生社会实践选题最根本的要求。

在确定社会实践选题时，一种直观的方法是深入社会基层。社会基层虽然是一个相对宽泛的概念，但对社会实践选题的确定来说，深入农村、社区、工厂和企业是最直接、最有效的方式之一。中国作为农业大国，农村是国家的根基，农村问题关系到国家发展全局，深入农村，与农民共同生活、劳动，是面向社会的最直接方式。社区则是了解城市化快速发展中居民生活、我国经济社会状况的重要窗口，也是为人民提供服务的良好场所。工厂和企业作为工业体系的重要组成部分，在中国制造业迈向强国的进程中发挥着关键作用。参与工厂和企业实践，可以发挥高校的智力优势，学习先进的技术和管理经验，同时感受到工人的勤劳和奉献精神。

在社会实践选题的过程中，大学生需要勇于拓展思路，将视野扩展到社会基层，与人民群众互动，因为只有深入基层，才能真正感受到最纯朴的情感和需求。

（二）提升能力，促进成长

社会实践的另一个重要方向是通过提升实践能力和促进个人成长来设计和确定选题。理论与实践相结合是当今知识发展的显著特征，强化实践教育是全球高校教学改革的主要趋势之一。只有将课堂学习与社会实践紧密结合，大学生才能成为社会需要的优秀人才。

在促进个人成长的选题方向中，与专业相关的实践活动和探索职业发展是较为直接和有效的方法之一。部分大学生在毕业后都会从事与其专业或相关领域相关的工作。因此，在确定社会实践选题时，可以选择开展与专业学习相关的实践活动。与专业学习相结合的实践活动形式多种多样，既可以通过学习参观将书本知识转化为实际认知，也可以通过开展科技发明和专业服务将所学知识和技能应用于实践。探索职业发展也与大学生个人成长密切相关。大学生可以开展与所学专业、职业需求和行业状况相关的调查活动，也可以通过参与职业发展类型的实践活动来拓宽视野、培养能力。

社会实践是大学生个人成长的必由之路，以促进个人成长为目标开展社会实践，有助于大学生全面提高综合素质，将专业知识转化为实践，将书本知识应用到社会实践中，紧密联系自身发展与国家发展。

（三）服务人民，作出贡献

坚持与人民群众相结合，为人民提供服务并作出贡献是大学生成长的必要途径之一。大学生在社会实践中为人民服务，为社会贡献力量，不仅体现了他们作为青年先锋的青春使命和时代责任，同时也促进了个人的综合发展。

大学生在社会实践中为人民提供服务、作出贡献的途径多种多样。不论是哪种类型的社会实践，解决实际问题和为人民群众提供帮助都应该是活动的最高目标。在实施层面上，大学生在社会实践中需要关注以下四个方面的问题：

服务对象：要真正提供有效的服务，大学生需要深入人民群众中，深刻了解他们的需求。不能停留在浅薄的参观和考察，而应该积极与人民互动，了解他们的实际问题和需求。只有这样，服务才能真正贴近人民。

服务地区：社会实践的服务应该面向基层，与农村、工厂等地的生产和生活密切相关。在这些相对欠发达和困难的地区，大学生可以为解决更多问题和作出更大的贡献。这也符合"面向社会、深入基层"的理念。

服务形式：大学生应充分发挥自身的知识、技能和广泛视野的优势。他们可以广泛参与教育、科技、文化、卫生等各种服务活动，提供决策参考和咨询，帮助解决重要问题，举办技能和知识培训班等等。创新服务形式是社会实践的一个关键方面。

服务质量：在提供服务时，大学生应力求做到力所能及，同时也要勇于探索和克服困难。对于那些在服务过程中难以解决的技术性问题，可以带回学校并请教老师，以确保服务质量和效果。

大学生通过在社会实践中智慧和勤奋地为人民群众提供服务，不仅对地方经济和社会发展作出了积极贡献，同时也提高了自身的综合素质。高校通过大学生社会实践获益，实现了学校与社会的合作共赢。

在确定社会实践的选题时，大学生可以综合考虑上述三个方向，并根据自己的兴趣、专业背景和发展目标来选择适合的选题。无论选择哪个方向，都应以服务社会、促进个人成长和为人民群众作出贡献为核心目标，以实现更有意义和有益的社会实践。

 知识拓展

社会实践选题与联合国可持续发展目标SDGs结合

在大学生社会实践选题时，一个重要的考虑因素是可持续发展的理念。可持续发展教育强调培养学生的可持续发展意识，以应对当今社会和环境挑战。这个概念有助于指导大学生社会实践的选题和方向，以促进社会的可持续发展。

联合国可持续发展目标英文缩写SDGs，全称Sustainable Development Goals。2015年9月，联合国193个成员国的领导人齐聚纽约可持续发展峰会，审议通过《变革我们的世界：2030年可持续发展议程》。可持续发展目标（SDGs）是2030年可持续发展议程的核心内容，是一个全面、系统的发展目标体系，包括17项目标和169项具体目标。

持续发展目标的提出，旨在号召和指导各国彻底转变发展理念，从经济、社会和资源环境三大领域着手，调整政策制定与战略规划，推动公平、开放、全面、创新的可持续发展之路，共同提高全人类福祉，体现"不让任何人掉队"的发展理念。

17项可持续发展目标是：1. 无贫困；2. 零饥饿；3. 良好健康与福祉；4. 优质教育；5. 性别平等；6. 清洁饮水和卫生设施；7. 经济适用的清洁能源；8. 体面工作和经济增长；9. 产业、创新和基础设施；10. 减少不平等；11. 可持续城市和社区；12. 负责任的消费和生产；13. 气候行动；14. 水生态保育；15. 陆生态保育；16. 和平、公正和强大的制度；17. 强化可持续发展全球伙伴关系。

（资料来源：佚名. 社会实践选题与联合国可持续发展国标SDGs结合[C]. 联合国世界数据论，2015-9-25. https：//www.unwdf2023.org.cn/content/content_8471295.html.）

课后习题

1. 请简述大学生社会实践选题的重要性。（参考：大学生社会实践选题的意义）
2. 解释大学生社会实践选题的一项基本原则，并举例说明如何应用这一原则来选择实践主题。（参考：大学生社会实践选题的基本原则）
3. 结合大学生社会实践选题的方向，简要说明如何选择一个具有前瞻性的实践项目，并说明该项目可能带来的社会效益。

第三节 大学生社会实践的选题来源与方法

为了有效组织社会实践活动，首要步骤是明确选题。正如著名科学家爱因斯坦所言："提出一个问题往往比解决一个问题更重要，因为解决一个问题也许仅是一个数学上或实验上的技能而已。而提出新的问题、新的可能性，从新的角度去看旧的问题，都需要有创造性的想象力，而且标志着科学的真正进步。"尽管爱因斯坦的论断主要针对自然科学，但它同样适用于大学生社会实践的选题。

一、大学生社会实践选题的来源

社会实践的选题，指的是在大学生参与社会实践活动时，对要研究或解决的问题方向进行明确定位和确定。这里所谓的"问题"，通常称为实践课题，与日常生活中人们所提到的"问题"或"现象"有一定的相似性，但又存在一些差异。大学生社会实践通常涉及的问题是现实生活中的某种社会现象或社会问题，但通常要比实际社会中的某种现象或问题更加具体、更为专注，也更加明确。

与实践课题相关的一个概念是"研究主题"。研究主题指的是社会实践所涉及的某一类领域或问题，相对来说更具有一般性。例如，就业、公益服务、教育、人际关系、社会流动等都是常见的研究主题。而实践课题则通常更为具体，如"青年结婚消费的结构及其影响因素如何""偏远地区某村的高中教育人数与就业情况""毕业生职业发展与在校期间参与第二课堂活动的关系"等都是实践课题的具体示例。通常情况下，一个研究主题可以包含多个不同的研究问题，而大学生的社会实践课题选择通常从宽泛的研究主题逐渐缩小到更加具体的研究问题。

社会生活具有多个不同领域和方面，构成了众多不同的领域。在每个领域中，都存在着许多值得探讨和研究的问题。社会实践作为一种社会活动，涉及的问题可能在层次、质量和深度上有所不同。有些社会实践的选题可能深入剖析社会现象的内在联系，而其他社会实践的选题可能只描述社会现象的表面特征。一些社会实践的选题可能概括社会现象的整体状况和发展规律，而其他社会实践的选题可能只关注社会现象的个别情况和具体表现。一些社会实践的选题可能及时回应社会中新出现的、引起广泛关注的焦点问题，而其他社会实践的选题可能只是再现人们已经了解的事实、情况和结论。尽管存在多种原因导致这些差异，但在选题方面的选择往往是最为重要的原因之一。因此，选题在大学生社会实践的各个环节中扮演着至关重要的角色。

尽管在现实社会生活中存在着大量未解决的一般问题，但要从中选择一个具有明显实际意义或研究价值的特定问题并不容易。特别是对于初次独立进行社会实践的大学生来说，常常会感到寻找一个合适的实践选题比实际研究或解决这个问题更加困难。在这种情况下，确定社会实践选题的主要来源以及如何寻找合适的实践选题就成了摆在大学生面前的直接问题。一般来说，选题的主要来源于以下四个方面。

（一）现实社会生活

社会实践选题的主要来源之一即是多元化的现实社会生活。各种社会现象、社会行为、社会问题和社会事件都构成了潜在的研究对象，这些现象、行为、问题和事件在日常生活中广泛存在。因此，善于观察和思考对于从复杂多变的社会生活中挖掘实践选题至关重要。在日常生活中，大学生应当养成对各种社会现象、社会行为、社会心理和社会问题提出反复的"为何如此"问题的习惯。这种反思常常能够帮助他们从纷繁复杂的社会生活中抽取出值得深入研究和讨论的实践选题。总结而言，正如一句格言所言，到处留意，处处皆有"问题"。同时，发现一个有价值的实践选题不仅需要对社会深入了解，还需要激发"灵感和火花"。这里的"深入生活"主要是指积极参与社会活动，而"灵感和火花"则指的是最初的构想和思路，这些构想和思路有望成长为实际的实践选题。可见，没有广泛地接触现实社会和积极参与其中，那些启发性的构想和思路也将无从获得。

（二）个人经历与兴趣

个人经历和体验是大学生参与社会生活的特殊记录，也是他们对社会生活的认知和感受的积累与沉淀。这些经历为他们观察各种事物、理解各种现象提供了特定的视角和出发点。因此，对于以观察和体验社会现象为目的的社会实践来说，个人经历和经验的应用至关重要。

不同的个体对现实社会的认知和对社会生活的具体感受各不相同。一种现象在某些人看来可能是理所当然、司空见惯，但在另一些人看来可能是令人困惑、极具新奇性。

这是因为每个人拥有独特的人生经历，塑造了他们对世界的特殊视角。因此，大学生在社会生活中积累的经历、体验、观察和感受，常常成为多个适宜的社会实践选题的最初源泉。许多有价值、有创意且可行的社会实践选题，正是从个人经历和经验中获得启发和发展而来。大学生所经历的生活事件、与朋友的讨论、参与的社会活动等，都可能激发社会实践选题的最初想法。

从某种意义上说，从个人经历与兴趣出发寻找实践选题的方式是一种非常直接和实用的方法。通常是通过反思和"坐在椅子上思考"的方式，深入思考个人经历、体验、观察和感受。在许多情况下，这种方式能够帮助大学生找到既有趣又值得深入探讨的社会实践选题。通过这种方式获得的社会实践选题通常与大学生的兴趣和爱好密切相关。

（三）相关文献研究与课堂学习

社会实践选题的方向、灵感和初步构想常常可以从学术著作、教材内容、报纸杂志和课堂学习笔记中产生。大学生可以借助丰富的社会科学期刊，如《中国社会科学》《社会学研究》《经济研究》《教育研究》和《青年研究》等，找到社会实践选题的相关文献。这些期刊每年都会发表大量社会科学领域的研究论文和报告，代表了学者对各种社会问题的深入探索。这些专业期刊提供了社会实践选题的重要参考和来源。

另外，在非专业性、综合性甚至大众性的文献中，大学生也可以找到有关实践课题的灵感。大学生在课堂学习中接触到的思想政治理论和专业课程，常常需要在实际生活中解决或验证。因此，课堂学习也是社会实践课题的重要灵感来源。

明显的是，通过文献研究或课堂学习获得实践选题需要一定的关注和思考。一方面，在学习或阅读文献时，要始终保持批判性思维，不仅仅是盲目接受老师或文献中提出的观点，而是要提出问题、提出疑问、进行评估。不同的观点和解释可以引发新的问题、新的思考，从而产生新的灵感和想法，有望形成切实可行的社会实践课题。另一方面，要进行广泛的联想，探索课堂学习内容或文献中的想法，从不同的角度、层面、维度和时间维度出发，进行思考和探讨。通过这种广泛的联想，往往可以开辟新的思路，并在此基础上进一步提炼出适用于社会实践的选题。通常情况下，通过相关文献研究和课堂学习获得的社会实践的选题往往具有一定的深度，可以与自身专业学习或当前社会热点紧密结合。

（四）已有实践项目

除了上述三种主要的实践课题来源方式，还可以基于各类已有实践项目来进行社会实践活动，这也是一种获取实践课题的途径。通常情况下，社会实践项目是由学校（或学院）或校外社会组织（如政府机关、研究机构、社会团体等）根据实际需求而进行有目的、有计划地组织招募实践团队。这些实践项目通常具有明确的主题方向，具体的实施计划会有所不同，有些项目要求参与者完成详细而具体的工作任务，也有些项目允许大学生在规定的主题框架内自行拓展活动内容和形式。

选择参加已有社会实践项目作为实践选题来源的方式确保了实践方向的明确性，但在具体实施方面也存在一些局限性。例如，一些具有一定深度的社会实践项目可能使大学生有机会深入研究、分析和解决某些特定领域的社会问题，而其他项目则可能更像任务式工作，大学生在实践过程中缺乏自主性和创新性。因此，在选择这种方式时，大学生需要在参加实践项目之前对项目进行充分了解，确保项目的目标和方法与他们的兴趣和学术目标相符。此外，大学生也应该努力在社会实践项目中发挥创造性和自主性，以便更好地提升自己的能力并获得有意义的社会实践经验。

综合而言，社会实践选题的选择是社会实践过程中最重要的一环，涉及合适的选题来源、深度、兴趣和目标。大学生可以通过观察现实社会生活、充分利用个人经历和兴趣、深入研究相关文献与课堂学习、参加已有实践项目等方式来获取适合的实践选题，这些选题将有助于他们开展有意义且具有价值的社会实践活动。

二、大学生社会实践选题的方法

参照选题的来源，大学生社会实践选题的方法可以结合多方考量，主要方法总结为以下"四个结合"。

（一）结合所在学校的学科优势与专业特色

在社会实践选题的规划过程中，结合学校的学科特点和专业特色被认为是一种直接且高效的方法。这种做法有助于塑造高校社会实践团队的独特性，还能够产生"品牌效应"。结合学校的学科优势和专业特色可以激发学生对所学专业的浓厚兴趣，激发他们积极参与社会实践的意愿，从而提高社会实践的活动质量和效果。

这种方法可以使得社会实践的选题既能够满足学校的教育目标，又能够为学生提供实践机会，促进他们在实际操作中应用所学知识和技能。通过结合学校的学科特点和专业特色，社会实践不再是孤立的活动，而是与学校的教育体系相互补充和增强的一部分。

（二）结合大学生关注的社会热点、焦点问题

社会实践选题可以结合大学生所关注的热点、焦点问题，以及他们对于引起国内外广泛影响的重大事件和关切的社会问题。这是一种重要的统筹方法，因为它能够使社会实践更加贴近时代、更具有针对性，提高活动的吸引力和参与度。大学生所关注的热点、焦点问题通常具有时代性、普遍性、动态性、典型性和复杂性等特点。社会实践的选题要结合大学生关注的热点、焦点问题，主要体现在以下3个方面：①结合重大的历史事件；②结合现实的重大方针政策；③结合社会广泛关注的热点、焦点问题。

大学生的注意力所关注的焦点问题不仅体现了当下的时代特征，还突显了它们具有的普及性、不断变化的动态性，以及在某一特定背景下的典型性。对于大学生来说，这些热点、焦点问题不仅会引发他们的关注和讨论，还可能塑造他们的思维方式，甚至改变他们的核心信仰和价值观念。因此，在策划社会实践选题时，必须考虑大学生所关心的这些热点、焦点问题。这不仅可以帮助大学生更好地利用网络和其他现代技术的优势，还可以指导他们建立一个健康、正面的世界观、人生观和价值观。

（三）结合思政理论课教学的重点、难点问题

制订社会实践选题时，可以将其与思政理论课的重点、难点问题相结合。这种结合可以确保社会实践的内容和思政课程的教学目标相互呼应，从而达到双赢的效果。社会实践选题可以在思政理论课的核心议题中找到其合理性和存在的根据。与此同时，社会实践活动的过程和结果为思政理论课堂教学内容提供了丰富的现实素材，使之更加鲜活和有力。这些素材和案例可以帮助学生更加直观地理解和掌握课堂上所学的理论知识，从而深入挖掘其中所蕴含的哲学智慧和生活的真实含义。

社会实践的选题与思政理论课中的重点、难点问题之间存在着紧密的联系。这主要是因为，社会实践选题往往源于思政理论课的核心内容，而这些内容通常是在课堂教学中为学生传授的。在传统的教学模式下，教师往往采用直接讲授的方式传递这些知识，这无疑导致了学生的被动学习状态。如何激发学生的学习兴趣，使其主动探索和学习，正是教育者面临的挑战。此外，由于思政理论课涉及的内容广泛且深奥，大学生很可能对其中的某些部分产生困惑和不理解。在这种背景下，结合社会实践选题，不仅能使理论知识得到具体化、形象化的展示，还能帮助大学生真正地实践和体验，从而更好地理解和掌握知识。

思政理论课中的重点、难点问题为社会实践选题方向提供了有力的指导。因为这些

问题往往涉及当前社会的核心议题和热点，它们具有很强的时代性和必要性。而这些问题，正是高校思政理论课所关注的。它们不仅是课堂教材中的核心内容，也是大学生在学习过程中最为关心和困惑的部分。因此，这些问题可以为社会实践选题提供有力的线索和方向。

（四）结合实践主体的兴趣特长

"兴趣是最好的老师。"面对社会实践选题，我们应当认真对待每一个实践个体的兴趣和独特之处。因为只有当实践者对选题有真正的热情和兴趣，他们才能在整个实践过程中体验到真正的愉悦和驱动力。兴趣无疑是教育和学习过程中最有魅力的动力源。一个引人入胜的、吸引人的选题，会赋予实践者不竭的活力和持续的推进力。因此，在筹划和确定社会实践选题时，考虑实践者的个人兴趣和特长，是另一个重要统筹方法。

社会实践选题的统筹方法并不是一个固定不变或机械化的过程。研究者在接触和吸收某些信息时，可能会突然发现一个适合的实践题目。在某些情况下，题目的选择可能源于一种瞬间的兴趣或冲动。这些种种现象都体现了兴趣、直觉、灵感、顿悟和机遇在实践选题过程中的重要性。例如，贝弗里奇曾经提到，许多研究题目都是科学家根据自己的创意和面临的问题来设定的。幸运通常眷顾那些做好准备的人。因此，培养观察技能、提高预测未知事件的能力，以及培育积极探索每一种可能性的习惯至关重要。不能忽视政府和高校在社会实践选题统筹中的专业指导作用。它们可以确保选题具有前瞻性、创新性和挑战性。这有助于最大限度地发挥社会实践的教育功能。更进一步，要不断增强和拓宽学生社会实践的机会和途径，为他们提供更广泛的实践平台，从而为他们在实践中获取更多的经验和机会，创造更为有利的条件。

大学生在社会实践中首先需要明确自己的选题意向和组织方式，然后可以在前文所提到的选题来源和方法的基础上，来选定1~3个备选选题。这些备选选题不是一成不变的，他们可以在团队讨论中与其他同学或朋友探讨，甚至寻求教师的建议来进行微调。考虑到备选选题的目标和工作量，大学生可以选择合适的实践组织形式。尽管团队实践是一种常见且推崇的方式，因为它能促进团队协作并帮助提高个人能力，但个人实践同样具有其特有的优势，如高度的自主性和灵活性。

在团队形式和选题意向确定之后，团队便可以开始招募成员。待团队组建完整，就能够进一步完善备选课题，从而确立最终的实践选题。接下来的步骤包括明确实践活动的主要目标、地点、形式、进度、所需资源和预期成果。同时，鉴于可能出现的各种挑战和不足，他们需要寻找有效的应对策略。而对于选择个人实践的大学生来说，尽管他们不需要组建团队，但同样要确定实践内容的方向和细节。

大学生还需要深入探讨和论证他们选题的现实性和实施的可能性。在这一阶段，与学校负责社会实践的相关教师、辅导员等进行深入沟通是非常有益的。另外，他们还需与相关的个人、机构或单位取得联系，以确保实践活动可以顺利开展。明确了选题后，他们需要为其设计一个清晰、简洁的主题，并整理相关的筹备情况、内容、目标、进度规划等，最终形成正式的社会实践申报方案。

综合而言，社会实践选题的确定，对大学生而言，既是一次锻炼也是一次机会。选题的明确性、可行性和与实践目标的契合程度，都是决定实践效果的关键因素。只有通过细致的策划和不懈的努力，大学生才能确保选题的高质量，并为社会实践活动的成功奠定坚实基础。

把青春华章写在祖国大地上
——高校暑期社会实践成果彰显青春奋斗的力量

中国大学生在线2021暑期社会实践成果征集展示活动自开展以来，得到广大高校的积极响应，共收到近800所高校报送的近1.5万件作品，涌现出了大量优秀的理论宣讲、红色寻访、乡村振兴、行业调研、志愿服务等暑期社会实践团队，形成了大量优质的暑期社会实践成果。

"我上过很多堂思政课，也曾登上讲台进行过主题宣讲，但一边参观革命纪念馆一边为身在远方的同学介绍还是头一次。不仅自己学习了，而且我还带着大家真真实实穿越了一回历史。"作为长安大学"重寻血脉，陕耀使命"暑期社会实践队队员，温婉同学在延安革命纪念馆边学习边为远在西安的同学现场直播了一堂生动的在线思政课，用11个单元的分享串联起了中央红军到达陕北后，建立抗日民族统一战线、开展大生产运动直到最后取得解放战争胜利的光辉历程。

2021年暑假，全国高校的成千上万支社会实践团队从校园奔赴祖国各地，将党史学习教育与暑期社会实践有机结合，把学史明理、学史增信、学史崇德的成果转化为学史力行的实际行动，在实践中坚定理想信念，厚植爱国情怀，锤炼高尚品德，矢志实学实干。

一、传承有我！知行结合，深化学习教育成果

聚焦百年党史，紧扣时代热潮，各地高校将社会实践与党史学习教育有机结合，在实践中学党史、忆初心、强信仰、立担当，以实际行动庆祝党的百年华诞。

兰州大学组建723支暑期社会实践团队，7200余名大学生深入我国31个省（自治区、直辖市）的基层一线广泛开展社会实践活动。在腊子口战役纪念馆，在会宁红军会师纪念塔前，在南梁，在哈达铺……来自兰州大学的同学们与天津大学、甘肃中医药大学、甘肃农业大学、甘肃医学院等众多高校暑期社会实践团队一起重走长征路，参观红军长征纪念馆、拍摄纪录视频、拜访老党员，以实际行动缅怀革命先烈，追寻长征精神。

"最燃00后，青春跟党走"是大连理工大学数学科学学院开展的暑期实践活动，学院鼓励同学们以"00后"喜闻乐见的原创VLOG、H5、漫画、手账、说唱、书画作品等形式讲故事话成长，在开学后深入寝室、班级、军训现场等进行线下宣讲。通过讲思想理论、讲"四史"故事、讲人物事迹、讲亲身感受、讲实际收获，突出"板凳实践团"的特色，形成了"脚踏实地去实践，拿着板凳去宣讲"的共享氛围。

二、强国有我！实学实干，助力国家重大战略

2021年，脱贫攻坚如期胜利，中国进入了乡村振兴的新起点，广大高校师生用行动向祖国深情告白"请党放心，强国有我"。

武汉大学研究生实践团本着"基层取经出成果，科研实践得经验"的实践理念，奔赴新疆博州开展实习实践。实践期间，实践队的25名队员积极将所思、所学、所悟转化为课题研究成果，将科研论文写在祖国的美丽边陲，形成了24份高质量的学术论文和调研报告，总字数超过20万字，内容涵盖乡村振兴、产业发展、法制改革等数十项与国家发展战略切实相关的主题。

中南大学赴湖南省益阳市大通湖区乡村振兴暑期社会实践团创新"红色代言人"模式，借助本土红色资源的公信力助力乡村产业发展。在实践团和当地政府的共同努力下，河坝镇新秀村的卓尚书、罗仁财两位老党员成为当地稻虾养殖产业的红色代言人，他们全程见证、参与、推广小龙虾的生态养殖，确保代言产品所言非虚。河坝镇龙虾经营户刘榜云表示，效果显而易见，联系订购龙虾的客户明显增多，"有了老党员作农业产业的红色代言人，我们吆喝的底气更足了，发展的劲头也更大了"。

三、志愿有我！奉献服务，深入基层扎根一线

往西部去、往农村去、往老百姓需要的地方去……广大高校师生把学习奋斗的具体实践同民族复兴的伟大目标结合起来，将"小我"融入"大我"，将青春献给祖国。

"奥在北林"实践团队由10名来自北京林业大学信息学院的学生组成，为迎接2022年北京冬奥会及冬残奥会，团队成员利用暑假时间研发了一款向公众普及冬奥知识的小程序。"奥在北林"小程序主打轻巧、有趣、科学，将冬奥知识分解成一个个简单易懂的小故事，还将学练结合，设置答题测试界面，旨在短时间碎片化地向大众科学高效传递有趣的冬奥小知识。

2021年的8月，对北京科技大学刘静雯和她的12个同学来说，意义非凡。基于刘静雯叔叔深受唐氏综合症困扰的情况，学校索奥守望者实践团决定为心智障碍者及其家庭打造一款专门针对他们日常生活需求的科技产品，提高其生活质量。实践团先后与26个心智障碍者家庭沟通并确定了产品的基本功能。在产品研发的同时，实践团还积极在微信、微博、B站、抖音等平台上发布主题文章、视频和直播宣讲，以青年之力营造一定的社会接纳氛围，帮助大众正确认识心智障碍者的生理情况和日常生活。

（资料来源：佚名.把青春华章写在祖国大地上——高校暑期社会实践成果彰显青春奋斗的力量［EB/OL］.中国大学生在线，2022-1-6. https：//dxs.moe.gov.cn/zx/a/gxdt_sj/220106/1744095.shtml.）

> **课后习题**

1. 简述大学生社会实践的主要来源。（参考：大学生社会实践选题的来源）
2. 结合思政理论课教学的重点难点问题进行社会实践选题有哪些优势？（参考：大学生社会实践选题的方法）
3. 假设你是大学社会实践活动小组的一员，团队决定进行一个公益服务型实践。根据书中提到的选题方向和方法，描述你们可能采取的步骤来确定具体的社会实践主题。（参考：大学生社会实践选题的方向与方法）

第四章 大学生社会实践的策划与组织

本章系统阐述了大学生社会实践的策划与组织过程，为实践育人提供了一系列实用的指导原则和策略。在大学生社会实践团队组建这节中，探讨了组建基本原则和主要形式，突显了团队多样性、协作与目标一致性的重要性，并讨论了人员招募需要考虑的多个因素。在大学生社会实践流程安排这节中，从项目的选题确定到考评总结，每个环节都提供了详尽的步骤和建议。在大学生社会实践活动开展这节中，讨论了实践前的准备工作、资料留存的重要性、有效的宣传推广策略，以及保障实践安全和遵守礼仪的必要措施。这些内容不仅能够帮助大学生和指导老师理解实践项目的全过程，还提供了实现高效和有成效社会实践的关键要素。

第一节　大学生社会实践团队组建

在社会实践项目确定后，就需要构建一支社会实践团队。这一步骤需要认真考虑团队组建的基本原则和主要形式，以确保社会实践活动的高效执行。团队组建对于社会实践项目的顺利进行和最终效果至关重要，它是项目成功的前提和关键环节。

一、团队组建的基本原则和主要形式

（一）团队组建的基本原则

1. 共同目标和兴趣

大学生社会实践团队的成功组建始于共同的目标和兴趣。这一原则是团队协作的基石，直接影响到团队的凝聚力和动力。在大学生社会实践中，共同的目标和兴趣意味着团队成员有着共同的愿景，共享相似的志愿服务目的，并对社会实践活动有着共鸣。

共同目标有助于激发团队成员的积极性和热情。在社会实践中，这个目标可能是改善社区教育、推动环保倡议、关爱弱势群体等。通过定义明确的目标，团队成员能够明白他们的工作对实现这一目标的重要性。这种明确性能够激发团队成员的责任感和使命感，使他们更加投入于团队的活动中。例如，如果团队的目标是提高农村地区的教育水平，团队成员可能会更有动力投入到农村支教的志愿服务中，因为他们明白这正是实现团队共同目标的一步。

共同的兴趣能够增进团队成员之间的默契和团队凝聚力。在大学生社会实践团队中，成员通常来自不同的专业、文化背景和兴趣领域。然而，共同的兴趣能够成为跨越这些差异的桥梁。例如，一个关心环保的学生和一个关注儿童福利的学生可能来自完全不同的专业，但是如果他们都对社会责任感兴趣，就会找到共同点，形成团队协作的基础。

在实际操作中，团队领导和组织者应该在团队成立初期明确定义共同目标和兴趣。

这可能需要召开会议，促使成员讨论并共同决定团队的愿景和使命。通过讨论，成员可以分享他们对社会实践活动中的期望和希望实现的社会价值。通过这样的开放性对话，团队成员能够更好地理解对方的期望，从而形成更为统一的团队愿景。

团队领导应该注重挖掘和激发成员的个人兴趣。通过了解成员的专业背景、个人经历和兴趣爱好，团队领导可以更好地安排团队任务，使每个成员都能够在自己擅长的领域发挥优势。例如，如果团队中有一名成员在计算机科学方面有专业知识，而另一名成员对社会心理学有浓厚兴趣，团队可以设计一个项目，既包含技术创新，也关注心理健康，以满足不同成员的兴趣需求。

共同的目标和兴趣还能够在团队面临挑战时起到稳定和激励的作用。社会实践活动通常会遇到各种问题，包括资源不足、环境变化、团队内部沟通等方面的挑战。在此时，共同的目标和兴趣能够成为团队的动力源泉，激发成员共同努力克服困难。团队领导在这个时候需要强调共同目标的重要性，提醒团队成员他们的工作是为了实现一个更大的目标，而这个目标是每个人都关心的。

在大学生社会实践团队中，一些成功的案例也表明共同的目标和兴趣对于团队的重要性。例如，一个致力于改善农村教育的团队，他们共同的目标是为农村学生提供更好的教育资源。团队成员可能来自不同专业，有的是教育学专业的学生，有的是计算机科学专业的学生。然而，他们共同的兴趣是关心农村教育问题，这使得他们能够以更好的团队协作方式，开展包括教学、技术支持、社区合作等多方面的工作。

共同的目标和兴趣是大学生社会实践团队建设的基石。通过定义清晰的团队目标，激发成员的热情和责任感；通过培养共同的兴趣，增进成员之间的默契和团队凝聚力，团队能够更好地实现其社会责任和影响力。

2. 多元化的技能和专长

多元化的技能和专长是构建大学生社会实践团队的重要原则，这充分体现了团队成员在不同领域的专业知识和技能的广泛涵盖。在大学生社会实践中，团队成员通常来自各种不同的专业背景，这使得每个人都能为团队作出独特的贡献。多元化的技能和专长在团队中的应用，不仅有助于提高团队的综合素质，同时也增强了团队应对多样性挑战的能力。

多元化的技能和专长为团队提供了广泛的工作领域。在社会实践项目中，可能涉及的任务和问题非常多样化，包括调研与分析、设计与创新、宣传与推广等多个方面。如果团队成员具备不同领域的专业技能，就能够更全面地覆盖这些任务，提高团队的执行力。例如，一个社会实践团队中既有来自计算机科学专业的成员，又有来自社会学专业的成员，可以在开展社区科技支持的同时，深入了解社区居民的需求，从而更有针对性地提供服务。

多元化的技能和专长促进了团队成员的协同学习。在大学生社会实践团队中，成员之间的交流和学习是团队成长的重要组成部分。如果团队成员拥有不同领域的专业知识，就能够通过合作项目互相学习。这有助于拓宽成员的视野，培养综合素质，提高解决问题的能力。例如，一个由法学专业、工程专业和文学专业的学生组成的团队，在解决社区法律援助问题时，可以通过相互交流和学习，形成更全面的解决方案。

在实际操作中，团队领导和组织者需要充分地了解每个成员的专业背景和技能，以合理分配任务。例如，如果团队中有一名成员是设计专业的学生，他可以负责项目的宣传资料和网站设计，而一名来自经济学专业的成员可以负责项目的财务规划。通过这样的任务分配，团队能够最大限度地发挥每个成员的优势，提高工作效率。

多元化的技能和专长能够带来更全面的解决方案。在社会实践中，问题往往是复杂多样的，需要综合考虑不同领域的因素。如果团队成员都具备相似的专业知识，可能导致在问题的理解和解决上存在盲区。当有了不同专业背景的团队成员，可以从多个维度来思考问题，提供更为全面、深入的解决方案。例如，在一个关注社区发展的项目中，除了需要考虑经济层面的问题，还需要考虑社会学、心理学等方面的因素。这就需要团队成员有社会学专业、经济学专业、心理学专业的大学生共同参与，以提供更为全面的项目计划。

多元化的技能和专长在团队内部建立了一种互相尊重和信任的氛围。每个成员都能够感受到自己在团队中的独特贡献，这有助于建立起团队的凝聚力。团队内成员之间的互相尊重和信任是团队协作的基石，它促使团队能够更好地协同合作，充分发挥每个团队成员的潜力。例如，在一个环保项目中，如果团队成员中既有擅长数据分析的成员，又有熟悉社会调查的成员，他们可以相互信任，充分发挥各自的专业优势，共同推动项目取得进展。

在实际社会实践中，很多团队已经成功地应用多元化的技能和专长原则。一个典型的例子是一个由计算机科学专业、医学专业和社会工作专业的学生组成的团队，致力于开发一款面向老年人的健康管理应用。团队中的计算机科学专业学生负责应用的技术开发，医学专业学生提供专业的医学知识支持，而社会工作专业学生则关注用户体验和社会需求。通过团队成员的合作，这个团队成功地开发出了一款受欢迎的健康管理应用，服务了大量老年用户。

多元化的技能和专长是大学生社会实践团队成功的关键之一。它为团队提供了更全面的解决方案，促进了团队成员的综合学习，增强了团队成员应对变化和挑战的能力。通过在社会实践中的实际应用，团队成员不仅能够更好地适应未来职业挑战，也为社会问题的解决贡献了自己的力量。因此，多元化的技能和专长应被视为大学生社会实践团队建设的不可或缺的要素之一。

3. 适度的团队规模

团队规模的合理选择直接影响到团队的协同效能和工作效率。在大学生社会实践中，选择适度的团队规模是为了保证团队成员之间的有效沟通、协作和资源分配，以更好地实现社会实践的目标。

适度的团队规模有助于保持团队的高效沟通。在小团队中，成员之间更容易建立直接的沟通渠道，信息传递更加迅速和高效。每个团队成员更容易了解团队中其他成员的动态，及时获取项目进展情况。这对社会实践项目中需要迅速响应和协同合作的情境尤为重要。例如，在一个由五六名成员组成的小团队中，成员可以更直接地沟通项目中的需求和问题，不需要经过烦琐的层层传递，能够更快速地作出决策。

适度的团队规模有利于更好地发挥每个成员的个人特长。在小团队中，每个成员的贡献相对明显，因为任务分工相对明确，每个成员有更多的机会参与项目中的各个环节。这使得每个团队成员都能够发挥自己的专业特长，从而提高整个团队的执行效能。例如，一个小团队中可能有一位擅长项目管理的成员，可以负责整个项目的组织和协调；同时，团队中可能有一位擅长社会调研的成员，可以负责项目中的信息收集和分析。这样的合理分工有助于团队的高效运作。

在实际运作中，团队领导可以通过合理的任务分配和工作流程设计，充分发挥每个团队成员的专业特长。例如，可以设立小组长负责各自任务，确保任务的执行和协调。这种小组长制度有助于在适度的团队规模中，更好地管理和组织团队的工作。

适度的团队规模有助于减少团队内部的管理成本。在大型团队中，可能需要增加更多的管理层次，以协调各个部门和子团队之间的工作。这样的管理结构可能会导致沟通成本增加，信息传递变得复杂，从而影响团队的执行效率。相比之下，适度的团队规模可以降低管理层次，使得团队的管理更为灵活，更容易适应项目的变化和需求的调整。

在大学生社会实践中，一个具体的案例是一个致力于推动社会创新的团队。这个团队由来自不同专业的学生组成，包括工程、商业、社会学等多个领域。由于团队规模适度，每个成员都能够深入参与项目的各个方面。例如，团队中的一名工程专业的学生负责技术研发，一名商业专业的学生负责项目的市场营销，一名社会学专业的学生负责社区需求分析。这样的团队规模使得每个成员的贡献更为明显，项目能够更高效地推进。

适度的团队规模有助于保持高效的团队沟通，更好地发挥每个成员的个人特长，减少管理成本，提高团队的协同效能。在社会实践项目中，适度的团队规模既能够确保团队有足够的专业多样性，又能够保持高效的组织运作，为实现项目的社会价值提供了坚实的基础。团队领导和组织者在团队建设中，应该根据项目的性质和规模，精心设计团队结构，以促进团队成员之间的紧密合作和有效沟通。

4. 有效的沟通和协作能力

有效的沟通和协作能力不仅直接关系到团队的运作效率，也关系到团队成员之间的合作默契，对实现社会实践项目的成功至关重要。在大学生社会实践项目中，团队成员通常来自不同的专业、文化和学术背景，因此，有效的沟通和协作成为促使团队协同作战的关键要素。

有效的沟通能够提高团队工作的效率。社会实践项目通常要求团队成员协同合作，共同完成项目的各个阶段。如果团队成员之间不能有效沟通，信息传递不清晰，任务分工不明确，就容易导致工作重叠、冲突和进度延误。因此，建立起有效的沟通机制，包括定期的会议、信息共享平台等，是确保团队高效运作的基础。例如，在一个关注社区发展的项目中，团队成员需要共同讨论社区需求、设计项目计划，以及定期汇报工作进展。如果没有团队成员的有效沟通，就难以形成共识，项目很可能会偏离初衷。

良好的协作能力有助于充分发挥团队成员的优势。在大学生社会实践团队中，成员往往具有各种不同的专业背景和技能。通过良好的协作，可以将每个成员的优势最大化地结合起来，形成更强大的团队力量。例如，在一个关注健康的社会实践项目中，团队成员可能包括医学专业的学生、健康管理专业的学生及体育专业的学生。通过协作，医学专业的学生可以提供专业的医学知识，健康管理专业的学生可以负责制订健康管理计划，体育专业的学生可以设计运动方案。这样的协作能力使得团队更有创造力和综合能力。

在实际社会实践项目中，培养有效的沟通和协作能力需要团队领导的积极引导和组织者的科学管理。一方面，团队领导应该设立明确的沟通渠道，确保信息能够流畅传递。这可能包括定期的团队会议、在线沟通工具的使用等。另一方面，团队领导需要鼓励团队成员主动分享自己的看法和经验，提高团队的共鸣度。例如，通过设立项目讨论的环节，鼓励每个成员分享对项目的认识和建议，促使大家在思想上更加统一。

协作能力需要通过在项目中给予成员适当的培训和引导进行培养。这包括团队合作的技巧、有效沟通的方法、解决冲突的策略等方面的培训。通过团队建设活动、团队培训营等形式,可以帮助团队成员更好地了解团队协作的重要性,并培养他们之间协调和沟通的能力。这种培训不仅有助于提高团队整体的协作水平,也会对个体成员的职业发展产生积极影响。

在社会实践中,一个成功的例子是一个以推动青年创业为目标的团队。这个团队由来自不同专业的学生组成,包括商业管理、计算机科学、市场营销等多个领域。通过良好的协作机制,团队成功地将每个成员的专业技能融合在一起。商业管理专业的学生负责制订商业计划,计算机科学专业的学生负责技术开发,市场营销专业的学生负责推广和宣传。这种高效的协作使得团队在青年创业支持领域取得了显著的成就。

通过建立良好的沟通机制,促进信息的畅通传递;通过培养良好的协作氛围,发挥团队成员的优势,能够使得团队更加高效地运作。这种团队协作的能力培养不仅在社会实践项目中有重要的应用,也会对团队成员个体的职业发展产生积极影响。团队建设者和组织者在实践中需要着重培养这方面的能力,以确保团队能够更好地实现项目目标。

(二)团队组建的主要形式

1. 兴趣爱好构成的团队

兴趣爱好构成的团队在大学生社会实践中具有独特而丰富的价值。这一形式的团队组建以共同的兴趣和爱好为纽带,将志同道合者聚集在一起,为团队成员提供了一个共同追求、共同成长的平台。在这样的团队中,个体成员的独特兴趣交融,不仅促进了团队成员之间的深厚友谊,也为实践活动注入了更多激情和活力。

这种团队构建方式在大学生社会实践中为团队成员提供了更多的动力和参与热情。大学生活不仅要追求学业,也是兴趣发展和个性锻炼的时期。通过将团队成员的兴趣点相互融合,团队不再是简单的工作集合,而是一个共同奋斗的群体。例如,一个音乐爱好者团队可以选择通过音乐表演、义演等方式进行社会实践,既满足了成员对音乐的热爱,又为社会作出了实际的贡献。这样的团队使成员在实践中找到了兴趣与责任的结合点,提高了团队成员之间参与的积极性和主动性。

兴趣爱好构成的团队更容易形成深厚的团队凝聚力。成员在共同的兴趣点上达成共识,形成了一种默契和团队精神。这样的默契不仅表现在实践活动中,更体现在团队日常的交往和沟通中。团队成员之间的友谊和信任不仅仅停留在团队活动中,还延伸到了日常生活。通过共同的兴趣爱好,团队成员之间建立了更为深刻的感情联系,使得团队更加稳定而有活力。

在大学社会实践中,这种形式的团队构建有助于将个体成员的兴趣转化为实际的行动力。例如，一个摄影爱好者的团队可能选择通过摄影展览、拍摄社会纪实等方式参与实践活动。这不仅仅是对摄影技术的锻炼，更是对社会问题的关注和表达。团队成员通过自己的专业爱好，积极参与社会实践中，既满足了个体成员的兴趣需求，又为社会实践注入了更为多样化和富有创意的元素。

在大学生社会实践中，团队共同的兴趣爱好，不仅能够激发个体成员的热情和动力，更能够培养团队的凝聚力和创造力。通过共同的兴趣，团队成员在实践中找到了自己的定位，使得团队更为和谐而有活力。这种团队构建方式既强调个体的特长，又注重团队的整体协作，为大学生社会实践提供了一种既充满激情又具有实际意义的组织形式。

2. 实际居住地构成的团队

实际居住地构成的团队组建形式以成员在实际居住地的相近性为基础，使得团队在日常沟通和协作中更为便利，同时也促进了团队成员之间更为紧密的关系。通过共同的生活环境，团队成员更容易建立起深厚的情感联系，这对实践活动的协同推进和团队凝聚力的形成都具有显著的积极影响。

实际居住地构成的团队在实践活动中更容易实现高效的沟通和协作。由于团队成员居住地相近，团队可以更方便地召开会议、进行讨论，甚至在紧急情况下更容易实现快速的响应。这种地理上的便利性有助于团队更加灵活地应对实践任务，提高工作效率。例如，一个居住在同一校区的团队可以更容易地安排时间共同参与社区服务、志愿者活动等，实现成员之间更为紧密的协作。

实际居住地构成的团队为成员之间的情感联系提供了更为牢固的基础。由于地理位置相近，团队成员在实践活动之外也更容易互相交往。例如，同校区的团队成员可能会一起用餐、共同度过日常生活，这种日常的相处使得团队成员之间建立了更深层次的友谊。这种友谊不仅在实践活动中表现为更加默契的协作，也为团队的长期发展提供了可靠的社交基础。

实际居住地构成的团队为成员提供了更多面对社会问题的直观体验。由于居住地相近，团队成员更容易深入了解当地社会问题，能够更为敏锐地捕捉到社会的需求。例如，一个由同一县城的学生组成的团队可能更容易发现县城周边的环境问题，更容易了解当地居民的需求，从而更有针对性地开展社会实践活动。

实际居住地构成的团队在大学生社会实践中发挥着多方面的作用。通过地理上的贴近性，团队成员之间形成了更为紧密的联系，为团队协作提供了便利条件。这种构建方式既有助于团队在实践中形成更积极向上的文化，也使得团队更容易与周边社区和环境发生互动。实际居住地构成的团队成了一个更有凝聚力、更有活力的社会实践力量，为团队成员提供了更为深刻和全面的社会体验。

3. 不同专业或性格类型构成的团队

不同专业或性格类型构成的团队在大学生社会实践中具有丰富的多样性和创造力。这一团队构建形式通过将来自不同专业和拥有不同性格特点的成员集结在一起，旨在融合各种知识、技能和观点，为团队提供更广泛的视角，从而推动社会实践活动的创新和综合发展。

不同专业类型构成的团队在大学生社会实践中能够促进跨学科学习和思维的碰撞，从而培养团队成员的综合素养。在一个由文科、理工、艺术等各类专业的学生组成的团队中，成员们不仅能够深入了解各自专业领域的知识和技能，还能够从其他专业成员那里学到新的观点和方法。这种跨学科学习有助于拓宽团队成员的知识边界，使他们更具综合性和全局观。

在实际的社会实践项目中，如一个关于可持续发展的团队，可能会包含来自环境科学、经济学、工程学等不同专业的学生。这样的团队能够从不同角度审视可持续发展问题，环境科学专业的同学关注生态环境，经济学专业的同学关注资源分配，工程学专业的同学提供可行性方案。通过团队协作，成员们在解决问题的过程中相互学习，形成了一种综合性的思考方式，更有助于形成全局性的解决方案。

在性格类型方面，团队成员的不同性格特点常常能够在团队中发挥积极作用。例如，一个由创新型、执行型、稳健型等不同性格类型的大学生组成的团队，能够形成有机的合作体系。创新型的团队成员可能提供新的思路和创意，执行型的团队成员能够推动任务的迅速完成，而稳健型的团队成员则可能在决策过程中提供平衡和稳定性。这种多元性格的组合有助于团队更好地应对不同挑战，使得决策更为全面和合理。

不同专业或性格类型构成的团队在解决问题时更具有灵活性和创造力。由于团队成员具备不同的视角和思维方式，团队更容易应对复杂多样的问题。例如，一个由文学专业的创意型学生和工程专业的理性型学生组成的团队，可能能够在设计一个社会实践项目时，既注重项目的艺术性和人文性，又兼顾到项目的可行性和实际效果。这种灵活性使得团队更具创造力，更能够应对实践中的变化和挑战。

在大学生社会实践中，一个案例可以是一个由计算机专业、社会工作专业和心理学专业的学生组成的团队，共同参与一个关于网络心理健康的项目。计算机专业的学生能够负责开发相关的技术工具，社会工作专业的学生能够提供心理健康服务的社会支持，而心理学专业的学生则可以提供专业的心理咨询和支持。这样的团队构成既有利于技术的开发，又能够充分关注心理健康问题的社会层面，形成了一个多维度、全方位的解决方案。

不同专业或性格类型构成的团队在大学生社会实践中具有显著的优势。这种多元性使得团队更富有创造性，更具综合解决问题的能力。通过共同的实践活动，团队成员能够从不同领域的专业知识中受益，培养综合素养，形成更具广度和深度的思维方式。这种团队构建方式既能够突破学科壁垒，也有助于培养学生的创新能力和领导力，为大学生社会实践提供了一种更为多样和丰富的组织形式。

4. 班级组团、寝室组团、社团组团、学生会组团及同乡组团等形式

班级组团、寝室组团、社团组团、学生会组团及同乡组团等是大学生社会实践中一种常见而富有活力的团队组建形式。这样的组建方式基于成员之间在学习、生活、兴趣、地域等方面的共同性，使得团队更加紧密且具备更强的凝聚力。以下将从不同的角度展开，分别探讨这些团队组建形式在大学生社会实践中的特点以及带来的实际效果。

班级组团是一种常见的组建形式。同一班级的学生通常在学习和生活上有更多的交集，因此形成一个班级团队能够迅速建立相互之间的信任和默契。班级组团的团队成员可能在同一专业，学科背景相近，这有助于团队在实践中更为高效地协作。在班级组团的实践活动中，如社区服务、义工活动等，同学们能够更好地发挥各自专业特长，形成协同效应。同时，班级组团的团队建设还有助于弥补成员之间在知识层面的差异，使得团队更具综合实力。

寝室组团是一种常见的形式，特别是在大学生活中，寝室成员通常成为生活中最亲近的人。通过寝室组团，团队成员在日常生活中的默契和信任关系可以顺利转化为实践活动中的协作默契。这种组建形式能够在实践中更好地发挥每个团队成员的特长，因为寝室成员对彼此的了解更为深入。例如，一个寝室组团可能会更容易协调团队成员之间的时间，更方便进行小规模的实践活动，如邀请社区的孩子一起组织文艺活动等。

社团组团则是建立在共同兴趣和爱好基础上的一种形式。大学社团多样丰富，涵盖了各个领域，如音乐、运动、科技、社会服务等。通过社团组团，团队成员能够在相同的兴趣领域展开社会实践，形成更加紧密的团队。社团组团的优势在于团队成员之间有共同的爱好，这使得团队更具活力和激情。例如，一个由文学社团成员组成的团队可能会选择通过文学创作、阅读分享等方式参与社区服务，从而将自己的爱好转化为社会实践的力量。

学生会组团通常能够充分利用学生会组织的资源和平台，更为方便地开展社会实践活动。学生会成员通常具备一定的组织管理经验和团队协作意识，这有助于团队更高效地规划和执行实践计划。学生会组团的团队成员可能涵盖了不同专业和兴趣领域，使得团队在实践中能够更全面地考虑问题。例如，学生会组成的社会实践团队可能会更容易与学校相关部门合作，筹集更多资源，推动一些大型的社会实践活动，如校园文化节、公益演出等。

同乡组团是基于地域关系的一种团队组建形式。在大学中，很多学生来自不同的地方，同乡组团的形式为那些来自相同地区的学生提供了一个更加亲近和自信的社会实践环境。这种团队组建方式基于地域相近，团队成员在文化、语言、生活习惯等方面更为契合。通过同乡组团，学生能够在异地求学的同时保持对家乡的联系，形成一个共同奋斗、互相支持的社会实践群体。

不同形式的大学生社会实践团队组建方式各具特色，为团队提供了不同的优势和机遇。班级组团、寝室组团、社团组团、学生会组团、同乡组团等形式都在不同程度上满足了成员之间在学业、生活、兴趣、地域等方面的共同需求，促进了团队成员之间更紧密的协作与合作。这些团队组建方式不仅为大学生社会实践提供了多样性的选择，也丰富了团队的文化内涵，使得社会实践更具创新性、广泛性和深度性。通过这些团队合作，大学生成为更全面发展的社会成员，同时也为社会实践注入更加多元的力量。

5. 大学生在暑期社会实践中三种主要项目

通常情况下，大学生在暑期社会实践方面有校级项目、院级项目和自选项目三种主要选择，每种选择都有其独特的特点和优势。

校级项目通常是由学校组织和管理的，面向全校学生招募。这种项目具有较高的多样性，因为成员可以来自不同年级、专业、学院和社团。校级项目的优势在于形成了一个多元化的团队，各成员带有不同的专业背景和视角，能够共同参与和解决各种社会问题。这种多样性有助于激发团队的创造力和创新能力，使得项目更具综合性和深度。

院级项目通常由各学院组织，成员限定在本学院的范围内。这种项目的优势在于成员更容易形成更为密切的联系，因为他们可能在专业、兴趣等方面更为相近。这种相似性使得团队更容易协同合作，更容易达成共识。另外，院级项目可能更注重特定专业领域的深度研究和实践，能够更专业地解决一些专业性较强的社会问题。

自选项目是由学生自主组建和管理的社会实践团队。成员通常限定在本学院的同年级内。这种项目的优势在于团队成员更加熟悉，更容易沟通和协作。自选项目的团队成员通常有着共同的兴趣、目标或者经历，这使得团队更为默契与和谐。自选项目的灵活性也较高，成员可以根据自己的兴趣和需求选择实践方向，能够深入参与个人关心的社会问题中。

在校级项目中，由于成员来源的广泛性，团队形成时可能需要一定的适应期，毕竟来自不同专业、年级的成员之间可能存在沟通和合作上的障碍。然而，这也为成员提供了更多交流和学习的机会，促使他们更好地理解和尊重不同背景的团队成员。

在院级项目中，团队成员通常有着更相近的专业背景和学术水平，这有助于团队更专业地解决一些问题。同时，由于团队成员可能在平时的学习中已经有一定的接触，因此团队形成相对较快，更容易形成较为和谐的协作氛围。

自选项目的优势在于团队成员可以更灵活地选择实践方向，更加专注于个人感兴趣的社会问题。这使得团队成员更具主动性，更有动力投入实践中。然而，由于团队成员过于相似，可能会面临一定的思维局限性，需要更多的创新力和拓宽视野的努力。

这三种不同层次的社会实践项目选择为大学生提供了不同的机会和挑战。校级项目注重团队的多元性和创新性，院级项目强调专业性和相似性，而自选项目则强调个性化和灵活性。大学生可以根据自己的兴趣、目标和团队协作的偏好，选择适合自己发展的社会实践项目。这些不同层次的项目选择使得大学生在社会实践中能更全面地锻炼自己，培养专业素养和团队协作能力。

6. 个人实践和团队实践两种类型

从团队规模的角度来看，社会实践可以分为个人实践和团队实践两种类型，它们在规模、灵活性、影响力和培养能力等方面存在显著的差异。

个人实践注重的是个体的参与和贡献。在个人实践中，个人可以根据自己的兴趣和需求选择社会实践的方向，具有较大的自由度和灵活性。这种实践形式通常是一个人单独行动，从事志愿活动、义工工作或个人研究等。个人实践的优势在于个体可以更加自主地探索自己感兴趣的领域，有更大的空间追求个人目标。然而，由于规模较小，其影响力和社会效益相对有限。

团队实践是以共同主题或目标为核心，组建团队协同开展社会实践活动。团队实践通常需要更多的准备工作和协作，因为团队成员需要共同规划、组织和执行实践计划。团队实践的优势在于能够汇聚集体的力量，通过团队成员的协同作战能够产生更显著的社会影响。这种形式不仅有助于解决更大规模的社会问题，还能够提高团队成员的团队协作、组织管理、任务分工等能力。

团队实践相较于个人实践，更注重团队成员之间的协作与合作。在团队实践中，团队成员需要相互配合、分工明确，共同推动整个社会实践项目的实施。这不仅有助于实现更复杂、更大规模的社会实践目标，还培养了团队合作的能力。团队成员在共同努力中学会沟通协调、解决问题的能力，这对他们未来在职场或其他团队合作环境中都是非常有益的。

团队实践有助于培养组织管理能力。在团队实践中，团队需要有一定的组织架构和管理机制，团队成员需要承担不同的责任角色。这使得团队成员有机会学习如何有效地管理资源、制订计划、分配任务，从而提升他们的组织管理能力。

团队实践对安全责任的培养至关重要。团队成员需要共同关注团队的安全，确保实践过程中的风险得到有效控制。这培养了大学生对安全管理的敏感性和责任心，为日后面对各种任务和项目时更好地考虑安全因素奠定了基础。

团队实践同时涉及文字撰写和沟通交流等方面的能力。在实践过程中，团队成员需要进行实践计划的书写、实践过程的记录和总结，以及与社会各界进行有效沟通。这有助于提升团队成员的文字表达能力和沟通交流技巧。

总的来说，个人实践和团队实践各有其优势和适用场景。个人实践强调个体的独立性和自主性，适用于追求个性发展和自我探索的场合。而团队实践更注重协作与合作，适用于解决更大规模、更复杂社会问题的场合，同时也有助于培养团队合作、组织管理、沟通协调等方面的团队素养。在大学生社会实践中，学生可以根据个人发展需求和实践目标选择合适的实践方式。

二、人员招募与组建

大学生社会实践人员招募与组建是确保社会实践项目成功实施的关键步骤之一。这一过程需要综合考虑多个因素，以构建一个有组织、协调和高效的团队，使项目能够顺利进行并达到既定目标。

（一）任务匹配是社会实践团队招募的首要原则之一

这一原则要求招募的成员必须与实践项目的性质和任务相契合。具备与项目相关的专业背景、技能和知识的成员能更好地理解和应对项目中的挑战，提供专业的解决方案，从而提高项目的成功概率。

专业背景匹配：社会实践项目通常涵盖多个领域，包括教育、环保、医疗、社会调查等。因此，招募团队成员时，应根据项目的性质选择具备相关专业背景的成员。例如，如果项目涉及医疗服务，那么招募具备医学或护理背景的学生将有助于提供专业的医疗支持。

技能和知识匹配：除了专业背景，团队成员应具备项目所需的技能和知识。例如，如果项目需要进行社会调查和数据分析，那么招募具备统计和研究方法知识的成员将更有优势。这些技能和知识的匹配有助于提高项目的执行效率和质量。

兴趣与动机：除了技能和专业知识，招募团队成员时，还应考虑他们的兴趣和动机。对于一个社会实践项目，团队成员的积极性和热情是推动项目成功的重要因素之一。因此，招募那些对项目充满兴趣和动力的成员将有助于激发整个团队的积极性。

（二）综合素质是招募团队成员的关键因素之一

团队成员不仅需要满足专业要求，还应该具备合作与沟通、奉献精神，以及多元化和创新。这些素质有助于团队内部的协作和团队之间的协调。

合作与沟通：社会实践项目通常需要团队合作，团队成员之间需要相互协调和合作，共同完成任务。因此，在招募时，要优先考虑具备良好合作和沟通技能的成员。这些团队成员能够更好地协调团队工作，解决潜在的冲突，确保项目的顺利进行。

奉献精神：社会实践往往需要成员愿意付出时间和精力，为社会服务作出贡献。因此，在招募团队成员时，要考察他们的奉献精神和社会责任感。愿意为社会作出积极贡献的成员通常更适合参与社会实践项目。

多元化和创新：构建一个多元化的团队，包括不同背景、性别、兴趣和性格特点的成员，有助于团队从不同的角度思考问题，产生创新性的想法。多样性也有助于团队更好地适应不同的挑战和情境。

（三）明确各个成员的角色和责任至关重要

通常，一个社会实践团队由指导教师、团队负责人和团队成员组成。明确的角色分工有助于项目的高效执行。

指导教师：指导教师负责提供项目的整体指导，确保团队在实践过程中得到专业支持。他们应具备丰富的领域知识和教育经验，能够引导团队成员克服困难并提供必要的指导。

团队负责人：团队负责人扮演着核心协调者的角色，负责制订活动计划、安排后勤事务以及与外部沟通。他们需要具备领导能力、组织能力和团队协作能力，以确保项目按计划执行。

团队成员：团队成员根据其专业、能力和兴趣，承担具体任务，充分发挥自身的优势。他们是项目的执行者，负责完成具体的工作，积极参与团队的活动和决策。

大学生社会实践成员招募与组建是一个需要慎重考虑的过程，它直接关系到项目的成功与否。通过任务匹配、综合素质考量和明确的角色分工，可以构建一个具备专业性和协作性的团队，为社会实践项目的顺利实施奠定坚实基础，同时也培养了大学生团队协作、组织管理和沟通交流等方面的重要能力。这些能力将在未来的职业生涯中大有裨益。

知识拓展

布鲁斯·塔克曼的团队发展阶段模型

布鲁斯·塔克曼（Bruce Tuckman）的团队发展阶段（Stages of Team Development）模型可以被用来辨识团队构建与发展的关键性因素，并对团队的历史发展给以解释。团队发展的五个阶段是：组建期（Forming）、激荡期（Storming）、规范期（Norming）、执行期（Performing）和休整期（Adjourning）。这五个阶段都是必须的、不可逾越的，团队在成长、迎接挑战、处理问题、发现方案、规划、处置结果等一系列经历过程中，必然要经过上述五个阶段。

一、组建期

组建期是项目小组启蒙阶段，也称项目形成阶段。

团队酝酿，形成测试。测试的目的是辨识团队的人际边界以及任务边界。通过测试，建立起团队成员的相互关系、团队成员与团队领导之间的关系，以及各项团队标准等。

团队成员行为具有相当大的独立性。尽管他们有可能被促动，但普遍而言，这一时期他们缺乏团队目的、活动的相关信息。部分团队成员还有可能表现出不稳定、忧虑的特征。

团队领导在带领团队的过程中，要确保团队成员之间建立起一种互信的工作关系。指挥或"告知"式领导，与团队成员分享团队发展阶段的概念，达成共识。

二、激荡期

激荡期是形成各种观念，激烈竞争、碰撞局面的，项目震荡阶段。

团队获取团队发展的信心，但是存在人际冲突、分化的问题。

团队成员面对其他成员的观点、见解，更想要展现个人性格特征。对于团队目标、期望、角色以及责任的不满和挫折感被表露出来。

项目领导指引项目团队度过激荡转型期。强调团队成员的差异，相互包容。

三、规范期

规范期是规则、价值、行为、方法、工具均已建立的,项目规范阶段。

团队效能提高,团队开始形成自己的身份识别。

团队成员调适自己的行为,以使得团队发展更加自然、流畅。有意识地解决问题,实现组织和谐,动机水平增加。

团队领导多为参与式领导,允许团队有更大的自主性。

四、执行期

执行期的人际结构成为执行任务活动的工具,团队角色更为灵活和功能化,团队能量积聚于一体,为项目成熟阶段。

项目团队运作如一个整体。工作顺利、高效完成,没有任何冲突,不需要外部监督。

团队成员对于任务层面的工作职责有清晰的理解。没有监督、自治,即便在没有监督的情况下自己也能做出决策,随处可见"我能做"的积极工作态度,互助协作。

项目领导让团队自己执行必要的决策。

五、修整期

休整期为项目解散阶段。任务完成,团队解散。

有些学者将第五阶段描述为"哀痛期",反映了团队成员的一种失落感。团队成员动机水平下降,关于团队未来的不确定性开始回升。

该模型可以为大学生社会实践团队发展提供阶段指导。

(资料来源:百度百科https://baike.baidu.com/item/布鲁斯·塔克曼的团队发展阶段模型/567820.)

课后习题

1. 团队组建基本原则和主要形式有哪些?
2. 描述团队组建的一项基本原则和一种主要形式,并解释它们对成功组建社会实践团队的重要性。(参考:团队组建基本原则和主要形式)
3. 大学生社会实践人员招募与组建需要考虑哪些因素?请具体分析其中一个因素对大学生社会实践开展的影响。(参考:人员招募与组建)

第二节 大学生社会实践流程安排

一、项目选题的确定

项目团队在选题阶段需确定一个明确且有针对性的主题或议题。这个议题或主题常常与社会当前存在的问题、研究领域或服务领域紧密相关。选题并非随意的，它需要与大学生社会实践的核心宗旨相一致，即对学生个人、对团队乃至于对社会都有一定的意义和价值。选题的确定会影响到实践活动的方向和成果，同时也是激发团队成员投入热情和兴趣的关键。

一个具有深刻社会价值和意义的选题不仅可以为社会带来实质性的改变，为解决实际问题提供思路或方案，还能增强实践活动的吸引力，使大学生感到他们所付出的努力是有价值的，这样的实践更容易获得大学生的认同与投入。例如，如果大学生选择的是与当地的环境问题相关的议题，他们的研究和努力可能为改善当地的生态环境提供帮助，同时也使他们更加珍惜与关心自己生活的环境。

大学生在选择社会实践选题时，应对议题进行全方位的考量。这包括与社会当前的问题、政策方针、发展趋势等相关性的思考。例如，选择一个与当前社会关注的老龄化问题相关的议题，可能更容易获得相关部门和社会的支持和关注。同时，对项目选题的实施可行性进行评估也是至关重要的。这不仅仅是从理论上对议题的探讨，还要考虑实践中可能遇到的具体问题、所需资源的准备以及时间的安排。在这一过程中，前期的调研和规划显得尤为关键，可以帮助团队提前预见并解决可能出现的问题。

有的学校鼓励学生选择与其学科专业密切相关的议题进行社会实践。这样的选题方式能够帮助学生更好地将课堂中学到的理论知识应用到实际的社会实践中，实现理论与实践的有机结合。例如，医学专业的大学生可以选择与公共卫生、疾病预防等相关的议题，而法学专业的大学生则可以选择与法律宣传、法律援助等相关的议题。这种与专业相结合的社会实践方式，不仅可以让大学生更加深入地理解所学专业，还能为他们的未来职业生涯提供宝贵的经验和帮助。

大学生社会实践的选题决定了实践活动的方向和深度，需要团队进行充分的思考和规划。只有选择了一个具有社会价值和意义的、与专业相结合的，并且实施可行的议题，社会实践活动才能达到预期的效果，实现其应有的价值。

二、招募和组建团队

在确定了社会实践项目的选题后，下一步则是招募团队成员。这个环节并不是简单地召集一群大学生，而是要根据项目的性质和任务要求，筛选具有相关专业知识、技能和真正对项目有兴趣的大学生。例如，若是一个关于社区环境改善的实践项目，可能需要具有环境科学或社区管理学背景的学生。每一个成员在团队中都有其不可替代的价值。

但仅有合适的团队成员还不够，还需要明确的团队结构。团队负责人将承担起整个项目的协调与管理任务，确保项目的流畅进行。除了团队负责人，每个团队成员的职责和角色也需要明确，这样可以确保每个人都清楚自己在项目中的任务和位置，也有助于避免任务重叠或遗漏。

团队的另一个重要角色，也就是指导教师的选择，显得尤为重要。不同于其他课题，大学生社会实践项目对指导教师的要求比较宽松。对校级和院级的项目，通常学校或各学院的社会实践工作小组会直接选派合适的指导教师。但对学生自选的项目，学生需要更加主动去完成。他们可以自行联系，甚至是"物色"合适的教师。这里的"合适"不仅仅是指教师的学术背景与项目相关，更重要的是教师对社会实践的态度和热情。

若教师正在参与某个社科类科研项目，学生则有机会利用这个契机。因为这样的教师往往更愿意组织学生，将他们的实践项目与自己的科研项目相结合。这对学生而言，是一个十分宝贵的实践和学术双重锻炼的机会。

申报课题是一个十分严肃的过程，涉及许多细节和材料的准备。在这个过程中，课题申报人与指导教师的合作是关键。他们需要频繁地沟通，确保申报材料的完整和准确。在指导教师的建议和指导下，申报人可以逐步完善社会实践的实施方案，从而使得整个社会实践项目更加合理和有执行力。

三、项目选题立项和备案

社会实践项目的选题立项和备案是确保实践活动有序、系统且符合学校要求的关键步骤。它不仅涉及选题的策划和材料的准备,还需要与学校或相关管理部门进行多次的沟通和交互。

学生团队需要准备选题申报书。这是一个详细描述项目内容、流程、目的和预期成果的文件。在选题申报书中,除了描述项目的大致内容,更重要的是要制订一个详尽的项目计划。这包括确定项目的目标(如解决哪些社会问题、达到哪些研究目的等)、选择实施方法(如问卷调查法、实地访谈法、数据分析法等)、规划时间表(明确项目的起止日期、各个阶段的时间节点等)以及预测预期成果(如研究报告、社会活动、策划方案等)。此外,项目计划中还需要明确项目的可行性和实施路径,确保项目能够真实、有效地开展。

考虑到社会实践涉及的多种不确定性因素,学校要求学生提供安全承诺书以保证学生的人身安全和项目的顺利进行。在安全承诺书中,学生需要承诺遵守所有相关的法律法规、规章制度,保障自己和他人的安全。

当所有材料齐备之后,学生团队需要按照学校的相关规定和时间节点提交材料。一般来说,大部分学校会设立一个专门负责社会实践管理的部门,负责审核、评估和批准学生的社会实践项目。这些管理部门的专家会对提交的选题申报书进行仔细的审核和评估,检查其中的内容是否合理、可行,以及是否与学校的社会实践政策相匹配。

在项目审核过程中,学校或相关管理部门可能会要求学生团队对选题申报书进行修改或补充,以确保项目的质量和可行性。因此,学生团队在准备材料时需要做到尽量翔实、完善,以减少返工的可能性。

一旦选题申报书被审核通过,项目即被正式备案。这标志着项目获得了学校的正式认可和支持,可以按照计划开始实施。不过,这并不意味着学校对项目的关注就此结束。在项目实施的过程中,学校或相关管理部门会对项目进行定期或不定期的监督和跟踪,确保项目能够按照计划稳步推进。同时,学校还会为项目提供必要的支持,如提供资金、场地、设备等资源,帮助项目更好地开展。

大学生社会实践的选题立项和备案是一个既烦琐又重要的流程,需要学生团队与学校或相关管理部门紧密合作,确保项目能够顺利、有效地开展。

四、资源准备

大学生社会实践项目的成功往往取决于充分、合理的资源准备。这一步骤的核心是确保项目团队拥有完成实践活动所需的一切资源。资源准备包括以下方面：

经费规划：每个社会实践项目都需要一定的经费来支持。无论是交通费、活动费还是材料费，一个明确的经费预算是必不可少的。团队需要列出所有可能的费用项目，进行详细的预算。这包括但不限于：差旅费、住宿费、材料购买、打印复印、推广宣传等费用。有了明确的预算后，团队可以开始筹集资金。除了学校提供的基础经费，团队还可以尝试通过众筹、企业赞助、社区支持或其他筹款活动来筹集资金。对于经费的使用，透明度和合理性至关重要。团队需要建立一个财务管理体系，确保资金的流入和流出都有记录，每笔费用都有据可查。

设备和工具：根据项目的性质，确定所需的设备、工具和技术支持是资源准备的另一个重要方面。大学生社会实践项目可能需要使用各种设备和工具，如实验室设备、调查工具、计算机软硬件等。团队需要确定设备的种类和数量，并制订获取计划。这可能包括购买、租赁或借用设备，或者与合作伙伴机构建立设备共享机制。一旦获得设备，团队需要确保设备的正常运行和维护。定期维护和保养设备，以延长其使用寿命，减少故障率。如果项目需要特定的技术支持，如软件开发或数据分析工具，团队需要确保有人能够提供这方面的专业支持。

文献和资料：社会实践项目往往需要大量的背景研究和资料搜集。团队成员需要能够访问图书馆、数据库、网络资源等，获取相关的文献和信息。有效的信息检索和整理也是非常重要的。团队成员需要学会如何高效地搜寻、筛选和整理资料，确保项目的研究和实践都建立在坚实的基础上。

人力资源：除了资金和物质资源，人力资源也是社会实践项目的重要组成部分。确定项目所需要的人力资源，包括研究人员、志愿者、翻译人员等，是资源准备的关键步骤之一。对招募到的人员，团队需要提供培训和准备，确保他们具备必要的知识和技能。这可能涉及专业培训、团队建设活动等。对志愿者和翻译人员等非团队核心成员，需要建立有效的团队管理机制，以确保他们的参与和协作。

五、实践活动的执行

实践活动的执行阶段的主要任务是将前期筹备中的各项规划真实地转化为具体行

动，真正达到与社会互动、获取实践经验的目的。为此，系统性和实效性的确保显得至关重要。

（一）实地调查和研究

实地调查和研究不仅考察了团队成员的综合素质、调查技巧和现场适应能力，还涉及运用合适的研究方法，以确保数据的真实性和准确性。在执行实地调查和研究时，团队需要综合运用各种方法，以更深入、更细致地了解研究对象。例如，假设团队参与了一个农村发展的社会实践项目。在这个项目中，他们不仅仅是采用传统的问卷调查法，还需要考虑使用参与式观察、关键人物访谈等深度调研方法。通过这些方法，团队能够更全面、更真实地了解农村的现状、农民的需求及发展潜力。这种综合性的调查方法有助于提供更有深度的实践经验，也为解决实际问题提供了更多的信息支持。在执行实地调查和研究时，团队还需要密切关注伦理原则，确保研究过程中不损害受访者的权益，并遵循相关法律法规和伦理准则。这包括获得知情同意、保护个人隐私以及妥善处理敏感信息等方面的注意事项。

（二）社区服务和参与

这一环节不仅关乎提供服务，更重要的是实现与社区的互动与合作。在社区服务和参与活动中，团队成员需要积极与社区居民或相关机构合作，以解决实际问题并改善社区状况。以一个城市社区老年人关怀项目为例，团队的任务不仅仅是为老年人提供生活帮助、文娱活动等基础服务，更重要的是建立与社区的紧密联系，开展与社区居民的互动活动。这包括健康讲座、兴趣班、社区活动等，旨在促进社区内部的凝聚力，提高老年人的生活质量。

在执行社区服务和参与活动时，团队需要考虑以下因素：

合作与协商：与社区合作需要建立良好的合作关系。团队成员应与社区居民和相关组织进行协商，明确双方的期望和责任。

社区需求分析：在执行社区服务前，团队应进行社区需求分析，了解社区的具体需求和问题。这有助于确定合适的服务项目和方法。

服务活动执行：团队成员应按照计划执行社区服务活动，确保服务的质量和效果。在执行过程中，应关注服务对象的反馈和需求变化，根据实际情况进行调整。

社区参与：鼓励社区居民积极参与项目，参与决策和实施。这有助于增强社区的参与感和责任感，并促进社区的可持续发展。

（三）实验和数据收集

对于涉及实验和数据收集的科研类项目，这一阶段考验团队的综合能力、科研素养和团队协作能力。在执行实验和数据收集活动时，团队成员需要确保实验的操作准确性，同时也需要关注数据的合理解读和分析，以达到科研的目标。团队必须制订严密的实验设计，明确研究问题、变量、实验流程和数据收集方法。例如，假设团队参与一个水质检测的科研项目，团队不仅要掌握各项指标的检测方法，更需要对检测结果进行综合分析，找出水质污染的原因、提出合理的改进建议。实验的执行需要高度的精确性和可重复性。团队成员必须严格按照实验设计进行操作，记录实验过程中的关键数据和观察结果。这些数据将用于后续的分析和解释。数据分析是科研项目的一个环节。团队需要使用统计方法和分析工具来处理和解释数据，以验证研究假设并得出结论，确保数据分析的准确性和科学性。

（四）时间管理和进度控制

无论是进行调查研究、社区服务，还是进行实验，都需要在有限的时间内完成任务。为了确保项目的顺利进行，团队需要制订合理的工作计划、明确每个任务的完成时间，以及监控项目的整体进度。制订详细的时间表对项目管理至关重要。在时间表中，每个任务都应具体化，包括任务的描述、负责人、开始和结束日期等信息。这有助于团队成员了解自己的工作职责，并在规定的时间内完成任务。团队还需要建立监控机制，以便及时发现问题并采取纠正措施。这可以包括定期召开会议、检查进度、识别潜在的延误或问题，并找到解决方案。有效的沟通和协作是确保项目按计划进行的关键因素。在实践活动中，可能会出现意外情况，需要对计划进行调整。因此，具备应变能力和调整计划的灵活性非常重要。

（五）危险和风险管理

在执行实践活动时，特别是涉及危险或风险的活动，团队必须制订危险和风险管理计划，以确保成员的人身安全。危险和风险管理是社会实践项目不可或缺的一部分，它涉及对潜在危险的识别、评估和管理。团队应进行风险评估，识别潜在的危险和风险因素。这可能包括健康风险、安全风险、环境风险等。根据风险的程度，团队需要确定应对措施，制订风险管理计划及应急预案。

（六）媒体宣传

通过各种媒体渠道，如校园网站、报刊、社交媒体、电视、广播等，可以有效宣传社会实践活动，提高其知名度和影响力。媒体宣传不仅有助于向公众展示项目的重要性和成果，还可以吸引更多志愿者和支持者的参与。同时，媒体宣传还增强了团队的知名度，为社会实践活动的可持续性和未来发展提供了有力支持。以下是在执行媒体宣传时需要考虑的关键策略和步骤：

媒体策略：团队需要制订媒体宣传策略，明确目标受众、传播渠道和宣传内容。不同媒体适用于不同目标受众，因此需要选择合适的媒体平台。

宣传材料：团队应准备宣传材料，包括新闻稿、宣传海报、宣传视频等。这些材料应具有吸引力，能够引起受众的兴趣。图片和视频可以更生动地展示活动的过程和成果。

社交媒体宣传：社交媒体是传播信息的重要渠道。团队可以创建社交媒体账号，定期发布活动更新和成果，与受众互动，回应关注者的问题和评论。通过社交媒体，团队可以与年轻一代更直接地互动，吸引更多志愿者和参与者。

媒体合作：与校内外媒体建立合作关系非常有帮助。邀请记者和媒体代表参观活动现场，撰写新闻报道和特稿，能够将活动推向更广泛的受众。团队可以与学校媒体、地方新闻媒体和在线新闻平台等建立联系，确保活动得到媒体的关注和报道。

宣传活动：组织宣传活动，如展览、讲座等，可以吸引媒体和受众的关注。这些活动可以提供更多的机会，与媒体、校内外相关组织和社区居民互动，同时也展示了活动的重要性和价值。

持续更新：媒体宣传不是一次性的活动，而是需要持续更新和维护的过程。团队应定期发布活动的最新消息和进展，以保持受众的兴趣。及时回应媒体和受众的提问和反馈，维护积极的公众形象。

通过以上媒体宣传策略和步骤，团队可以有效传播社会实践活动的信息、成果和影响，扩大宣传效果，真正实现学校与社会、团队与公众的互动。媒体宣传不仅有助于社会实践的成功，还提高了团队的知名度，为未来的社会实践活动吸引更多支持和合作伙伴。

六、实践总结与反思

（一）数据整理与分析

在社会实践项目中，团队通常会收集大量的数据和信息，这些数据可能涵盖各个方面，包括调查结果、实验数据、社区服务记录等。数据整理与分析是实践总结与反思的首要任务。团队需要使用适当的统计、数学或其他专业分析方法对这些数据进行仔细分析，以提取有关项目目标的洞见和结论。

数据分析的过程包括数据清理、统计分析、模型构建等步骤，具体的方法取决于项目的性质和所收集数据的类型。例如，如果团队进行了社会调查，数据分析可能包括统计描述、回归分析等，以揭示不同变量之间的关系。对于科研项目，实验数据的分析可能涉及假设检验、数据可视化和结果解释。

（二）结果呈现与可视化

实践报告是将社会实践开展和取得的成果综合呈现的主要方式。报告应具备学术和实用性，包括项目的背景、目标、方法、结果和建议等。在撰写报告时，团队成员需要清晰地陈述问题、方法和发现，并使用相关领域的术语和概念进行解释。报告是将数据和分析结果整合并解释的主要方式。

结果呈现除了可以用实践报告的方式，也可以采用其他多种形式，包括图表、表格、演示文稿、海报、视频等。图表和表格是将数据结果可视化的重要工具。它们可以帮助读者更直观地理解数据，如使用柱状图、折线图、饼图等来展示数据的趋势和关系。此外，表格可以用于呈现详细的数据，如样本统计、计算结果等。团队可以考虑使用其他多媒体形式来展示实践活动的成果，如照片、视频、音频等。这些媒体可以更生动地展示实践活动的过程和影响，增强受众的印象。

（三）解释与讨论

除了呈现结果，团队还需要解释分析结果的含义、影响和可能的应对措施。这一步骤涉及对数据和结论的深入理解和分析。团队应回答一系列问题，如"为什么发生这种现象""数据结果如何影响项目目标的实现""有哪些潜在的问题和挑战"等。

解释和讨论阶段可以帮助团队更好地理解实践项目的实际情况，识别项目中的成功因素和改进的机会。此外，它也为相关利益相关者提供了对项目结果的更深入理解，并可能引发有益的讨论和反馈。

解释与讨论这部分内容应该和结果呈现与可视化内容相融合。

（四）个人反思与团队分享

除了团队层面的总结与反思，个人反思也是实践活动的重要组成部分。团队成员应被鼓励分享他们在实践项目中的个人感受、成长和学习体验。个人反思可以涉及对个人目标的实现、遇到的挑战、克服困难的经验、合作与沟通的体会等方面。

个人反思有助于团队成员更全面地理解自己的经验和成长，并在未来的实践活动中应用所学。此外，团队分享个人反思也有助于促进团队内部的交流与合作，加强成员之间的互动。

（五）改进和未来展望

实践总结与反思的最终目标之一是为未来的社会实践活动提供有益的反馈和改进建议。团队应该根据对以往项目的反思和分析，提出改进方案，以优化实践活动的设计和执行。这可能包括改进项目计划、加强团队协作、优化数据收集和分析方法等。

团队可以展望未来，思考如何应用在过去项目中获得的经验和教训，以推动未来的社会实践活动。这包括确定潜在的合作伙伴、项目主题、方法和目标，以确保未来活动的成功和可持续性。

七、考评总结

考评总结这一阶段的重要性在于，它为学校提供了机会，以有条理和系统的方式对学生的实践成果进行审查和评估，并为未来的实践工作提供了重要的参考和规划。这个阶段涵盖了成绩考核、经验交流、成果转化、先进评比和总结表彰等多方面，以确保社会实践的有效性和可持续性。

（一）成绩考核

成绩考核是社会实践活动中的一项关键步骤，旨在对学生的实践表现进行评估。不同的高校和项目可能采用不同的考核方式，包括社会实践总结报告的评阅、实践团队成果的答辩以及主题汇报等。评估团队通常由大学生辅导员、团干部、思想政治理论课教师、实践经验丰富的专业课教师和党政干部等组成。

成绩考核的目的是对学生在社会实践中的表现进行客观评价，以确定他们是否达到了既定的实践目标和要求。考核结果可以是分数或等级，有时还可以计入学生成绩单或《大学生素质拓展证书》。通过成绩考核，学校可以鼓励学生积极参与社会实践，并为他们提供反馈和奖励。

（二）经验交流

经验交流是考评总结阶段的另一个重要活动，它包括大学生之间的经验分享以及社会实践工作经验的研讨。大学生之间的经验分享通常在学校团委组织的主题活动中进行，各个社会实践队代表在这个阶段分享和交流他们在社会实践中的心得和收获。这种交流有助于学生之间互相启发和借鉴，分享成功经验和解决问题的方法。

社会实践工作经验的研讨由学校社会实践工作组组织，邀请思想政治理论课教师、学生辅导员等参与。这些研讨会有助于不同团队之间的经验学习和互相借鉴，促进了社会实践工作的不断改进和提升。经验交流也可以促进社会实践的可持续发展，为未来的活动提供有益的经验和教训。

（三）成果转化

成果转化是将学生在社会实践中获得的知识和经验应用到实际生活和学业中的过程。高校应该提供支持和机会，鼓励学生将实践成果转化为学术研究、创新项目、社会服务等形式。这可以通过发表论文、参加竞赛、与实践基地合作解决实际问题等方式来实现。

成果的深化延续和宣传推广也应得到充分关注。学校可以设立学生社会实践成果展示平台，让学生展示他们的研究成果和创新项目，与其他学生和教师分享他们的经验和成就。这有助于激励更多的学生参与社会实践，并将其成果应用到更广泛的领域中。

（四）先进评比

先进评比是激励学生积极参与社会实践的方式之一，旨在表彰和奖励表现优秀的个人、团队和指导教师。奖项可以包括社会实践先进个人、社会实践优秀团队、社会实践先进工作者、社会实践优秀指导教师、社会实践先进组织单位等。评比过程要注重过程性，将评选的过程与经验交流活动相结合，以便学生在参与评比的过程中得到教育和启发。通过评比，学校可以树立表率，激励更多的学生积极参与社会实践，并为他们提供表彰和奖励的机会。这有助于推动社会实践工作的开展和提升，培养更多的社会责任感和公民意识。

（五）总结表彰

在考评总结阶段的后期，学校和各院系应该组织工作总结会议，以全面审视社会实践工作的得失和实践成果，分析存在的问题和不足。学校应该组织工作总结表彰大会，将工作经验系统化总结，对先进个人进行表彰，并规划未来的实践工作方向和目标。

总结表彰会议通常会邀请学生代表、教职工代表和相关领导出席，共同总结社会实践工作的成果和经验，分析工作中存在的问题和挑战。会议为获得先进荣誉的学生和指导教师颁发奖项，以嘉奖他们在社会实践中的杰出表现。此外，总结表彰活动也是一个展示社会实践成果的机会，通过展示研究成果、创新项目和社会服务成果，学校可以向外界展示社会实践的影响力和价值。

总结表彰不仅为学校提供了机会评估社会实践工作的质量和效果，还能够激发更多学生的参与热情，提高社会实践的质量和水平。通过总结表彰，学校可以为社会实践提供更好的组织和支持，为学生的综合素质教育提供更多有力的保障。

总结表彰阶段也是规划未来社会实践工作的关键时刻。学校可以通过总结和反思过去的经验，明确未来社会实践工作的发展方向和目标。这可能包括选择更有针对性的社会实践项目、拓宽合作渠道、提升社会实践的学术价值、深化社会实践成果的应用等。总结表彰活动可以为学校制订未来社会实践工作的发展策略提供有力的参考。

知识拓展

大学生社会实践构建动态监控体系，落实全过程管理

大学生社会实践是周期性活动，也是内容复杂的系统性工程。从大学生报名到实践，再到总结报告，需要经历诸如活动计划、信息反馈、宣传报道、总结表彰以及撰写实践报告等诸多环节和流程。对此，对大学生社会实践项目的管理，也应该构建一套动态的监管体系，落实全过程管理，充分保证大学生社会实践项目管理水平。

大学生社会实践动态监控体系，将从活动前、活动中和活动后三个方面来开展和落实。在活动前，主要进行活动准备、制度建构、团队建设、方案设计和人员培训五项工作。活动准备即成立大学生社会实践项目领导小组，募集活动资金，规划活动时间和人员规模；制度建构是为大学生社会实践活动设立专门的制度章程，具体包括管理制度、激励制度、考评制度等；团队建设，则是针对活动的具体要求和内容来选拔和组建活动团队；方案设计是指针对社会实践活动设计科学的活动方案，结合前期的实地调查和评估，合理安排活动内容、活动形式等；人员培训就是为保社会实践活动的顺利实施，对团队成员和管理人员实施定向培训，包括安全救援培训、调查宣传培训以及社交礼仪培训等。

在活动中，主要进行检查督促、信息反馈和宣传报道三项工作。检查督促在大学生社会实践管理中意义重大，是确保社会实践活动目标顺利实现的重要手段。检查督促工作由学校社会实践管理人员采取多种方式，针对学生的方案和计划进行监督和考查。信息反馈，主要是就社会实践活动中的影响因素和意外情况予以检查和反馈。特别是对社会实践活动开展过程中所出现的各种不可控问题，应及时反馈给院校相关管理机构和人员，以便开展相应的补救和处理工作。宣传报道，则是对大学生社会实践中的活动图片、影像资料等通过新闻媒体进行跟踪报道，以扩大社会实践影响面。

在活动后，主要进行总结表彰和总结提升两项工作。总结表彰，即学校就大学生社会实践结果进行总结，认真分析大学生社会实践活动的表现和成果，并对社会实践中的先进事迹、优异表现和杰出成果进行展览，以加大社会实践活动的宣传力度。针对在社会实践活动中有突出表现的学生、指导老师和团队等，应给予相应的嘉奖和鼓励。总结提升，就是对大学生在社会实践中的活动表现和实践报告进行收集、整理和评估，指出大学生社会实践中存在的问题和不足，并通过成果鉴定和发布，以及师生研讨等形式帮助学生正视个人问题，同时为学生争取相应的国家级基金支持和奖励。

（资料来源：张凤玲. 大学生社会实践项目管理研究[D]. 青岛：青岛大学，2018.）

课后习题

1. 根据本节的内容，绘制一个大学生社会实践项目从选题确定到考评总结的完整流程图，并简要说明每个步骤的主要任务。（参考：项目的选题的确定至考评总结）
2. 假设你负责一个社会实践项目的资源准备阶段，根据书中的指导，列举出你需要准备的三项关键资源，并说明它们对项目成功的重要性。（参考：资源准备）
3. 在涉及实验和数据收集的科研类社会实践项目中，团队应如何确保实验的操作准确性和数据分析的科学性？（参考：实践活动的执行）

第三节　大学生社会实践活动开展

一、社会实践的临行准备

（一）自我调整

在大学生社会实践之前，自我调整至关重要，以迎接挑战多、复杂性高的实践环境。这需要在思想、身体和团队方面做好准备。

思想准备：大学生需转变理想化思维，了解实际国情，尊重劳动者，融入社会环境。他们需要认识到自身是社会一员，而非旁观者。

身体适应：健康的身体是成功实践的保障，需调整作息、饮食习惯，加强锻炼以保持最佳状态。

团队建设：明确团队目标、分工明确、领导协调能促进团队合作。只有高效和谐的团队，才能成功完成实践任务，积累宝贵经验。

（二）物资准备

1. 个人必备物品

在参与社会实践之前，大学生需要做好一系列的准备工作，以确保自身的安全、健康和舒适。这些准备工作包括携带必备物品，以应对各种可能出现的情况，保障实践活动的顺利进行。必备物品包括身份证明文件、基本药品和急救工具、衣物和鞋类、个人卫生用品、充电器和电子设备、现金和银行卡、导航工具等。

2. 实践材料

社会实践通常需要特定的实践材料，以便顺利完成任务和达到既定的实践目标。这些材料的准备需要提前规划和组织。一些常见的实践材料包括：

调研工具：问卷、访谈提纲、观察记录等，用于数据收集和分析。

教育材料：教科书、幻灯片、教案等，支持教育培训活动。

实验设备：实验器材和试剂，确保科学实验的可行性和准确性。

艺术材料：音乐、舞蹈、绘画材料，助力文化交流和艺术展示。

媒体工具：摄影、摄像和录音设备，记录和宣传活动。

食品和饮品：保障团队成员在实践中的健康和活力。

3. 经费与财务

在进行社会实践时，经费财务管理至关重要，涉及社会实践的基本经费、活动经费和非常规经费等多个方面。

基本经费管理：用于交通、食宿和保险等固定成本。建立详细预算计划，列出每位参与者的费用，确保不超支。设立严格的审批制度，明确费用批准流程，保留所有收据并确保透明度和准确性。

活动经费管理：用于支持具体项目，如调研和义工活动。制订合理预算，评估材料、设备和人力开支。每笔经费需要符合团队目标并经过批准，确保合理使用和最大化效益。

非常规经费管理：来自赞助、捐赠和募款，支持特殊需求。制订清晰的筹款和资金使用计划，确保合法合规。保持透明度，向赞助商报告项目进展和经费使用情况。

团队需建立财务管理制度和流程，确保每笔经费合理运用，实现社会实践价值的最大化。同时，设立财务团队监督和审核，确保管理严谨性和稳定性，培养学生的财务管理能力和责任感。

（三）联系单位

在社会实践过程中，与合作单位进行联系和互动是一个不可或缺的环节，确保联系单位的合作能够顺利进行至关重要。实践团队应该注意一些事项，以确保合作伙伴的联系顺利进行。与合作单位的联系通常可以通过主动联系和他人介绍这两种主要途径来实现。

明确项目目标和需求：团队需清晰了解项目的目标、问题、期望结果和所需资源，以便有效沟通，确保合作方向一致。

建立有效的沟通渠道：团队应建立良好的工作关系，确保信息传递准确、及时。定期沟通会议、电子邮件、电话和紧急联系方式都是必备工具，提高合作效率和质量。

联系实践单位一般有以下两个主要途径：

主动联系：团队可通过互联网搜索、社交媒体、行业活动和会议主动寻找潜在合作伙伴，推动合作发展。

他人介绍：寻求学校老师、相关部门和校友网络的帮助，利用他们的资源和人脉，建立信任关系，促进合作。

二、社会实践的资料留存

资料留存是确保社会实践项目持续发展和提高质量的关键。合理的资料记录可以用于评估项目效果、总结经验教训、制订改进方案，并为项目的未来发展提供支持。以下是一些应该留存的重要资料。

（一）项目方案和计划书

项目方案和计划书有助于明确项目目标和任务。在项目开始时，团队需确定背景、意义、问题及期望成果，确保目标明确、可衡量。方案和计划书提供详细的项目计划和时间表，帮助团队制订工作计划，明确每阶段任务和时间要求，确保项目按计划推进。

此外，项目方案和计划书有助于资源分配和预算制订。团队需评估所需的人力、物力和财力，合理分配资源，制订详细预算，确保项目经济可行。项目方案还明确了团队成员和职责分工，促进协作和沟通，避免混乱。

项目方案和计划书也是管理和监督工具，为评估项目进展提供标准框架，并支持外部审查。通过精心编制和遵循这些文件，团队能更好地管理和执行项目，确保项目顺利完成，提高社会实践项目的质量和效果。

（二）实践工作日志

实践工作日志是记录社会实践活动的基础工具，每日记录工作内容、进展和经验是大学生的基本责任。无论学校要求与否，实践工作日志有助于监督项目进展、回顾经验，并为将来提供参考。

实践工作日志格式通常固定，包括时间和事件，按日期顺序记录。这种一致性便于管理和查阅。实践工作日志应准确反映事实，而非主观评价，确保真实性，为后续分析提供客观材料。

记录时，需注意每日一记，避免事后补记以确保时效性和准确性；记明要点，特别是时间、地点、人物和处理结果，避免遗漏；突出重点，避免流水账；妥善保存日志，电子版要定期备份，纸质版要保持整洁。

实践日志帮助监督进展、反思经验、支持报告和总结，大学生应养成记录习惯。

（三）会议记录或讨论纪要

会议记录和讨论纪要是确保团队合作有效、决策清晰的重要文件。会议记录应包括会议基本信息，如时间、地点和主持人，以确保追溯性。列明参会人员名单，有助于了解身份和职责，建立透明沟通渠道。详细记录议程和时间分配确保全面讨论，明确演讲人和主持流程。讨论和决策内容要包括各方意见和最终决策，为追溯和解释提供依据。明确行动项包括任务、截止日期和责任人，以跟踪实施进度。特别记录讨论中出现的问题、观点和解决方案，包括未解决问题的下一步计划。

（四）实践单位评价意见

社会实践结束后，要收集和保留实践单位的评价和鉴定意见，这不仅是对实践活动的认可，也是重要的实践证明材料。评价意见代表着实践单位对活动的态度和真实性的认可。一些学校要求获得实践单位的评价作为证明，这有助于确保活动的合法性。然而，一些学生可能采取欺骗方式，损害了诚信原则。解决这些问题需要学校加强监管，建立严格的审核程序，同时提高学生的诚信意识和对实践活动真实性的认识。

（五）照片和视频

照片和视频资料在记录和传达信息方面与文字方式相比有着显著的差异，各自具备独特的特点和优势。照片和视频能够以更生动、更直观的方式呈现社会实践活动的情况，给人们带来更大的感官冲击和参与体验。

（六）采访和编写故事

记录采访和故事有助于生动展示项目的影响和意义，引发情感共鸣，提高项目的可见度和吸引力。采访是获取真实故事和见解的重要手段，涉及与项目参与者、受益人、志愿者等人互动，建立信任关系并记录他们的观点和体验是关键。编写故事则是将采访内容以生动方式传达给观众，从而引发情感共鸣，激发关注社会问题的兴趣。在采访和编写故事时，需要提前准备、建立信任、运用有效提问技巧、及时记录和整理素材，并编写引人入胜的故事以增加吸引力。

（七）统计数据和分析

统计数据和分析有助于量化项目的社会影响和效果，为项目提供客观的衡量标准和改进方向。数据收集包括确定需要收集的数据、制订收集计划和确保标准化。以下是有关统计数据和分析的讨论：

数据收集和整理：项目团队需要明确收集哪些数据，包括参与人数、覆盖范围等，以确保数据准确性和标准化。数据收集的方法包括问卷调查、现场观察等。

数据分析方法：常见的数据分析方法包括统计分析、质性分析和内容分析等。具体的分析方法将根据项目的性质和数据类型而异。

数据可视化：将统计数据可视化是向利益相关者传达项目结果的重要途径，可以使用图表、图形等方式展示数据。

评估项目对社区和利益相关者的影响也是重要的，可以包括提高生活质量、社会参与度等。通过收集反馈和建议，项目团队可以改进项目，提高其质量和效果。最后，向利益相关者提供透明的报告，详细介绍数据收集和分析过程，有助于建立信任，让他们了解项目的进展和成果。

（八）预算和财务记录

预算和财务记录是确保项目的经济责任和可持续性的因素。这两个方面的管理需要详尽而准确，以确保项目的财务状况良好并保持透明度。项目团队需在启动前制订详尽的预算计划，涵盖活动、材料、人员、宣传等费用，充分考虑项目规模、周期和潜在变动。准确记录项目的支出和收入是关键，包括详细的费用和资金来源，如活动费用、采购清单、工资、捐赠、赞助、政府拨款等。这些记录确保财务透明度和责任感。定期监控预算情况，比较实际支出与预算的差异，及时采取措施，如重新分配资金或寻找额外资金来源，以避免财务问题。

三、社会实践活动的宣传与推广

社会实践活动的宣传与推广是将实践成果转化为社会影响力的关键步骤。遵循宣传与推广的原则、方法和途径，让大学生能够更好地展示实践活动的价值和意义，引导实践活动走向积极向上的方向。

（一）宣传与推广的原则

坚持诚信：社会实践宣传要诚实可信，避免夸大事实或虚假宣传，以保持个人和团队的信誉。

有序宣传：内外结合，先校内后校外，确保宣传有序展开，提升影响力。

紧扣主题：宣传内容围绕实践主题展开，讲好故事，突出实践活动的核心意义。

客观评价：保持客观公正的态度，不夸大事实，不随意编造信息，确保宣传真实性。

建立长期影响力：制订可持续的宣传策略，持续更新实践进展和成果，积极回应受众反馈，确保宣传持久吸引力。

（二）宣传推广的方法和途径

大学生社会实践活动的宣传推广通常采用学校内部宣传和校外媒体报道两种主要途径。

1. 学校内部宣传

学校内部宣传是社会实践活动的首要推广途径，利用校内媒体资源向师生传达实践成果。优点在于确保广泛传播和提供可靠平台。注意事项包括：规范新闻写作，突出活动要素和价值；确保及时报送新闻以利用时机；审核稿件并接受反馈意见以确保准确和吸引力；宣传导向要正面，突出社会意义。

2. 校外媒体报道

校外媒体报道是向校外媒体推荐实践活动进行报道，可获得更广泛社会关注。注意事项包括：建立媒体联系，介绍活动亮点；提供详细信息，包括背景、目标、过程、成果；确保信息质量高，提供清晰照片、视频、采访材料；与媒体合作，积极沟通、回应问题，以确保报道成功。

四、社会实践的安全与礼仪

大学生积极参与社会实践，希望能够顺利而安全地完成这一过程。然而，社会实践与大学生活存在显著差异，对于许多大学生来说，这可能是他们第一次真正独立面对"独立生活"。由于缺乏社会经验和生活自理能力，大学生可能会在社会实践中遇到一些不必要的麻烦。因此，在实践过程中，有必要特别关注安全与礼仪这一行为准则和规范，尤其是安全，因为它是社会实践的关键。

（一）社会实践中的安全防范

社会实践的安全防范至关重要，要确保没有危险或威胁。大学生在社会实践前应接受安全教育，掌握基本的安全知识和应急技能，并制订安全预案。与此同时，与家长和指导教师沟通，获得支持和建议，保持联系，尤其在突发情况下。购买意外伤害保险也很重要。

交通安全：大学生在社会实践中务必注意交通安全。选择合法、安全的交通工具至关重要，避免乘坐非法或超载车船。严格遵守乘载规定和安全要求，服从工作人员管理。在突发意外时，知道应急程序，如紧急停车、寻找避难地点，以及了解救生装备和安全程序，可以拯救生命。

财物安全：大学生需注意财物安全，避免人多拥挤处成为扒窃目标。采取"三忌""四不"原则：不忌拥挤、不露贵重物品、不独自旅行；不慌张混乱处、不进僻静地、不参与拥挤、不接近可疑人。随身携带重要证件、文件，使用电子支付，避免佩戴过多贵重首饰。加强财物保管，不将行李交给陌生人，使用锁链固定行李，如遇可疑情况应及时报警并配合调查。

投宿安全：大学生在社会实践中的住宿安排需要谨慎，无论选择亲友住处还是旅馆酒店，都应确保安全合法。与亲友住宿时，提前联系并尊重规定；选择旅馆酒店时，要确保其合法性和周边环境安全，并保持警惕。在团队实践时，尽量集体居住以相互照应。

疾病预防：大学生在社会实践中常面临健康问题，如水土不服、中暑、酸过多症、传染病等。预防措施包括适应新环境、定期休息、保持饮食卫生、携带合适衣物等。应对措施包括适量运动、补充水分、及时就医等。避免晕车、晕船可通过药物缓解，闭目休息，选择通风良好位置。

生产安全：大学生在社会实践中前往工厂和企业实践时应遵守安全规定，如遇安全隐患应立即停止活动。接受安全培训、遵守操作规程、正确穿戴防护用品是关键。例如，发生事故，应冷静处理，及时通知相关人员并采取急救措施。

交友安全与滋扰防范：大学生在社会之间社交中，应保持礼貌但警惕，不轻信陌生人，谨慎建立新的社交关系。提高警惕，平等对待，不轻易交换联系方式或接受约会邀请。特别注意女性大学生应避免独自外出，果断拒绝陌生人的挑逗。防范滋扰，保持冷静应对，及时报案，不轻易采取暴力行动。注意留意证据，避免危险局面升级，寻求合适的逃离方式。

野外安全与突发意外：社会实践中的户外活动存在安全隐患，尤其在野外环境。为确保安全,要注意以下几点。了解环境,准备充足:详查实践地环境,携带必要装备和衣物。避免前往安全不足区域;集体行动,量力而行:与团队行动,保持平稳步调,并注意彼此安全;避免迷路,防侵害:选择已有路线,避免暴露在野外,警惕毒蛇等;应对突发情况,如气象灾害和公共事故,应及时求助并采取适当行动。

(二)社会实践中的权益维护

在社会实践中,大学生面临着多方面的权益挑战,特别是在与社会各界人士打交道时。缺乏社会经验使他们容易成为潜在受害者,导致个人权益受损。而一旦遭受损失,大学生通常会认为通过法律或其他途径解决问题过于烦琐,只视为一次教训。为防范此类风险,大学生在社会实践中必须树立清晰的权益保护观念,提前做好准备,保持警觉,依法行使权利,防范潜在的侵害,积极捍卫自己的权益。

以下简要介绍了预防社会实践中权益侵害的方法。

人身权益:大学生需要保障人身健康和自由活动权益,避免过强体力劳动和限制人身自由的工作,应注意防范性骚扰;女性应避免过于暴露着装,不与陌生人过于亲近或接受夜间约会邀请。

劳动权益:谨慎选择用人单位,避免与非法中介打交道。不应支付押金或质押证件,应要求签订用工协议,明确双方权益和义务,确保权益得到保护,减少被欺诈的风险。

名誉维护:在社会实践中,大学生的行为影响个人、学校及整个学生群体形象,甚至国家形象。维护名誉至关重要,应警惕被利用,防范代理劣质产品。同时,保持尊严,对待用人单位歧视性言论或侮辱行为需自我保护。

(三)社会实践中的礼仪

中国作为一个具有悠久历史文化的国家,被誉为"礼仪之邦"。礼仪一般指社会交往中被广泛接受或约定俗成的各种表现尊重他人的规范。大学生在社会实践中应当遵守社交礼仪,实现内外一致,言行相符。

礼节和礼貌可以被视为广泛交流的推荐信。通过学习相关礼仪知识,大学生可以在社会实践中确保令人感到舒适和得体。礼仪的核心在于尊重他人。正如苏霍姆林斯基所言:"只有尊敬他人的人才有权受到他人的尊敬。"礼仪的学习和实践的关键在于自我约束。在社会实践中,注意礼仪具有以下作用:首先,有助于维护个人形象。大学生在社会实践中表现得体,往往会给人留下深刻而积极的印象。由于社会实践活动的特殊性,大学生在特定场合的礼仪形象通常被视为代表学校、学生群体甚至国家形象。其次，有助于促进交往，改善沟通效果。在社会实践中通常涉及不同领域、地域和文化的人际交往，遵循礼仪有助于相互理解，增进交流效果，从而促进社会实践活动的顺利进行。

知识拓展

大学生社会实践应对突发事件应急处理流程

突发事件具有紧迫性、破坏性等特点，要求社会实践团队必须在有限的时间内作出决策，找到合理有效方案并付诸实施。确定合适的应急处理流程，对于构建突发事件应急处理机制、指导大学生有效应对突发事件有着至关重要的作用。根据突发事件发生的阶段性特点，结合自身参与社会实践团队的情况，提出社会实践应急处理流程如图所示。

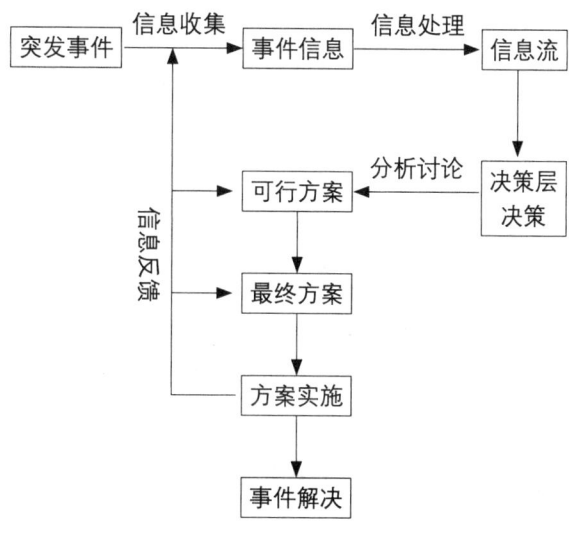

突发事件应急处理流程图

突发事件一旦发生，实践团队根据实际情况立即组建应急小组，确定决策层。实践团队决策层是指实践团队中有一定威信度的具有较高综合素质、较完善知识和较丰富经验等品质的人群组成的集体，一般由实践团队指导教师、实践队的队长组成。决策阶层除了应具有正确的决策能力，还应对实践队员的性格特点、能力潜质等都有充分的了解，并对突发事件的种类、特点、应急等知识有良好的掌握突发事件发生之后，在确保实践队员安全且情绪稳定的前提下，实践团队决策层须冷静分析情况，根据突发事件情况确定应对方案。突发事件应急处理流程十分复杂，但可分为以下四个阶段。

一、信息采集处理阶段

突发事件的发生，通常伴随各种相关信息的传播。实践队员首先要通过各种途径搜集有关突发事件的信息，其次要对搜集的信息理性分析，做第一步过滤处理，最大限度

上确保客观、真实、有用的信息流入，为下一步决策阶层理性分析、合理决策定坚实基础。信息一旦处理不合理，不但会伴有不良信息流入到决策阶层，造成决策失误，还可能会影响队员情绪，使整个团队形成压抑、悲观气氛。

二、决策层讨论阶段

信息采集阶段过滤处理后的信息流入到决策阶层，决策阶层将根据自身知识和丰富经验对信息做第二步过滤处理，筛选最有价值的真实信息。决策层根据处理后的信息分析判断当前形势，有见解性地提出亟须解决的问题，通过头脑风暴等有效讨论方法针对具体问题提出相应措施，综合当前形势制订出合理预案。此过程中，决策阶层应沉着冷静、有条不紊地进行预案制定，切忌慌乱和过度争执。

三、最优方案分析阶段

在数套预案中，选择最终方案是最关键也是最困难的一步。面对紧迫、严重的突发事件，能否正确地选择和执行最优方案关乎整个团队和每个队员的利益，最终方案选择不合理会致使整个团队在突发事件面前损失惨重，个人安全得不到保障，并且会使选择方案的集体或个人遭受着外界质疑和非议，背负着沉重的心灵包袱。最终方案选择，可整合多方意见进行最优化分析，但是在一些非常危急的情况下，需要采取非常规手段对最优方案作出选择。在方案选择的整个阶段，决策层要既能听取其他人意见，也要有果断决断的能力。

四、方案实施及反馈阶段

最终方案能否正确及时的实施直接关乎能否成功地应对突发事件。方案实施过程需要整个实践团队团结一致，按既定的决策及时有效地付诸行动。在方案实施过程中的信息收集和反馈能够及时帮助决策层了解事件进展情况并作出适当的调整。突发事件的发展一般难寻规律，能否有效控制事件发展，方案实施过程中的信息反馈显得极其重要。有些突发事件的连锁反应很多，形势极易在短时间内发生未知变化，这就要求反馈信息要快速而准确，决策层也需要对突变的情况作出判断，及时实时制订应对方案。

〔资料来源：吴磊，唐念行，田宇.浅析如何应对大学生社会实践过程中的突发事件[J].高教论坛，2013（11）.〕

课后习题

1. 在准备个人必备物品时,大学生应该带哪些物品以确保实践活动顺利进行?请结合具体实践场景说明。(参考:团队组建基本原则和主要形式)
2. 关于社会实践的宣传与推广,可以采用哪些策略?(参考:社会实践的宣传与推广)
3. 在社会实践中,大学生可能面临哪些安全隐患?应该如何防范?(参考:社会实践的安全和礼仪)

第五章 大学生社会实践基本技能

大学生进行社会实践时，如果未掌握必要的方法和技能，那么实践活动就可能变得盲目且低效，实践所得到的结论也可能不规范、不科学。只有掌握好社会实践的方法与技能，实践过程才能符合认知规律。

本章的主要内容是关于大学生社会实践的方法与技能。包括文献查阅与信息检索、问卷设计与调查、数据的处理分析以及报告的写作与规范四个部分。

第一节 文献查阅与信息检索

文献查阅与信息检索是研究中不可或缺的一个环节。文献查阅是指在确定选题后，对选题所涉及研究领域文献进行广泛阅读，并对该领域的研究现状、新水平、新动态、新技术、新发现、发展前景等内容进行综合分析、归纳整理和评论，并提出自己的见解和研究思路。因此，文献查阅与信息检索要求研究者具备两种能力：对某一领域或关于某一问题的文献资料系统综合与提炼的能力；对前人观点作出叙述与评论的能力。

一、文献查阅与信息检索的主要目的

从知识内容看，文献就是通过一定记录方式记录在一定物质载体上的知识；从物质载体看，文献就是用一定记录方式记录下知识内容的一切物体。文献是人类知识的结晶，也是人们获取知识的重要途径。按照不同的标准，文献可做许多不同的分类。按照物质载体的不同，可分为甲骨文献、青铜文献、竹木简牍文献、布帛文献、纸张文献以及胶卷文献、磁带文献、光盘文献等。按照记录技术不同，可分为手工型文献、印刷型文献、感光型文献、录制型文献、网络文献等。按照加工深度不同，可分为零次文献、一次文献、二次文献、三次文献等。按照资料来源不同，可分为个人文献、社会组织文献、大众传媒文献和官方文献。

知识的积累是一个从无到有、由少积多、由部分到整体的过程。从外部视角来看，如果将某一领域的知识集看成是一个圆圈，相关研究成果越多，则圆圈的半径也就越大。相关研究成果不断发表的过程就是圆圈总面积不断扩张的过程。从内部视角来看，在这个大圆圈中还囊括了众多大小不一的小圆圈，小圆圈不断地加入大圆圈的过程就是为大圆圈边界扩张增加贡献效力的过程。值得注意的是，这些小圆圈在大圆圈中的布局并不是彼此之间完全独立没有交点的关系。因为一篇研究成果的发表必定会受到相关文献的影响，必定会获得相关研究成果和理论的支撑，没有一篇文章是完全独立于相关领域所有文献而被独自创造出来的。另外，这些小圆圈在大圆圈中的布局也不是彼此之间完全重合、相互并包的关系。因为完全重复性的研究对于大圆圈半径的增加量起不到任何的贡献作用，无法为相关领域带来新的知识的增量。

因此，做好文献查阅与信息检索不仅可以避免某一领域的相关研究完全分离，防止与该领域的研究成果完全偏离，还可以避免与某一领域的相关研究完全重合，防止不必要的资源浪费。

（一）促进对研究领域成果的全局性把握

通过详细的、全面的文献检索和阅读能够帮助研究者对所关注的研究领域拥有一个全局性的把握，能够为研究者系统梳理研究发展脉络、研究进展方向、最新成果状况等打下基础。例如，若研究者认为可持续创业是一个新兴、有价值的研究课题，想要探索影响可持续创业的前因变量和进行可持续创业所导致的结果变量，那么，通过文献，研究者可以发现，该主题的起源是学者有关创业与可持续发展关系的探讨。该主题中对可持续发展的定义大多数学者都遵循或改编自Dean、Cohen和Winn对可持续创业的界定。Dean等（2007）把可持续创业定义为发现、评估和开发因市场失灵损害可持续性而催生的商业机会的过程；Cohen等（2007）认为，可持续创业是可持续创业者把未来产品和服务变为现实的机会识别和开发过程，最终创造的是兼顾经济、心理、社会和环境多方面利益诉求的新价值。当前对于可持续创业的研究多关注于可持续创业者、可持续创业组织和可持续创业制度三大主题。未来研究中关于可持续创业的驱动因素、绩效评价、制度和政策研究还需要作出进一步的推进。

（二）厘清以往研究的不足与局限

在对当前相关研究领域研究成果具备整体性把握之后，文献查阅和信息检索能够帮助未来研究者发现该领域当前研究的局限性以及研究的空白。从内容上来看，能够帮助研究者很好地判断出该领域在哪些研究议题下需要进一步地深化与延伸以及该领域中的哪些研究议题的研究发展已经趋于成熟，剩余可拓展空间不足或难度较大。从方法上来看，文献查阅与信息检索能够帮助研究者辨析到目前为止各种研究方法的局限性，有助于研究者更好地对研究方法进行修正和补充。从理论上来看，能够帮助研究者进一步明晰前人理论运用中矛盾之处，确定理论的适用条件和边界。

例如，Bavik等（2018）在对道德型领导和员工知识分享进行文献回顾时发现，虽然现有研究已经证明了道德型领导对于培育员工道德上的可取行为具有积极影响，并且也有文章对于道德型领导对员工知识分享正向促进作用进行了探讨，但是忽略了着眼于道德型领导的两个子维度,即领导者是一个有道德的人和领导者是一个有道德的管理者,是否在激励员工参与知识共享方面发挥了不同的作用。并且,在现有研究中对道德型领导与员工知识分享之间的中介传导机制并不明晰。鉴于已有研究的不足与局限性,Bavik 及其合作者提出,道德型领导不仅可以为他们的追随者提供分享知识所必需的机会,还能够为他们的追随者提供分享知识所必需的动力。因此,一方面,在员工知识分享的受控动机作为中介的作用下,道德型领导可以通过实施促进道德的政策和制度(如道德准则、道德决策准则、开放的双向沟通体系、公正的奖励体系),减少限制员工之间资源共享的物质障碍,提升员工知识分享;另一方面,在员工道德认同作为中介的作用下,道德型领导可以通过角色塑造规范适当的行为,自展示他们组织的价值观和规范(如信任、友好、公平),培育员工道德上的认同感,进而提升员工知识分享。

二、文献查阅与信息检索的方法

(一)如何广泛搜索到所需文献

文献搜索的方式多种多样,下面介绍几种主流的文献获取途径。

高校移动图书馆:大多数高校都会购买各个学科的数据库,里面收藏了众多相关学科领域的文献资料,可以通过 Scopus、Web of Science、Elsevier ScienceDirect、Springer Link、Wiley、中国知网、万方等数据库进行检索搜寻。

谷歌学术和百度学术:对无法登录高校图书馆的研究者而言,还可以通过谷歌学术镜像网站或者百度学术方便地进行文献的搜寻。

 知识拓展

主要学术论文数据库和SQ3R法

1. 相关数据库

为查询学术论文,可以查找专门的数据库。

英文论文检索工具主要有:Social Science Index(SSI,社会科学索引);Social Science Citation Index(SSCI,社会科学引文索引)。

中文论文检索工具主要有:中国期刊全文数据库(CJFD)http://www.nki.net/;万

方数据资源系统http：//www.shwanfangdata.com/；维普信息资源系统http：//www.cqvip.com/。

2. SQ3R法

SQ3R法是指在阅读中依据浏览、提问、阅读、复述和复习（Survey，Duestion，Read，Recite，Review）的步骤，循序渐进，带着问题去理解文献的一种方法。

浏览：本书的内容是什么？

提问：我想知道的是什么内容？

具体在本书的什么地方可以找到相关信息？

阅读：本书是否包含了我需要的信息？

复述：我学习到了什么？

复习：有没有找到想要的内容？

我应该进一步采取哪些措施？

接下来应该深入阅读哪些材料？

（资料来源：[英]加文.费尔贝恩：阅读写作和推理[M].北京大学出版社，2009.）

（二）如何进行文献质量判断

目前国内有七大核心期刊（或来源期刊）遴选体系。

（1）北大核心：北京大学图书馆"中文核心期刊"，即北京大学图书馆与北京高校图书馆期刊工作研究会联合编辑出版的《中文核心期刊要目总览》。每4年修订一次。

（2）南大核心：南京大学"中文社会科学引文索引（CSSCI）来源期刊"，由南京大学中国社会科学研究评价中心组织评定，两年一评。他引影响因子分析，指某刊在统计当年被CSSCI来源期刊文献引用该刊前两年所登载的文章的篇次（不含该刊自引）与前两年该刊载文量之比；总被引频次指某刊被统计当年被CSSCI来源期刊文献所引用该刊创刊以来登载的文章的总篇次（含该刊自引）。结果最靠前的刊物，就是南大核心来源期刊。

（3）中国科学技术信息研究所"中国科技论文统计源期刊"（CSTPCD），又称"中国科技核心期刊"。

（4）中国社会科学院文献信息中心"中国人文社会科学核心期刊"。

（5）中国科学院文献情报中心"中国科学引文数据库（CSCD）来源期刊"。

（6）中国人文社会科学学报学会"中国人文社科学报核心期刊"。

（7）万方数据股份有限公司"中国核心期刊遴选数据库"。

进行中文文献质量评定时，用得最多的当属北大核心与南大核心。二者的关系在于：第一，二者都是一个集合的概念，北大核心的范围较广，期刊较多，北大核心的发表难度要低于南大核心；第二，北大核心目录里面有部分南大核心期刊，南大核心目录里面也有部分北大核心期刊，即存在双核心刊物。

另外，国家自然科学基金委员会管理科学部还认定了30种管理类重要期刊，其中A类22种，B类8种。

（三）如何对文章质量进行评判

在了解期刊质量如何进行判断之后，还需要将焦点放在每一篇文章自身的质量上。因为即使是发表在同一本期刊中的文章，质量也是不同的。对于特定一篇文章的质量判断方法有以下两种：客观指标判断法、主观分析判断法。

第一，客观指标判断法。该方法主要是根据每篇文章的引用率和年均引用率来判断文章的被引状况。值得注意的是，引用率代表了文章的受认可程度。虽然无法通过文章的受认可程度来直接判断文章的质量，但是作为一种间接的方式，文章引用率的大小也可以为研究者判断一篇文章的质量提供些许参考。

第二，主观分析判断法。该方法需要研究者对文献进行精细化阅读，并且对研究者能力提出了较高要求。对初学者而言，由于相关领域知识积累不足、阅读量不够等劣势，很难通过这种方式对某篇文章进行准确判断。在该方法下，研究者需要通过阅读进行考量的因素有：

（1）研究主题是否得到了清晰的论述。

（2）论述是否可信、有条理。

（3）研究是否有相关理论支撑。

（4）研究数据来源是否真实可靠。

（5）研究所使用的方法论是否恰当。

（6）研究背后的假定条件是否可行以及如何实现。

（7）研究的意义以及是否填补了研究缝隙。

三、信息检索及文献梳理

（一）阅读与筛选

在检索和收集到文献后，就要进行文献的阅读。然而，并不是每一篇文章都需要研究者进行精细的阅读。在对研究议题有一个初步的认识和判断之后，可以先对所选文章进行粗略的阅读。粗读重点是阅读摘要和结论，以便对文献的大概情况有一个大概掌握。通过摘要和结论的阅读，可以提取出文献内容是否与研究者研究议题具有相关性、是否可用；或者是否解决了本领域一个重要的疑问，推动了学科研究进展。这个过程可以帮助研究者决定是否需要对文章进行进一步的阅读，有助于帮助研究者在尽量短的时间内掌握尽量多的有价值的信息，提高文献阅读效率。如果研究者是刚开始接触某个新的领域，那可能摘要内容并不能完全理解，对这类研究者而言，应该先读文章的引言部分。一旦决定对选用的文献进行精细化阅读，便要遵循其研究的思路，了解研究的目的、方法、结果、结论、贡献与局限。

（二）分类与归纳

在做文献回顾工作时会涉及数量庞大的文献资料，我们需要从中提取有用的关键信息，并且自己创造性地进行信息加工和归纳总结。面对如此烦琐的工作，我们需要借助专门的文献管理软件（如EndNote）对诸多文献进行分类。以管理学综述为例，文章一般会涉及引言、概念、维度、量表、相关因素、影响因素、总结和展望等要素的积累。此时，我们可以借助文献管理软件（如EndNote），在软件内建立综述的这个GroupSet，里面包含了上述八个Group。当我们阅读文献时，可以将相关文章放入Group里面，这样便可以在写综述时直接从Group中定位（若需要引用该篇文章）。当然，一篇文章也可以同时加入多个Group中。在阅读文献时，如果觉得某篇文章非常重要，那么可以按照重要度给予它们评分，在撰写的过程中便可以先关注重要度高的文章。另外，文献归纳的过程在阅读文章的时候便开始进行了。这里可以借助Excel等软件，记录文献阅读中的关键信息。比如，为什么要写这篇论文（研究中的缝隙），用了什么样的模型，采用了什么理论支撑，数据、测量和方法有什么特点，得出了什么结论，未来展望如何等。这样，在未来的写作过程中，便能够快速地对所阅读的内容进行多次检索，提取所需要的关键信息。

四、文献综述撰写示例与技巧

管理学领域的文献综述形式可谓是多种多样的，具体来说，大致可以分为以下七个类型的综述写作范式，见表5-1：基于扎根理论的文献系统梳理；基于元分析的文献系统梳理；经典模型的回顾与比较；基于某一视角的文献梳理；一些新主题的概念内涵式梳理；针对某一理论或学派进行综述；理论本土化和东方管理。

表5-1　7种综述范式与举例

综述范式分类	举例
基于扎根理论的文献系统梳理	单标安，察鞠，王情.基于扎根理论的创业网络研究多视角分析与整合框构建[J]. 外国经济与管理，2011，34（2）：1-9.
基于元分析的文献系统梳理	张晓，胡丽娜.创业导向对企业绩效影响关系的边界条件研究：基于元分析技术的探讨[J]. 管理世界，2013（6）：9110.
经典模型的回顾与比较	董保宝.公司创业模型回顾与比较[J]. 外国经济与管理，2012，34（2）：1-9，26.
基于某一视角的文献梳理	王伟毅，李乾文.创业视角下的商业模式研究[J]. 外国经济与管理，2005（11）：34-42，50.
一些新主题的概念内涵式梳理	李军，杨学儒，檀宏斌.家族企业国际化研究综述及未来展望[J]. 南方经济，2016（5）：62-86.
针对某一理论或学派进行综述	董保宝.创业研究在中国：回顾与展望[J]. 外国经济与管理，2014，36（1）：73-81.
理论本土化和东方管理	亚东，符正平."水"隐喻在中国特色管理理论中的运用[J]. 外国经济与管理，2016，38（1）：3-14.

下面介绍两种常见的综述范式写作技巧。

（1）基于扎根理论的文献系统梳理：以单标安等（2011）所发表的《基于扎根理论的创业网络研究多视角分析与整合框架构建》为例。文章主要分为四个部分：引言、研究设计、不同视角创业网络研究脉络梳理和创业网络研究整合框架构建。

首先，引言部分阐明了以下五个方面的内容：创业网络定义，即创业者的社会关系网络或新企业的组织关系网络；创业网络的重要性；创业网络研究的缺陷，即就网络关系作为外部因素对新企业的影响达成了广泛的共识，但现有的创业网络研究并没有得出一致的结论；本文研究意义，即根据现有研究所取得的成果，针对现有研究所存在的不足，构建创业网络研究整合框架，可以指导未来的创业网络研究；本文研究内容，即在梳理现有文献的基础上理清创业网络研究的脉络，结合前人所提出的未来研究方向构建创业网络研究整合框架，并分析预测未来创业网络研究需要重点关注的问题。

其次，研究设计中阐明了数据的收集过程、数据的编码和提炼过程。第一，数据的收集过程包括：期刊来源，六种比较关注创业研究的SSCI来源期刊；时间跨度，2000—2009年；关键词，social capital、network、ties 等；文章总数，150多篇；纳入标准和最终样本。我们主要选取了实证类以及提出明确命题或者未来研究方向的创业网络研究文献，最终选定63篇创业网络研究文献进行编码处理。第二，编码过程中出现的问题：初级编码源自研究文献中提出的假设或者命题，相关变量并不在同一层次上，其中既有创业网络的前因变量，又有结果变量，甚至还有权变变量，致使我们无法把所有的初级编码放在一起进行归类处理。于是，我们不得不重点关注描述网络本身的相关编码，如网络结构、信任、共同语言、构建与维护时间等。其他编码比较零散，有些根本无法聚焦，我们对它们进行了有选择的提炼，最终形成了16个不重复的聚焦编码。

再次，研究基于网络相关研究内容共提炼出外部关系、合作联盟、网络结构、关系特性、认知特性、网络构建和维护、网络利用等七个聚焦编码，并且基于资源视角、关系视角、认知视角和经济视角对创业网络研究框架进行了构建。

最后，文章从现有研究文献中归纳出了影响创业网络构建和演化的因素，并总结了影响网络产出的内部变量和外部变量。文章通过剖析现有研究的不足，并关注学者们所提出的有价值的未来研究方向，构建出了创业网络研究整合框架。

（2）一些新主题的概念内涵式梳理：以蒿坡等（2017）发表的《领导力涌现研究综述与未来展望》为例。文章主要分为五个部分：引言、领导力涌现的概念及测量、领导力涌现的理论基础与路径、领导力涌现的实证研究、未来研究展望。

第一，引言部分采用层层递进的方式，指出了传统领导理论的缺陷：均将领导力视为一种垂直的、自上而下的正式模式。随着研究的发展，学者指出这种研究范式忽视了由个体员工所提供的领导力，因为领导力并不一定是由受到正式任命的个体所表现的。然后，点出了领导力涌现研究的概念，即一种由个体员工所表现出的水平的、自下而上的非正式领导力模式，强调在团队中个体成员表现出非正式领导力的过程。紧接着，作者指出了现有领导力涌现研究的不足：

- 对领导力涌现成因的研究过于单一，过多地关注个体成员的特征。
- 对领导力涌现作用效果的研究相对较少，限制了我们对领导力涌现所激发的一系列积极产出的全面认识。
- 对领导力涌现作用机制的考察缺乏系统性，妨碍了理论界对领导力涌现为什么会提高个体产出的认识，而本研究能够很好地填补上述研究中的不足。

第二，文章梳理了领导力涌现的概念，指出了本文主要关注个体层次领导力涌现相关研究。再者,通过文献梳理,总结了六种领导力涌现的测量方式:社会网络测量、基于参与到集体任务讨论中的比率来进行测量、基于正式领导者评价的测量方法、选举法、晋升比率法、排序法。

第三,文章总结了领导力涌现的理论基础:主要从内隐领导理论和期望状态理论两个视角揭示了个体领导力涌现是如何实现的。同时梳理了一个团队中个体涌现出领导力的路径,即成就路径和归因路径。

 案例链接

乡村振兴进程中新型职业农民培育的文献综述

一、国外相关研究

(一)对职业农民培育的研究

国外尚未有新型职业农民的相关提法,但是普遍重视农民职业教育,尤其是发达国家,基本已经实现农民职业化。各国结合自身国情和农业发展需要,形成了较为完善的职业农民培育体系,不仅积累了丰富的经验,相关理论研究也较为成熟。国外职业农民培育研究主要包括以下两个方面。

1. 人力资本对农业发展的重要性

17世纪,威廉·配第(William Petty, 1662)指出"土地是财富之母,劳动是财富之父"以此肯定了人类劳动在创造社会财富过程中的积极作用,被认为是人力资本投资理论的萌芽。18世纪中后期,亚当·斯密(Adam Smith, 1776)在《国富论》中第一次提出人力资本的概念,他认为一个人的能力提升多是依靠后天培养与实践,通过教育获取,花费的资本在其身上表现为一种技能,于个人而言表现为才能,于社会发展而言则是一类财富。卡尔·马克思在《资本论》中也强调劳动力教育的重要性,他认为劳动是创造社会财富的主要源泉,科学技术的进步和教育培训的投资可以提升劳动力的生产技能,而劳动者的素质水平与社会生产效率成正比。弗雷德·马歇尔(Alfred Marshall)在《经济学原理》一书中指出,"在各类投资中最有价值的是对人本身的投资"。❶被称

---

❶ Arena, R. Organization and Knowledge in Alfred Marshall's Economics[J]. London: Palgrave Macmillan, 2003: 221-239.

为"人力资本之父"的西奥多·舒尔茨（Theodore W.Schultz，1964）在其著作《改造传统农业》中将人力资本和农业经济问题相结合，直接指出增加农业人力资本投资，发展农村教育提高农民素质对于改造传统农业意义重大。❶20世纪80年代以后，美国经济学家保罗·罗默（Paul M.Romer）❷、罗伯特·卢卡斯（Robert E.Lucas,Jr）分别出版著作《收益递增和长期增长》和《论经济发展的机制》，在书中两人结合了技术增长理论，建立了人力资本与经济增长模型，进一步发展了人力资本理论。❸英国经济学家舒马赫认为，发展中国家发展后劲不足主要由农村和农民问题引起，加强对农民的教育和培训，提高农民的知识文化水平是解决这一问题的关键。John.R.Minnis（2006）针对撒哈拉以南的非洲地区的农民教育，出现发展水平不平衡、证书教育泛滥、非正规教育缺失等问题提出了若干意见，并提倡终身学习教育理念，注重技能知识的培养。❹

2. 职业农民培育的实践研究

鉴于农业人力资本投资对传统农业向现代农业转型升级的重要性，加强职业农民教育日益受到国外学者的重视。Kontogeorgos A等（2014）以希腊农业部门为研究对象，提出"New farmers"相对于传统农民在专业技能和生产效率上更具优势，为满足现代农业发展和市场竞争的需要，政府有必要加大对该群体的培育力度。❺Freedgood等（2014）的研究表明，受土地、政策、资金等影响，职业农民发展离不开政策支持。佩雷拉马等（2016）❻也在对巴西牛肉产业职业农民培育的研究中认识到，通过给予农民包括养殖技能、质量标准等在内的专业培训，以及提供金融支持等方式，政府在职业农民培育过程中发挥着重要的引导作用。❼同时，Nuthall P.L等（2017）通过对新西兰农

---

❶ （美）舒尔茨.改造传统农业[M].梁小民，译.北京：商务印书馆，2011.

❷ Romer P M. Increasing returns and long-run growth[J]. Journal of Political Economy, 1986, 94（5）: 1002-1037.

❸ Lucas, R.E., On the mechanics of economic development[J]. Journal of Monetary Economics, 1988（22）: 3-42.

❹ John R. Minnis. Non-Formal Education And Informal Economies In Sub-Saharan Africa: Finding The Right Match [J]. Adult Education Quarterly, 2006（56）: 119-133.

❺ Kontogeorgos A,Michailidis A,Chatzitheodoridis F,et al. "New Farmers" a Crucial Parame ter for the Greek Primary Sector: Assessment and Perceptions[J]. Procedia Economics,Finance, 2014, 14（14）.

❻ Fang Suwen. Research On The Cultivation Path Of High Quality Farmers[J]. Canadian Social Science, 2021, 17（2）: 53-58.

❼ Freedgood. DempseyCultivating the Next Generation: Resources and Policies toHelp Beginning Farmers Succeed in Agriculture[J]. American Famland Trust, 2014, 11（5）: 424 446.

业转型开放的实证研究，认为政府部门应该完善相关制度安排和政策支持，助力职业农民发展，但是职业农民培育必须以充分尊重农民自主选择权为前提。❶菲利普森等（2016）则认为完善一个包括农业科技推广、农产品专项检验检疫等在内的系统的农业社会化服务体系，对职业农民培育同样具有重要作用。❷琼斯P.J.等（2016）在对欧洲奶农进行相关调查研究中，指出职业奶农的培育抓住真实诉求是关键，各项举措必须与其利益诉求相符，这样才能调动其积极性。❸此外，Niewolny（2010）指出强化法律支撑也是一条促进职业农民培育的有效途径，并且许多发达国家针对职业农民培育已经出台的法案，收效颇丰❹。

（二）对乡村发展的研究

1. 乡村发展理论研究

国外学者很早就认识到乡村发展的重要性，并取得了丰富的理论成果。弗里德里希·恩格斯（1878）在《反杜林论》中首次提出城乡融合理论，他认为城乡最初是一体的，随着生产力的发展分工的出现，城乡逐渐分离并对立起来，城市开始剥削农村。随着生产力高度发达，城乡融合既是城市发展的需要也是农业农村发展的需要。❺英国学者埃比尼泽·霍华德（Ebenezer Howard，1902）在《明日的田园城市》一书中提出"田园城市"理论，他针对当时英国随着工业革命出现的人口快速增长、城市拥挤、生态恶化等城市病，认为应该建设兼具城市和乡村优点的理想城市。统一规划建设城市便利的网络系统和乡村田园景观，注重保护环境和提高农民的生活水平。❻舒尔茨（Schultz，1962）认为在国民经济中农业具有与工业同等重要的地位，其作用一点也不能忽视。忽视农业将会导致经济不平衡发展、工农阶层差距扩大、危害社会和谐稳定。❼加拿大著

---

❶ Nuthall P L. Managerial ability –A review of Irs Basis and Potential Improvement Using Psychological Concepts[J]. Agricultural Economics，2001，24（3）.247-263.

❷ Phillipson. Chiba. Impact of Farmer Field Schools on Agricultural Income and Skills[J]. Journal of International Development.，2016（25）：362-381.

❸ 于法稳，王华凤.国外发展奶业的启示与我国奶业的发展对策[J]；中国畜牧兽医文摘，2003（5）.

❹ Niewolny. Farm Out-put, Non-farm Income and Commercialization in Rural[J]. Agricultural and Development Economic，2010（3）：276-286.

❺ 马克思，恩格斯.反杜林论[M].北京：人民出版社，1999.

❻ 埃比尼泽·霍华德.明日的田园城市[M].北京：商务印书馆，2009.

❼ （美）舒尔茨.改造传统农业[M].梁小民，译.北京：商务印书馆，2011.

名学者麦基（T.GMcGee，1991）通过 30 多年对亚洲众多国家和地区的实证研究，发现城乡之间相互作用日益密切，城乡差别逐渐淡化，提出以区域全面发展为基础的城市化理论，实际就是城乡统筹协调和一体化的发展。❶

2. 乡村发展的实践研究

国外学者以城乡协调发展为目标，从不同角度对乡村发展进行了研究。托达罗（Todaro MP，1969）在研究城市扩张进程中失业率居高不下的问题时指出，通过加大投资，使农村生活环境、生产条件与城镇处于同一水平，是让农民自愿放弃拥挤的城市就业空间而回归乡村的唯一方式。❷相反，刘易斯（W.A.Lewis，1999）则认为由于农村土地有限，当农民数量超过土地承载能力，农村劳动力向城市非农产业转移将是保证工业、农业发展两不误的必然途径。❸阿里伯克（Ali Berk，2006）在进行土耳其农村发展项目对地区农业经济影响的调查研究时，指出国家农村发展项目的相关执行机构在加强相互合作的基础上，要充分考虑地区影响因素，积极采用新型农村发展方法，如乡村旅游、有机农业等，同时利用信息技术加强农民协会和工会建设。❹J.F. Gonzaga（2018）等在研究影响巴西中西部地区农业生产者采用更高水平技术实践的因素时，指出政府的首要任务应该是加大农技投资，为农业生产者提供良好的技术支持和技术培训课程。❺二战后，许多发达国家都遇到乡村衰落的发展困境，于是，纷纷对如何复兴本国乡村进行了探索，形成了许多独具特色的乡村发展模式，如韩国新村运动、日本造村运动等。

---

❶ T.GMcGee. Local Indicators of Spatial Association—LISA[J]. Geographical Analysis，1991，27（2）：93-115.

❷ 孙正林，张淑芬，2004. 托达罗人口流动模式对我国农村剩余劳动力转移的启示[J]. 学习与探索，2004（3）：86-88.

❸ 刘易斯. 二元经济论[M]. 北京：北京经济学院出版社，1999.

❹ 孟立慧. 乡村振兴与新型城镇化协同发展的现实挑战与路径选择——基于国际经验视角[J]. 西南金融，2016（04）：71-82.

❺ 左春伟，吴帅. 乡村振兴战略中绩效目标的价值与困境——基于中央和17省级区划乡村振兴指导性政策文件的NVivo质性研究[J]. 西藏大学学报（社会科学版），2019，34（2）：163-170.

二、国内相关研究

（一）关于新型职业农民的研究

自 2012 年首次提出"新型职业农民"这一概念以来，学界便对其展开了广泛的研究，研究内容主要涉及培育新型职业农民的意义、培育过程中存在的问题以及培育路径等方面。

1. 新型职业农民培育的意义

许浩等（2012）根据农业农村发展的实际和需求，认为在新形势下发展国家经济、构建和谐社会迫切需要提升农业劳动力的质量。劳动者在农业生产中的主导作用日益明显，人力资源成为现代农业的内核，加快培育新型职业农民已经成为实现农业现代化的必然要求。[1]韩长赋（2013）指出只有加快培养一代懂经营、会管理、有技术的新型职业农民，才能调动他们对农业生产的积极性，才能保证国家粮食安全，现代农业发展才能呈现另一番天地。[2]窦艳芬等（2014）调研发现农业生产合作社、龙头企业的带农能力和服务能力不断增强，但是成员中占主要部分的农民综合素质低成了最大的瓶颈，培育新型职业农民是解决农业组织化、规模化、产业化发展人才困境的有效途径。[3]倪慧丽等（2017）认为乡村旅游逐渐成为农村经济增长亮点，培育新型职业农民对加快农业转型升级、提高乡村旅游供给质量，以及留住人才推动新农村建设都具有重要意义。[4]赵春江等（2018）在乡村振兴战略背景下，强调在一定程度上农民素质的高低决定了乡村振兴的水平与质量。[5]因此，加快新型农民职业能力培育是农村建设、农业发展、农民增收和乡村振兴的最迫切要求。

2. 新型职业农民培育中存在的问题

刘西涛（2016）从现代农业发展的视角分析新型职业农民培育过程中的问题，他认为新型职业农民培育面临的困难主要来自外部和制度层面，表现在政府缺乏合理规划、

---

[1] 许浩，郭俊霞. 乡土社会中的面子观与乡村治理[J]. 中国社会科学，2012（8）：147–160.
[2] 韩长赋. 加快培养支撑农业农村经济发展的高素质劳动者[N]. 农民日报，2013-05-30（003）.
[3] 窦艳芬，姜岩. 新型职业农民生成环境的几个问题[J]. 中国农村经济，2014（10）：61–69.
[4] 倪慧丽，王慧慧. 乡村振兴战略初期新型职业农民多元主体重塑[J]. 经济与管理，2017，34（3）：62–69.
[5] 赵春江，赵英霞. 浅谈乡村振兴战略背景下新型职业农民职业教育[J]. 农村经济与科技，2018（16）：194–195.

投入资金不足、部门协同机制不健全、基础设施不健全、基层政府不重视等方面。培育内容和形式单一是另一重要制约因素；培育对象范围小，覆盖面不足；培育手段和方式僵化等都影响着新型职业农民培育的成效。❶颜廷武等（2017）通过调查分析新型职业农民培育的制约因素，从供给侧层面来看，我们需要克服以下几个问题：首先，责任主体不明确，培育工作流于形式。其次，农村劳动力文化素质低，未能准确认识培育重要性。最后，农民培育准入门槛低，导致市场竞争力不足。❷于莎等（2018）基于内生发展理论指出，新型职业农民作为空心村治理主体，当前主要存在农民群体主动学习的意愿不强、培育内容与对象需求不符、培育方式有待创新、师资队伍不强等问题。❸

3. 新型职业农民培育实施路径

卓炯等（2017）指出新型职业农民培育途径包括两类：一是学历教育，一是在职培训，职业院校应发挥其主体作用。在培育主体上，充分发挥农业院校和科研机构的作用，扩大高等农业职业教育比例。在培育方式上，产学研结合，突出实践教学的重要性。在培育内容上，与单纯技能培训相区别，强调综合能力提升。在就业政策上，鼓励具有高学历、高素质的年轻人成为新型职业农民。❹王兴等（2017）认为新型职业农民培育的路径和模式应与信息化技术结合。需要加强农村信息化基础建设，以当地需求为导向，基于信息系统搭建的远程教育、在线课堂等创新新型职业农民培育途径。❺马建富，黄晓赟（2017）从新型职业农民培育的公益性要求分析，认为开展新型职业农民培训，需要构建一个由政府、涉农企业、职业院校等构成的社会支持体系，所有参与者分别扮演好自己的角色。各级政府做好顶层设计，协调参与主体利益诉求，发挥好主导作用；职业院校重点搭建多层次培育平台、创新多元化培育模式，发挥好主体作用。调动涉农企业参与全程，当好监督评价角色。发挥社会舆论作用，营造全社会广泛参与和支持的良好氛围。❻李逸波等（2018）通过调研，认为未来新型职业农民培育应关注重点对象，有效开展重点培育工程；培训内容、时间与形式必须结合农民需求；按照不同地

---

❶ 刘西涛.新型职业农民培育影响因素的计量分析——基于广州市农村固定观察点农户的调查[J].农业经济，2016（12）：39-41.

❷ 颜廷武，张露.新型职业农民培育问题及对策[J].中外企业家，2017（35）：227.

❸ 于莎，赵义情.新型职业农民培育存在的问题及对策[J].农业科技与信息，2018（6）：76-78.

❹ 卓炯，杜彦坤.乡村振兴背景下新型职业农民培育[J].教育与职业，2017（1）：101-107.

❺ 王兴，王丹霞.新型职业农民培育：地方政府的角色、困境及出路[J].探索，2017（3）：108-112.

❻ 马建富，黄晓赟.我国新型职业农民培育研究：回顾与展望[J].职教论坛，2017（12）：56-59.

区和不同类别的原则开展农业生产经营培训；加强政策法规培训和创业培训。❶

三、对国内外研究的评述

综上所述，随着城镇化和工业化的进程不断加快，发达国家也曾出现乡村人口大量流失、经济发展缓慢、城乡矛盾突出等问题，为了扭转这种颓势，各国纷纷开始了乡村复兴的实践。经过不断探索，发达国家基本都找到了乡村和城市均衡发展的出路，产生了如德国"村庄更新"、日本"造村运动"和韩国"新村运动"等许多成功案例。在这个过程中，他们不仅意识到农村人力资源开发对乡村发展的重要性，并且很早便开始了农民职业化的积极探索。经过长期发展，基本完成了本国农民职业化，并构建起了符合本国国情和需要的独特的职业农民培养体系。

国内关于乡村振兴战略的研究主要集中在十九大提出这个概念以后，产生了许多丰硕的学术成果，主要包括乡村振兴的内涵和重要性、分析可能遇到的问题、提出具体实施路径以及分析国外的实践经验。当前，国内研究整体还处在大力研究向大众宣传推广的阶段，尚未形成一个成熟的体系。因此，基于众多学者的研究成果，从乡村振兴视角出发，以马克思主义相关理论为指导，总结陕西、上海和福建等试点地区新型职业农民培育的成效和经验，分析新型职业农民培育过程中阻碍乡村振兴进程的因素，在此基础之上优化培育路径，壮大新型职业农民队伍，为乡村振兴提供充足优质的人才撑。

课后习题

1. 如何有效地使用图书馆和在线数据库进行文献查阅？
2. 如何评估文献的可靠性和权威性？

---

❶ 李逸波，周瑾. 新型职业农民培训与乡村振兴战略[J]. 当代继续教育，2018（1）：47-53.

第二节 问卷设计与调查

问卷调查法是以书面方式向被选取的调查对象提出问题的调查方法，可以认为是访谈调查法的一种特殊形式。问卷调查能较大限度地突破时空限制，便于进行数理统计分析，因此成为社会调查中最重要的资料收集方法。

一、问卷调查法概述

（一）问卷调查的基本概念

问卷调查法也称问卷法，是调查者运用统设计的问卷向受调查者了解情况或征询意见的调查方法。问卷调查法与访谈调查法有密切联系，都是通过受调查者的回答来了解情况或征询意见。

根据社会调查中使用问卷的方法，将问卷划分为两种不同的类型：一种称为自填式问卷，即由调查员发给（或邮寄给）被调查者，由被调查者自己填写的问卷；另一种称为访问式问卷，即由调查员按照问卷向被调查者提问，并根据被调查者的回答进行填写的问卷。这两种类型的问卷在设计程序、设计原则、内容与结构等方面都是相同或相似的，只是在设计方法与使用方法上有一定差别。

问卷调查法的用途十分广泛，主要体现在四个方面：一是描述状况，回答"是什么"的问题，它是人们认识社会现象的基础。二是解释原因，回答"为什么"的问题，着重揭示两种或两种以上社会现象之间的因果联系。三是预测趋势，回答"将怎样"的问题，即以描述状况、解释原因为基础，预估性地推测其发展趋势。四是评估政策，回答"实效如何"的问题，即评价或估计实施某项政策达到预期目标的程度。

问卷调查法的广泛用途决定了它的优缺点都十分明显。问卷调查法的优点有：第一，范围广泛。问卷调查法突破时空限制，在广阔范围内对众多调查对象同时进行调查，如居民生活状况调查社会结构变迁调查等，覆盖面可从一个县城到全国。第二，进行定量研究。问卷调查法便于对调查结果做定量研究，在使用计算机做统计分析工具的条件下，是一种大容量、高效率的定量调查方法。第三，匿名性强。自填式问卷的一大特点和优点是匿名性。由于调查者与受调查者不直接见面，问卷一般不署名，有利于调查者询问那些不宜当面询问的敏感问题、尖锐问题和隐私问题，也有利于受调查者如实反映真实的情况、想法和感受。第四，方便易行。自填式问卷调查，突出了时空优势，使调查双方都不必当面进行调查和回答。第五，排除干扰。问卷调查法避免了在直接调查中由于人际交往产生的偏见或误会对调查结果的影响和干扰。调查省时、省力，自填式问卷调查，与实地观察、口头访问等直接调查方法比较起来，它能够以最少投入获取最多社会信息。问卷调查法同样具有缺点。第一是纯书面形式，问卷调查法只能获得书面信息，而不能了解到生动、具体的社会情况。第二是缺乏弹性，问卷的统一设计。封闭型的问题和回答方式是固定的，都没有伸缩余地。问卷设计一旦出现重大缺陷，整个调查就将受到严重损失，甚至完全失去意义。第三是情况难明，自填式问卷调查的调查者难以了解受调查者是认真填写还是随便敷衍，是自己填答还是请人代劳，若受调查者对问卷题目选项不清楚，也无法得到指导和说明。第四是专业性强，问卷调查对调查者有比较高的知识技能要求，问卷设计要科学合理，统计分析也要掌握相关的定量统计分析知识，缺少必要的理论操作起来会很困难。其他问题还包括自填式问卷调查的回复率和有效率一般较低，对问卷无回答情况的研究比较困难，问卷调查不适于文盲和半文盲等对象。

（二）问卷的基本结构

尽管在实际调查中所用的问卷各不相同，但是它们往往都包含封面信、指导语、问题、答案、编码等部分。

1. 封面信

封面信，即一封致被调查者的短信。它的作用在于向被调查者介绍和说明调查目的、调查单位或调查者的身份、调查的大概内容、调查对象的选取方法和对结果保密的措施等。封面信的语言要简明、中肯，篇幅宜小不宜大，短短两三百字最好。虽然封面信的篇幅短小，但在问卷调查过程中却有着特殊的作用。研究者能否让被调查者接受调查，并使他们认真地填写问卷，在很大程度上取决于封面信的质量。特别是对于采用邮寄问卷的方式进行的社会调查来说，封面信的好坏对调查效果的影响就更大。因为有关调查的一切情况，都得靠封面信来说明和解释。

在封面信中，我们应该说明哪些方面的内容呢？

首先，要说明调查者的身份，即说明"我是谁"。比如，"我们是武汉市委政策研究室的工作人员，为了……"当然，调查者的身份可以通过落款来说明，比如，落款为：天津市委政策研究室"物价问题调查组"。但是，如果落款只写"婚姻家庭调查组""物价问题调查组"，而不注明具体单位，则是不妥的。因为被调查者看到这样的署名，仍不知调查者是哪里的，是些什么人，这就会增加他们的疑虑和戒备心理。因此，在这方面调查者应该襟怀坦白、大大方方，让被调查者越清楚越好。除了写清单位、组织，最好还能附上单位的地址、电话号码和联系人的姓名等，以便消除被调查者的疑虑，体现调查的正式性。

其次，要说明调查的大致内容，即"调查什么"。但要注意的是，一方面对调查内容的介绍不能欺骗被调查者，不能在封面信中说调查甲类问题，而问卷中却调查乙问题；另一方面，对调查内容的说明，既不能含含糊糊，甚至完全不谈，也不能过于详细地去谈。通常的做法是用一两句话概括地指出其内容的大致范围就行了。比如，"我们正在我市居民中进行物价改革方面的调查"，或者"我们这次调查主要想了解全市人民对我市交通问题的看法"等。

再次，要说明调查的主要目的，即"为什么调查"。对于调查的目的，应尽可能说明其对于整个社会，尤其是对于包括被调查者在内的人民群众的实际意义，而不能只谈"为了进行科学研究"等。比如："我们这次调查的目的，是要摸清我市目前市场物价的现状和存在的问题，以便为市政府制定物价改革的有关政策提供科学的依据，为进一步改善我市居民的生活服务。"

最后，要说明调查对象的选取方法和对调查结果保密的措施。对于来访和调查，一般人或多或少会存在一定的戒心。为了消除被调查者的这种戒心，应该在封面信中简明扼要地进行说明。比如："我们按照科学的方法挑选了一部分居民作为全市居民的代表，您是其中的一位。本调查以不记名方式进行，根据国家的统计法，我们将对统计资料保密。所有个人资料均以统计方式出现。"另外，还应该明确地说明："本次调查不用填写姓名和单位，答案无对错之分，请您不必有任何顾虑。"

在信的结尾处，一定要真诚地感谢被调查者的合作与帮助等。下面是一份实际调查问卷的封面信。

 案例链接

中国儿童发展中心（CCS—2002）家长调查表

亲爱的家长：

您好！首先请原谅打扰了您的工作和休息！

儿童是祖国的未来，儿童的成长和教育是家长们十分关心的问题。为了探索儿童成长和教育的规律，我们在北京、湖南、安徽、甘肃等地开展了这项调查，希望得到家长们的支持和帮助。

本调查表不用填写姓名和工作单位，各种答案没有正确错误之分，家长们只需按自己的实际情况在合适的答案上打√，或者在_____中填上适当内容。请您在百忙之中抽出一点时间填写这份调查表。

为了表达对您的谢意，我们为您的孩子准备了一份小小的礼物，作为这项调查活动的纪念。

祝您的孩子健康成长！

祝你们全家生活幸福！

北京大学

社会学系"儿童发展研究"课题组

2020年3月

2. 指导语

指导语是用来指导被调查者填答问卷的各种解释和说明，其作用和仪器的使用说明相似。有些问卷的填答方法比较简单，指导语很少，常常只在封面信中用一两句话说明即可。比如："请根据自己的实际情况在合适的答案号码上打圈或者在空白处直接填写。"有些指导语则集中在封面信之后，并标有"填表说明"的标题，其作用是对填表的方法、要求、注意事项等作一个总的说明。举例如下：

案例链接

填表说明

1. 请在每一个问题后适合自己情况的答案号码上画圈或者在＿＿＿处填上适当的内容。
2. 问卷每页右边的数码及短横线是上计算机用的，您不必填写。
3. 若无特殊说明，一个问题只能选择一个答案。
4. 填写问卷时，请不要与他人商量。

另外，有些指导语则分散在某些较复杂的调查问题后，对填答要求、方式和方法进行说明。

3. 问题及答案

问题及答案是问卷的主体，也是问卷设计的主要内容。问卷中的问题从形式上看可分为开放式与封闭式两大类。所谓开放式问题，就是那种只提出问题，但不为回答者提供具体答案，由回答者根据自己的情况自由填答的问题。简言之，就是只提问题不给答案。封闭式问题是在提出问题的同时，还给出若干个答案，要求回答者根据实际情况进行选择。比如："你最喜欢看哪类电视节目？"就是一个开放式问题。但是，当我们在这个问题下面列出了若干个答案，要求回答者选择其作为回答时，就变成了封闭式问题。比如：

你最喜欢看哪类电视节目？

　　A. 新闻节目　　B. 体育节目　　C. 文艺节目　　D. 其他节目

开放式问题的主要优点是允许回答者充分自由地发表自己的意见，因而所得资料丰富生动；其缺点是资料难于编码和统计分析，对回答者的知识水平和文字表达能力有一定要求，填答案所花费的时间和精力较多，还可能产生一些无用的资料。

封闭式问题的优点是填答方便，省时省力，资料易于作统计分析；其缺点是资料失去了自发性和表现力，回答中的一些偏误也不易发现。

根据开放式问题与封闭式问题的不同特点，研究人员常常把它们用于不同的调查中。比如，在探索性调查中则常常用开放式问题构成的问卷；而在大规模的调查中，则主要采用封闭式问题构成的问卷。

4. 编码及其他资料

在较大规模的统计调查中，研究者常常采用以封闭式问题为主的问卷。为了将被调查者的回答转换成数字，以便输入计算机进行处理和定量分析，往往需要对回答结果进行编码。所谓编码就是赋予问题的每一个答案一个数字作为它的代码，并在每一个问题的末尾处预留相应的方框，以便于将回答结果转录成数据。因此，编码也就成为问卷的一个部分。编码框一般放在问卷每一页最右边，有时还可以用一条竖线将它与问题及答案分开。

在问卷设计的同时就设计好编码，叫预编码；在调查完成后进行编码，叫后编码。有的问卷在封面会印上问卷编号、调查员编号、审核员编号、调查日期、被调查者驻地、被调查者合作情况等。样本量较小的调查，或采用手工汇总的调查，可不设编码栏。下面就是编码及编码框的一个例子。

```
1. 您的年龄：_____岁              1~2
2. 您的性别：①男  ②女              3
3. 您的文化程度：
   ①小学以下  ②初中
   ③高中      ④大专以上
4. 您每月的收入为多少？____元       5~9
```

对于第一个问题来说，一般人们的年龄都在100岁以内，故编码中给出两栏。（对于极个别大于99岁的人往往记为99岁）。第二、第三个问题都只可能选择一个答案，且答案数目小于10，故分别只给一栏。第四个问题的答案往往处于10000元之内，故给四栏。

除了编码，有些访问问卷还需要在封面上印上访问员的姓名、访问日期、审核员姓名、被调查者住地等有关资料。

二、问卷设计的步骤

（一）探索性工作

要设计一份调查问卷，第一步工作并不是马上动手去列所要调查的问题，而是要先做一些探家性工作，即先摸底，熟悉和了解一些基本的情况，以便对各种问题的提法和可能的回答有一个初步的认识。做这种探索工作的常见方式，是设计者围绕所要调查的问题，自然、随意地与各种调查对象交谈，并留心观察他们的特征、行为和态度。通过交谈，常常可以避免在设计问卷时出现许多模糊不清的问题，也可以避免设计出不符合客观实际的答案来。这是因为，当我们在交谈中提出的问题含糊不清时，回答者必然会提出疑问。而熟悉和了解各种类型的调查对象对某一问题所给予的具体回答，就为设计者根据实际情况恰当地设计出这——问题的各种答案奠定了基础。

（二）设计问卷初稿

经过了探索性工作后，我们就可以动手设计问卷初稿了。具体做法有两种：一是卡片法，二是框图法。

卡片法的第一步是根据探索性工作所得到的印象和认识，把每一个问题写在一张卡片上。第二步是根据卡片上问题所涉及的主要内容，将卡片分成若干堆，即把询问相同事物的问题卡片放在一起。第三步是在每一堆中，按合适的询问顺序将卡片前后排序。第四步是根据问卷整体的逻辑结构排出各堆卡片的前后顺序，使卡片联成一个整体。第五步是从回答者阅读和填答问题是否方便、是否会形成心理压力等角度，反复检查问题前后顺序及连贯性，对不当之处逐一调整和补充。最后把调整好的问题卡片依次写到纸上，形成问卷初稿。

框图法和卡片法不同，它的第一步是根据问卷调查研究假设和所需资料的内容，在纸上画出整个问卷的各个部分及前后顺序的框图。第二步是具体地写出每一个部分中的问题及答案，并安排好这些问题相互间的顺序。第三步是根据回答者阅读和填写问卷是否方便等方面，对所有问题进行检查、调整和补充。最后将调整的结果重新抄在另一张纸上，形成问卷初稿。

卡片法和框图法的差别在于前者是从具体问题开始，然后到部分，最后到整体；而后者相反，先从总体结构开始，然后到部分，最后到具体问题。由于前者采用卡片形式，故很容易着手进行，尤其是在调整问题的前后顺序和修改问题方面，卡片法十分方便。同时，由于每一问题散见在一张张卡片上，故又往往难于从整体上进行安排调整和修改。为了吸收两者的长处，避免两者的不足，可以将两种方式结合进行安排、调整和修改。

（三）试用

问卷初稿设计好后，不能直接将它用于正式调查，而必须对问卷初稿进行试用和修改。试用这一步在问卷设计的过程中至关重要,对于大型调查来说更是必不可少的。试用问卷初稿的具体方法有两种:一种叫客观检验法,另种叫主观评价法。客观检验法的具体做法是,将问卷初稿打印若干份,然后采取非随机抽样的方法选取一个小样本,用这些问卷初稿对他们进行调查,最后认真检查和分析调查的结果,从中发现问题和缺陷并进行修改。检查和分析的方面有以下几个:

其一,回收率。如果回收率较低,如在60%以下,就说明问卷设计上有较大的问题。

其二,有效回收率,即扣除各种废卷后的回收率。它比回收率更能反映问卷初稿的质量。因为收回的废卷越多,说明回答者填答完整的就越少,这也就意味着问卷初稿中的问题可能较多。

其三,填写错误。填写错误有两类:一类是填答内容的错误,即答非所问。这是由于对问题含义不理解或误解造成的。对于这种情况,一定要仔细检查问题的用语是否准确、清晰,含义是否明确具体。另一类是填答方式的错误,这主要是由于问题形式过于复杂,指导语不明确等原因所致。

其四,填答不完全。填答不完全的情形主要也有两类:一是问卷中某几个问题普遍未做回答;二是从某个问题开始,后面部分的问题都未回答。对于前一种情况,就要仔细检查这几个问题,分析出大部分被调查者未做回答的原因,然后改进;对于后一种情况,则要仔细检查中断部分的问题,分析出回答者"卡壳"的原因。

主观评价法的具体做法是,将设计好的问卷初稿抄写或复印若干份,分别送给该研究领域的研究人员以及典型的被调查者,请他们直接阅读和分析问卷初稿,并根据他们的经验和认识对问卷进行评论指出不妥之处。比如,我们准备进行一项有关城市交通问题的社会调查,当设计好调查问卷后,我们采用主观评价法对问卷进行试用。我们可以将复印的问卷初稿分别送到城市交通管理部门的有关人员、公共汽车公司的司售人员及交通局的交通民警等人手中,请他们从各自的角度对问卷中的问题进行检查和评论,提出他们的具体意见。

(四)修改定稿并印制

根据上述方法找出问卷初稿中所存在的问题后,逐一对问卷初稿中的问题进行认真分析和修改,最后进行定稿。在对修改后的问卷进行印制的过程中,同样要十分谨慎。无论是版面安排上的不妥,还是文字、符号上的印制错误,都将直接影响到最终的调查结果。只有经过了试用和修改,并对校样反复检查后,才能把问卷送去印制,并用于正式调查中。

三、问卷问题及答案的设计

（一）问题的形式

1. 填空式

填空式，即在问题后划上横线，让回答者直接在空白处填写。举例如下：

例1：请问您家有几口人？＿＿＿口。

例2：您的年龄多大？＿＿＿周岁。

例3：您有几个孩子？＿＿＿个。

例4：您每天上班在路上需要多少时间？＿＿＿分钟。

填空式一般只用于那些对回答者来说既容易回答又容易填写的问题，通常只需填写数字。

2. 是否式

是否式，即问题的答案只有是和不是（或其他肯定形式和否定形式）两种。回答者根据自己的情况选择其一。举例如下：

例5：您是共青团员吗？　　　　是 □　　不是 □

例6：您是否住在本市？　　　　是 □　　不是 □

例7：您家有电视机吗？　　　　有 □　　没有 □

例8：您是否赞成民主选举厂长？　赞成 □　不赞成 □

是否式这一问题形式在民意测验和市场调查所用的问卷中是用得最多的一种。其特点是答案简单明确，可以严格地把回答者分成两类不同的群体。其缺点是对于有些问题它所得到的信息量太小，如在例8中，两种极端的回答类型不能了解和分析回答者中客观存在的不同的态度层次。另一方面，这种问题形式也会使得原本处于中立状态的回答者不好回答或唯心地偏向一方。因此它在一定程度上带有强迫的性质。

3. 多项选择式

多项选择式，即给出的答案至少在两个以上，回答者根据自己的情况选择其一。这是各种调查问卷中采用得最多的一种问题形式。在设计上，这种问题形式的关键之处是要保证答案的穷尽性和互斥性。其答案的具体表达方式又有几种不同类型。举例如下：

例9：您的文化程度是：（请在合适的答案号码上打"√"）

①小学以下　　②初中　　③高中或中专　　④大专以上

例10：您的婚姻状况是：（请在合适的答案后的方框中打"√"）

①未婚☐　　　②已婚☐　　　③离婚☐　　　　④丧偶☐　　　⑤其他☐

例11：您最喜欢看哪类电视节目？（请在合适的答案后的括号里打"√"）

① 购物节目（　）　　②电视剧（　）　　③体育节目（　）

4. 矩阵式

矩阵式，即一种将同一类型的若干个问题集中在一起，构成一个问题的表达方式。举例如下：

例12：您觉得下列现象在您所在学校是否严重？（请在每一行适当的方框内打"√"）

	很严重	比较严重	不太严重	不严重	不知道
①迟到	☐	☐	☐	☐	☐
②早退	☐	☐	☐	☐	☐
③请假	☐	☐	☐	☐	☐
④旷课	☐	☐	☐	☐	☐

矩阵式的优点是节省问卷的篇幅，由于同类问题集中在一起，回答方式也相同，因此节省了回答者阅读和填写的时间。

5. 表格式

表格式，其实是矩阵式的一种变体，其形式与矩阵式十分相似。比如，与上述矩阵式问题对应的表格式问题就是：

例13：您觉得下列现象在您所在学校是否严重？（请在每一行适当的格中打"√"）

类别	很严重	比较严重	不太严重	不严重	不知道
①迟到					
②早退					
③请假					
④旷课					

表格式的问题除了具有矩阵式的特点，还显得更为整齐醒目。应当注意的是，这两种形式虽然具有简单集中的优点，但容易使人产生呆板、单调的感觉。在一份问卷中，这两种形式的问题不宜用得太多。

（二）答案的设计

由于社会调查中的大多数问卷主要由封闭式问题构成，而答案又是封闭式问题非常重要的一部分，因此，答案设计得好坏就直接影响到调查的结果。关于答案的设计，除了要与所提的问题协调一致,特别要注意做到使答案具有穷尽性和互斥性。

1. 答案的穷尽性

所谓答案的穷尽性,指的是答案包括所有可能的情况。比如,下列问题的答案就是穷尽性的。

例14:您的性别是:(请选一项打"√")

① 男　　②女

因为对于任何一个被调查者来说,问题的答案中总有一个是符合他的情况,或者说每个回答者都一定是有答案可选的。但是,如果有某个回答者的情况不包括在某个问题所列的答案中,那么,这一问题的答案就一定不是穷尽的,或者说是有所遗漏的。比如,下列问题的答案就不是穷尽的。

例15:您最喜欢看哪类电视节目?(请在合适的答案号码上打"√")

① 新闻节目　　②体育节目　　③电视剧　　④教学节目

之所以说它是不穷尽的,是因为所列的答案并不是全部电视节目种类,肯定会有许多回答者无法填答这样的问题,因为答案中并没有包括他们最喜欢的节目。比如,有的人喜欢广告节目,有的人喜欢少儿节目等。解决这类问题的办法是,在所列举的若干个主要答案后面,再加上一个"其他"类,这样,那些无法选择所列举答案的人总是可以选择这一答案的。当然,应该注意的是,如果一项调查结果中,选择"其他"栏的回答者人数相当多,那么,说明问卷中所列答案的分类是不恰当的,即有些比较重要的答案类别没有单独列出。

2. 答案的互斥性

所谓答案的互斥性,指的是答案互相之间不能交叉重叠或相互包含,即对于每个回答者来说,最多只能有一个答案适合他的情况。如果一个回答者可同时选择属于某一个问题的两个或更多的答案,那么,这一问题的答案就一定不是互斥的。例如,下列问题的答案就不是互斥的。

例16:您的职业是什么?(请在合适答案号码上打"√")

①工人　　　　②农民　　　　③干部
④商业人员　　⑤医生　　　　⑥售货员
⑦专业人员　　⑧教师　　　　⑨其他

答案中的"商业人员"与"售货员","专业人员"与"教师"和"医生"都不是互斥的。

 **案例链接**

关于大思政格局下大学生就业教育现状的调查问卷

亲爱的同学们：

你们好！我们团队正在做关于大思政格局下大学生就业教育现状的调研。恳请你们抽出宝贵时间，帮忙填写这份调查问卷！这是一个围绕"大思政格局下大学生就业教育"开展的问卷调查，问卷共有三个部分，目的是了解大思政格局下大学生就业教育现状，以便开展相关研究和寻求解决途径。本问卷将匿名进行，调查问卷的所有信息仅供调查分析。恳请大家如实填写。再次感谢你们的积极参与和合作！

基本情况

性别：A.男 B.女　　　　年龄：_____　　　学校：_____

专业性质：A.文 B.理 C.工　　年级：_____　　　专业：_____

一、大学生方面

1. 请问您来自哪个学校，哪个学院？（　　）
2. 请问您的专业班级是？（　　）
3. 请问您的性别是？（　　）
   A. 男　　　　　　　　　　B. 女
4. 请问您的籍贯是？（　　）
5. 您的就业意向是？（　　）
   A. 直接就业　　　　　　　B. 创业　　　　　　　C. 升学
   D. 出国　　　　　　　　　E. 其他
6. 您是否打算响应本省号召，留省就业创业？（　　）
   A. 是　　　　　　　　　　B. 否
7. 对于就业，您最倾向于何种性质的单位或用人单位？（　　）
   A. 政府机关或行政事业单位　B. 外资（合资）用人单位
   C. 国有用人单位　　　　　　D. 民营用人单位
   E. 其他

8. 您最期望从事的行业是？（　　）

　　A. 公务员　　　　　　　　B. 互联网行业　　　　　　C. 教育行业

　　D. 医疗行业　　　　　　　E. 房地产业　　　　　　　F. 住宿和餐饮业

　　G. 服装行业　　　　　　　H. 建筑行业　　　　　　　I. 金融业

　　J. 其他

9. 您对求职渠道的选择是？（可多选）（　　）

　　A. 校园招聘会或学校就业网　　B. 人才网站

　　C. 老师、朋友、家人　　　　　D. 其他

10. 在求职时您比较关注的因素是？（可多选）（　　）

　　A. 薪酬和福利待遇　　　　　B. 工作地点与环境

　　C. 单位发展空间　　　　　　D. 工作稳定度

　　E. 用人单位文化、工作氛围　F. 其他

11. 您对月收入的最低预期是？（　　）

　　A. 1500~3000 元　　　　　　B. 3000~5000 元　　　　　　C. 5000~8000 元

　　D. 8000~10000 元　　　　　 E. 10000 元以上

二、学校方面

12. 您觉得学校已有的就业教育相关课程能满足需要吗？（　　）

　　A. 满足　　　　　　　　　B. 基本满足　　　　　　　C. 不能满足

13. 您希望学校提供哪些方面的就业教育内容？（可多选）（　　）

　　A. 求职招聘技巧的指导　　　　B. 对就业市场、就业形势的分析与判断

　　C. 思想政治教育类的指导　　　D. 就业教育和职业道德观教育

　　E. 就业心理分析和调试　　　　F. 其他

14. 您学校在开展就业教育过程中更偏向于哪方面内容？（可多选）（　　）

　　A. 就业前目标、方向的培养　　　　B. 就业所需的专业能力的提升

　　C. 国家政策、就业形势的介绍、分析　D. 就业经验的分享

三、思想政治教育融入就业教育方面

15. 您认为有必要将思想政治教育融入大学生就业教育中？（　　）

　　A. 有必要　　　　　　　　B. 可有可无

　　C. 没有必要　　　　　　　D. 不清楚

16. 您认为将思想政治教育融入大学生就业教育中，教学效果会？（　　）

　　A.非常好　　　　　　　　　　B.有一定效果，有待提高

　　C.没有效果　　　　　　　　　D.不清楚

17. 您认为哪些因素，能影响大学生的就业教育？（可多选）（　　）

　　A.学校教育　　　　　　　　　B.社会教育

　　C.家庭教育　　　　　　　　　D.不清楚

18. 您认为应如何改进大思政格局下的大学生就业教育？（可多选）（　　）

　　A.完善思想政治教育中就业教育的内容

　　B.加强思想政治教育工作队伍的建设

　　C.创新思想政治教育方式

　　D.加强政府、用人单位、家庭、高校的合力

　　E.将思想政治教育融入专业课程、职业规划课程中

　　F.其他

非常感谢您的配合，祝您学业有成，生活愉快！

四、问卷调查的组织与实施

问卷调查的一般程序是：设计问卷、选择并培训调查员、选择并联系调查对象、开展调查和分发问卷、回收问卷并审查，最后，对问卷结果进行分析研究。

选择并培训调查员。调查员是调查过程中资料收集工作的主要承担者。选择和培训调查员，是大学生在开展社会调查中的一项重要任务。在选择调查员时，一般要考虑以下条件：诚实与认真，即不弄虚作假，开展调查实事求是，工作不马虎、不敷衍；兴趣与能力，长时间的问卷调查比较枯燥，并不是任何人都对此项工作有兴趣，即使有兴趣，还要掌握基本的调查技能拥有良好的观察能力、辨别能力和交往能力；勤奋负责，调查工作具有艰苦性，调查员要有不怕困难、不怕吃苦的精神，具有高度的责任心；谦虚耐心，这是调查员工作态度的基本要求，体现在尊重被调查者，在调查中耐心提问和回答，不对调查工作和被调查者表现出不耐烦。对调查员的培训，要做到求实、具体。开展调查员的培训，不要走过场，通过培训使调查员掌握基本的调查技能，提高对研究课题重要性的认识，以及对问卷设计指导思想和具体要求的认识，提高对如实记录受调查者回答问题的认识。通过培训调查员，能够使调查员在调查过程中对被调查者进行有

效的指导和监督。

　　选择并联系调查对象。大学生在社会实践过程中一般会选择典型对象或抽样选取调查对象。但要注意样本选择方式的合适性和代表性。比如，如果进行某地居民消费情况的调查，若只选择在固定的几个地铁站点进行问卷调查，调查对象的代表性就存在问题。在选择好调查对象之后，就要着手进行联系，如何顺利地使调查员被调查对象所接受，是调查活动必须面临和解决的问题。一般来说，联系调查对象可以有以下三种方式：一是通过相关组织机构，联系和接触被调查对象，相关组织机构可以是政府部门、社会组织，也可以是企事业单位。二是通过私人关系，调查者可以根据自己的实践选题设法联系各种熟人、朋友、亲戚、同学，然后通过人与人之间的关系打通与调查对象的联系途径。三是直接与被调查者联系，这是在其他方法都走不通时剩下的唯一途径；这时要注意几点：联系调查对象时态度应自然、平和礼貌、友善；要注意联系的方式以及时间，注意提前预约，联系一般不要在晚上、中午、周末等休息时间；要记得带上学生证和介绍信，让被调查者了解调查员的身份和调查的性质。

　　开展调查和分发问卷。开展调查是社会调查唯一的现场实施阶段，是大学生提升实践能力的重要阶段，也是获得第一手材料的关键阶段。在这一阶段，调查工作接触面最广、工作量最大、情况最复杂、变化最迅速、实际问题最多。因此，大学生在这一阶段一定要集中精力做好外部协调和内部沟通工作，力求以最少的人力、最好的质量完成调查任务，这是研究分析阶段工作顺利开展的良好基础。分发问卷是开展调查过程中的主要部分。分发问卷有多种方式，如随报投递，专人送发等等。这里主要介绍两种问卷调查和发放的方式：一是个别发送法，这是最常见的自填问卷调查方式。具体做法是：调查员依据所抽取的样本，将问卷逐个发送到被调查者手中并请合作填答，同时讲明调查的意义和要求，约定收取的时间、地点和方式收取。二是集中填答法，具体做法是：先通过某种形式将被调查者集中起来，每人发一份问卷，接着由调查员统一讲解调查的主要目的要求、问卷的填答方法等事项然后请被调查者当场填答问卷；填答完毕后再统将问卷收回。收回问卷的方式可以采用投入问卷回收箱的办法，以消除集中填答法所带来的某些心理顾虑。在某些企业、事业单位学校等地对较大数量的职工学生等进行问卷调查时，就可以采用这种方法。

　　回收问卷并审查。回收问卷是问卷调查的重要环节。一般来说，采取个别发送法和集中填答法的调查方式问卷回复率相对较高。对于回收的问卷必须认真审查，采取个别发送法和集中填答法回收问卷时，调查员发现有空缺的问题没有填写时，要咨询被调查者不填写的原因，监督填写完整。对于回收的问卷，出现回答不合格的无效问卷，要坚决淘汰。一定要把调查资料的整理加工建立在有效问卷有效答项的基础上，才能保证调查结论的可靠性和科学性。

> **课后习题**
>
> 1. 如何进行问卷预测试和修正，以确保问卷的质量和可信度？
> 2. 如何确定适当的样本大小和抽样方法，以保证调查结果的代表性和可靠性？
> 3. 如何设计合适的问卷结构，包括问题类型（开放式问题、封闭式问题、量表问题等）、问题顺序和逻辑等？

第三节 数据的处理与分析

调查研究型实践活动在完成调查任务之后,就进入了研究阶段。这是社会调查的深化提高阶段,直接影响和决定调查活动是否出成果以及成果质量的高低。对研究资料进行分析,一般包括资料的整理、定量资料的统计分析、定性资料的加工分析等。本节对主要的研究资料分析方法进行介绍,便于指导实践的资料收集和分析过程。资料整理的操作性方法,以及为撰写报告进行的深入思维加工,将在本节进行介绍。

一、定性资料数据处理与分析

任何事物和过程都是质和量两个方面的统一体。与定量资料分析不同,定性资料分析主要是对事物质的分析。定性资料分析的重要性基于事物的质,即事物存在的更重要的方面。与格式统一、能转变为数字进行统计的定量分析不同,定性资料一般显得过于杂乱无章。但是在具体的研究过程中,定性资料分析也并非没有规律可循。本部分内容主要从了解定性资料及其形式特点入手,介绍定性资料的整理以及分析过程与方法。

(一)定性资料及其形式特点

定性的数据资料也被称为文字资料。定性资料一般有以下两个来源:一是实地调查实践获得的资料,包括访谈笔记和观察记录等;二是文献资料,包括政府文件、机关档案、会议记录、个人日记信件、调查报告和研究论文等。定性资料的来源多样,因而具有一些突出的特点。主要表现在以下三个方面:

来源的多样性。定性资料在来源和形式上具有多样性的特征。定性资料既有观察得到的资料、访谈记录,也会有一些随笔式的、日记式的、感想类的笔记等材料,还可能有各类文献、文件等资料。这使得定性资料在形式和构成上都比定量资料要更加复杂。

形式的无规范性。问卷调查获得的定量资料,在资料内容、结构上都是统一和规范的。而定性资料从内容到形式,往往都处于一种零散的、杂乱的、无固定结构的状态中，表现出明显的无规范性特点。

不同阶段的变异性。在不同的研究阶段具有不同的形式，这是定性资料的一个重要特点。例如，在实地参与实践过程中资料形式为原始记录；在资料整理中，资料形式为主题编码、分析备忘录等；最终完成报告时，资料形式则是经过选择和处理的资料。整个定性资料分析过程包括对各个不同阶段各种形式资料的分析。

以上介绍了定性资料的一些形式上的特点。在研究目标上，定性资料分析与定量资料分析相类似，也将描述和理解作为基本的目标。但是，定性资料分析在描述方式和研究最终目标上，与定量资料分析有所区别。定量资料研究除了描述概况，往往通过因果假设去检验或证实某种普遍的法则。而定性资料分析的主要目标是将大量的、特定的细节组织成一幅清楚的图画，一种概括的模式，或一组相互连接的概念。在实际研究中，由于定性资料几乎完全只是对研究对象进行概括，也会遇到较大的困难，因而许多定性资料研究者几乎完全只是对研究对象进行描述，而不进行理论分析。

（二）定性资料的整理

定性资料来源多样，整理方法也不完全一样。定性资料整理的工作量较之于定量资料更大，难度也更大。常见的整理程序有资料检查、分类、编码等。

资料检查。大学生在社会实践中，通过较长时间的观察、访问、交往和参与，得到了大量凌乱无结构、无顺序的笔记资料，加之查阅搜寻的大量文献、文件、日记等材料，共同构成了研究的定性资料。定性资料分析的第一步是对这些资料的整理和检查。所谓资料检查，就是通过仔细推究和详尽考察，判断确定资料的真实性和适用性。确定资料的真实性，包括资料的真实性审查和可靠性审查。资料的真实性审查是指通过细究和考察以判明所得的文献资料观察和访问记录等资料本身的真伪。资料的可靠性审查，是指通过细究和考察以判明资料内容是否真实地反映了调查对象的客观情况。资料的适用性审查，主要是审查资料是否适用于分析与解释调查所要回答的问题。对于不真实或不适用的资料，一般都应进行补充调查，使之成为真实的适用的资料。如果无法补充这些资料则应当剔除、舍弃。

分类整理并建立档案。对资料进行分类，是依靠定性资料说明问题调查的一项至关重要的工作。在对定性资料分类时，应根据研究的目的、要求和客观情况，确定合理的逻辑结构。所谓定性资料的分类，就是根据资料的性质、内容或特征，将相异的资料区别开来，将相同或相近的资料合为一类的过程。通过分类，可以使定性资料条理化、系统化，为找出规律性的联系提供依据。在定性资料分类整理的过程中，应随手建立各种资料档案。有学者建议建立以下四类资料档案：一是背景档案，特别是对一些研究社会运动或重大社会事件的定性研究，这种背景档案十分重要。二是传记档案，传记档案的对象是实地研究中的各种人物。将所有有关某个人物的档案放在一起时，可以帮助研究者更加全面地认识这个人，也可以帮助研究者从中发现不同人物之间的联系。三是参考书目档案，将整个研究过程中所查阅、记录下来的各种书目、文献资料都系统地整理和归档。四是分析档案，即根据分析的主题将各种资料分别集中，这是资料分析过程中最主要的档案类型。

定性资料编码。在分类整理的基础上，为更好地反映客观事实，说明研究问题的目的，还要对资料进行汇总和编码。汇总是指根据研究的目的、要求和研究对象的客观情况确定合理的逻辑结构，对所有资料进行集中，使之层次分明，能系统完整地反映研究对象的全貌。但是，汇总不是资料整理的目的，汇总后还需要对资料做进一步加工，即编码。定性资料的编码与定量资料的编码在含义和扮演角色上都有所不同。定性资料的编码一般是后编码，具有分类学意义，作用是将零散、繁杂的原始资料分为不同概念类别，使蕴含的意义由具体上升到抽象，创造出不同主题或概念，然后再用这些主题或概念来分析资料。美国社会学家施特劳斯提出，定性资料的编码有开放式编码、轴心式编码和选择式编码三种类型。开放式的编码一般用于定性资料的初次分析。具体做法是在初步翻阅资料后，制作一份主题清单，并赋予其相应编码。

 知识拓展

整理撰写分析备忘录

分析备忘录是实地笔记的一个特殊类型，是实地研究者对于编码过程的想法和观点的一种备忘录或一种讨论记录。

备忘录包含对概念或主题的讨论。分析备忘录锻炼了具体资料或者粗略证据与较为抽象的理论思考之间的链条。它包含着研究者对一种资料和编码的主动反应及思考。研究者不断地将这些反应和思考添加到备忘录中，并且当他用其他类型的编码来分析资料时，也同时使用这些备忘录。这种备忘录成为研究报告中资料分析的基础。

撰写分析备忘录，可以说只需要纸和笔，再加上笔记本、一叠文件夹，以及实地笔记的复印件就行了。关于分析备忘录的写作，有下列建议：

在收集资料或整理资料或其他形式的编码的过程中，可随时停下来写分析备忘录，

以免那些转瞬即逝的思想火花和有创见的眼光消失掉。

对写好的备忘录要反复进行比较,看看能否将那些相近的资料进行结合,或者看看是否可能将那些有差别的编码弄得更清楚。

为每个概念或主题都做一份专门的分析备忘录。将与这一主题或概念有关的资料、事例、方法、问题以及研究者的感想、认识等等集中在一起,并用标签标明这一概念或主题。

在写某个概念或主题的备忘录时,要注意思考它与其他概念或主题之间的相似性、差异性以及因果关系。

将分析备忘录与资料记录分开写,因为它们具有不同的目的。资料记录是证据,而分析备忘录则具有概念的和理论建构的目的。

——风笑天:《社会学研究方法》,中国人民大学出版社2009年版

(三)定性资料分析的过程与方法

定性资料分析的过程是一个对资料进行分类、描述、综合、归纳的过程,其基本逻辑是归纳法。定性资料分析的过程可以说是贯穿于整个研究的始终,但主要还是在资料收集结束后。

定性分析大致可以分为初步浏览、阅读编码、分析抽象三个不同的阶段。初步浏览阶段,是先对相关文字资料粗略地浏览一番。目的是对全部资料的整体有所了解和熟悉,同时也可以重新回想起许多获取资料时的情景和感受。这种浏览实际上起到了某种提供背景和分析基础的作用。阅读编码阶段,是在上阶段的基础上,重新开始逐段逐行地仔细阅读每一段实地记录,分析每一段笔记的内容,并且在阅读中进行资料的各种编码工作,也就是资料整理工作的阶段。分析抽象阶段,是根据不同的标准或从不同的角度,仔细审阅和思考资料中做得各种记号,思考和比较各种不同的主题及分析型备忘录,看看哪些东西反复出现,看看哪些资料中存在突出差异,并从中归纳或抽象出解释和说明现象和社会活动过程的主要变量、关系和模式。这是定性资料分析中最困难的工作。

定性资料分析的重要特点之一,是具体分析方法的多样性。这种多样性与其在分析过程中依赖研究者(大学生)的主观作用有很大关系。这里简要介绍连续接近法、举例说明法、比较分析法和流程图法四个较为常用的方法。连续接近法是指研究者通过不断反复和循环的步骤,从开始时一个比较含糊的观念以及杂乱、具体的资料细节,到一个具有概括性的综合分析的结果。举例说明法是用经验证据来说明某种理论的方法,这是

定性分析中最为普遍的一种方法。比较分析法是定性资料分析中常用的方法，常划分为一致性比较法和差异比较法两种类型。流程图法主要指的是以历史和现实发展过程为标准，对定性资料所进行的描述。这种方式的最大好处是能够很好地展现事物发展变化的过程。

对于定性资料的整理和分析，这里只进行了概要式的介绍。在实际研究中，可以查阅相关文献掌握更详细的内容。

二、定量资料数据处理与分析

定量资料（亦称统计资料、数据资料）的分析，通常包括资料的整理和统计分析。

（一）资料的整理

定量资料的整理一般要从问卷资料的整理开始。问卷资料的整理过程，通常分为资料审核、资料转换、数据录入、数据清理四个阶段。

资料审核是资料处理的第一步工作。一般是指对所收集的原始资料进行初步的审阅，使得原始资料具有较高的准确性、完整性和真实性，从而为后续资料整理录入与统计分析工作打下较好的基础。

资料转换主要是针对问卷调查而言的，常见的方式是为资料编码。编码就是给每个问题及答案一个数字作为其代码。到了资料处理阶段，将被调查者对问卷中问题的回答转换成供计算机识别和统计的数字。对答项的编码有前编码和后编码之分。封闭型问题的每一个答案，在设计问卷时就设计了代码，叫前编码（或预编码）；开放型问题的答项，一般是在调查结束后根据答项的具体情况再编定代码，叫后编码。后编码的基本步骤是，选择总数10%左右的问卷，进行分类与预编码；然后针对答项逐步对号入座，并对先前各项没有被编入的情况进行增加和补充；将所有问卷的答项进行选择、归并，确定后编码的类别和最终编码。

数据录入就是把问卷调查的结果和其他原始资料转换为计算机可读取的数据，输入计算机中储存起来。录入数据后、统计分析前，还应借助计算机仔细地进行数据清理，不让错误数据进入运算过程。数据清理一般可以用有效范围的清理、一致性清理、数据质量抽查等方式进行。

1. 有效范围的清理

有效范围的清理，主要指的是对数据中的奇异值的清理。对于问卷中的任何一个变量来看，它的有效编码往往都在某一个范围之内，如果当数据中的数字超过了这一范围时，可以肯定这个数字一定是错误的。比如，在数据文件的"性别"这一变量栏中，如果出现了数字5、6或者7、8等，则马上可以判定这是错误的编码值。因为根据编码手册中规定，"性别"这一变量的编码值是"1=男，2=女，0=无回答"。这也就是说，所有被调查者在这一个变量上的编码只能是"0，1，2"这三个数字，凡是超出这三者范围的其他的编码值都肯定是错误的，就要对其进行检查、核对和纠正。

查找有问题的个案的方法，可以通过SPSS软件相应的命令来完成。在SPSS软件中打开数据文件，找到有问题的变量栏，运用"查找"命令，或者应用"排序"命令，找到这一变量栏中编码超出范围的数值，查看其问卷编号，然后再根据问卷编号找到相应的原始问卷，进行核对。根据问卷的信息，针对不同的错误，要做相应的处理。如果一份问卷中错答、乱答的问题不止一两处，则要考虑将这些个案的全部数据取消，作为废卷处理。

2. 逻辑一致性清理

除了数据输入的奇异值，还有一种较为复杂的工作就是逻辑一致性清理。其基本思路是依据问卷中的问题相互之间所存在的某种内在的逻辑联系，来检查前后数据之间的合理性、主要针对的是相倚性问题。比如，在对青年进行调查时，问卷中有这样一对相倚问题。其过滤性问题是："你现在有男/女朋友吗？"答案为"1.有；2.没有"。而后续性问题是："你男/女朋友是哪里人？"那么，对于那些在前一问题中的回答"2.没有"的人，后面的问题不适用，应该不作答。如果在回答了"没有男/女朋友"的人中，有的人又对第二个答案做了回答，那么这些个案的数据就一定有问题。

要查找和清理逻辑一致性问题的个案，可以在SPSS软件中，执行条件选择个案命令（Selet Cases）中的近命令来找出个案进行修改，或者直接用重新设置变量值命令（Record）进行变量取值的转换。

3. 数据质量抽查

尽管采取了上述两种方法对数据进行清理，但仍会有一些错误的数据无法查出来，例如：假设某个案的数据在"性别"这变量上输错了，问卷上填答的答案是"1"（男性），编码值也是"1"，但数据录入时却错敲成了"2"（女性）。因为"2"这个答案在正常有效的编码值范围内，所以有效范围的清理检查不出这一错误。同时，这一变量值与其他变量之间又没有诸如"性别"与"怀孕次数""未婚"与"有孩子"那样的逻辑联系，因此，逻辑一致性清理也用不上。

在这种情况下，查出这类输入错误的唯一办法是拿着原始问卷一份一份地、一个答案一个答案地进行校对。但在实际调查中却没有一个人这么做，因为这样做的工作量实在太大。这时，人们往往采用随机抽样的方法，从样本的全部个案中，抽取一部分个案，对这些个案参照原始问卷进行这种形式的校对。用这一部分个案校对的结果，来估计和评价全部数据的质量。根据样本中个案数目的多少，以及每份问卷中变量数和总字符数的多少，研究者往往抽取2%~5%的个案进行校对。例如，一项调查样本的规模为1000份个案，一份问卷的数据个数为200，研究者从中随机抽取了3%的个案，即30份问卷进行核查，结果发现有2个数据输入错误，这样，$2 \div (200 \times 30) \approx 0.03\%$，就说明数据的错误率在0.03%左右，即在总共20万个数据中，大约有60个错误。虽然我们无法查出它们进行修改，但我们知道它们占了多大的比例，以及对我们的调查结果有多大的影响。

（二）统计分析

统计分析是定量研究不可缺少的环节和重要内容。要科学进行统计分析，掌握统计分析的方法和技术，就要了解和掌握统计分析的目的、过程和层次等问题。

统计分析及其目的。统计分析就是运用统计学原理和方法处理调查所获得的数据资料，简化和描述数据资料、揭示变量之间的统计关系，并进而推断总体的一整套程序和方法。统计分析的主要目的是：一是简化和描述数据。社会调查搜集的数据量一般都非常庞大。二是在总结调查结果时，没有必要也没有可能罗列每个数据，而是运用统计分析方法对调查数据简化后再描述出来。三是发现变量之间的统计关系。只有通过统计分析，才能把隐藏在调查数据后面的统计关系和规律揭示出来。

统计分析的过程。在数据录入和清理之后，统计分析大致要经过数据预处理和统计分析两个过程。数据预处理，就是在统计分析之前对清理后的数据做预备性处理，一般包括缺损值处理、加权处理、变量重新编码、数据重新排序，以及创造新变量等等。统计分析，就是调用统计软件中的各种统计程序对数据进行分析，包括单变量、双变量、多变量统计分析，以及制作统计图、统计表等一系列工作。

统计分析的层次。统计分析可按不同标准划分层次。按照统计分析的性质，可分为描述统计和推断统计；按照统计分析涉及变量的多少，可分为单变量统计分析、双变量统计分析和多变量统计分析。所谓描述统计，就是运用样本统计量描述样本统计特征的统计分析方法。描述统计只涉及样本而不涉及总体特征，其内容可以包括单变量、双变量和多变量等几种层次的统计分析。推断统计，是以概率理论为基础，运用样本统计量推断总体的统计分析方法。社会调查通常会涉及多个变量，但在统计分析时，进行何种分析，取决于调查者的意图和目的。一般来说，单变量统计分析，只能进行描述性研究，只能用统计数值来描述单个变量的特征。双变量统计分析，特别是多变量统计分析，才能进行解释性研究（如相关关系和因果关系分析等）。常用的双变量统计分析，包括列联表分析、各种双变量相关分析、一元回归分析等等。这些方法需要有一定的数理统计知识，也需要使用一定的电脑统计软件。

三、几种常见统计分析软件简介

SPSS是世界上最早的统计分析软件。它集数据整理、分析功能于一身。

SPSS的基本功能包括数据管理、统计分析、图表分析、输出管理等等。SPSS统计分析过程包括描述性统计、均值比较、一般性模型、相关分析、回归分析、对数线性模型、聚类分析、数据简化、生存分析、时间序列分析、多重响应等几大类。SPSS是世界上最早采用图形菜单驱动界面的统计软件。它最突出的优点就是操作界面极为友好，输出结果美观漂亮。SPSS几乎将所有的功能以统一、规划的界面展现出来，使用Window的窗口方式展示各种管理和分析数据管理方法的功能，对话框展现出各种功能选择项。该软件的缺陷是输出结果不能被Word等常用文字处理软件直接打开，只能采用复制、粘贴的方式加以交互。

Stata统计软件是美国计算机资源中心（Computer Resource Center）在20世纪80年代后期才开发出来的统计软件。

Stata的突出特点是占用很少的磁盘空间，不到30兆而在统计功能上可与任何大型统计软件，包括SPSS和SAS相媲美。除了传统的统计分析，还收集了近20年发展起来的新方法，如Cox比例风险回归、指数与Weibull回归、多类结果与有序结果的Logistic回归、Poisson回归、负二项回归及冠以负二项回归、随机效应模型等。另外，该软件的输出结果简洁，作图模块提供直方图、条形图、百分条图、百分圆图、散点图、散点矩阵图、星形图、分位数图等八种基本图形的制作，图形十分精美，可直接被图形处理软件或字处理软件如Word等直接调用。

Excel是微软公司推出的办公软件Office系统中的一种。作为统计软件，它的知名度在所有专业统计软件之上。因为，全世界使用Office办公的人数远远超过使用专业统计软件的人数。与专业统计软件相比，Excel的最大优势在于：其一，它是非常普及的办公软件，对一般用户来说，用它分析数据非常方便。SPSS、SAS则比较昂贵，非专业用户一般不会购买。其二，作为Office组成软件之一，它便于与Office其他软件配合使用。例如，用Excel分析完数据后，撰写研究报告时其统计结果可直接进入Word，而不必像其他统计软件那样需要转换；用PowerPoint制作幻灯片也有同样的优势。正由于这些优点，Excel已被越来越广泛地应用。

课后习题

1. 定性资料研究和定量资料研究的优势和劣势是什么？
2. 如何获取和收集合适的数据样本，以支持研究或分析的目的？
3. 如何处理和应对数据分析中可能遇到的常见问题，如样本偏差、数据失真等？

第四节 报告的写作与规范

社会实践是认识社会、了解社会的一个重要途径,而撰写社会实践报告,则是对社会实践的过程、内容、感受进行归纳总结,是认识条理化、理性化、深入化的不可缺少的重要方面。将回收的调查资料输入计算机利用统计软件进行分析,形成结论之后,就可着手撰写调查报告。撰写调查报告是整个社会调查活动的最后环节,它的作用就是把调查研究的结果以文字、数字、图表等形式传达给他人,同其他人进行交流。调查报告是一项社会调查研究成果的集中体现,其撰写的好坏将直接影响到整个社会调查研究工作的成果质量和社会作用。

因此,我们必须高度重视社会调查报告的写作。本章将详细介绍这方面的内容。下面将对不同类型社会实践报告如何写作分别加以介绍。

一、社会调查报告的含义

社会调查报告是根据调查研究的成果写出来的反映客观事物的书面报告。凡是对某一事物、事件、问题、经验的基本情况进行有目的的调查研究,然后按照一定的内容和格式要求写成的书面报告,都可称为调查报告。调查报告是调查与报告的结合体,即先有调查,后有报告。调查是报告的基础,报告是调查的结果。因此,做好深入细致的社会调查是写好调查报告前提。

在参加社会实践的过程中,我们对某一问题,某一事件,某一工作,某一单位,某一人群进行了系统地、深入细致的调查研究之后,将获得的材料经过去粗取精、去伪存真、由此及彼、由表及里地分析研究,使调查过程中的感性认识上升为理性认识,再以调查报告的形式进行总结。因此,调查报告是对客观实际情况全面、深入进行了解和认识的反映,是认识得以升华的结果。一份好的调查报告既是对社会实践的最好总结,也是衡量"两课"实践教学效果最有说服力的材料之一。

二、社会调查报告的种类和特点

动手写调查报告之前，首先要对自己所写的调查报告的种类有一个大致的了解。依据不同的标准，调查报告可以有不同的分类。如按性质分，可以分为综合性调查报告和专题性调查报告。综合性调查报告涉及的面广，头绪多，往往带有全局性。恩格斯同志撰写的《英国工人阶级状况》、毛泽东撰写的《兴国调查》就是这种调查报告的范例。专题调查报告往往是对一件事情、一项工作、一个问题所作的深入调查，如对某一历史事件或某一成功做法甚至某一事故、灾情等的调查分析报告。

（一）社会调查报告的种类

通常从内容的角度来划分，调查报告可以分为三种类型。

1. 反映基本情况的调查报告

这类调查报告的内容比较广泛、全面，能够系统地反映调查对象的基本情况，篇幅一般也比较长。要写好这种调查报告，调查工作必须全面、系统、深入。这种调查报告的作用主要是便于公众了解和掌握基本情况，也可作为党政领导机关和有关主管部门掌握情况、制订方针政策的依据。

2. 介绍典型经验的调查报告

这类调查报告主要用于介绍和推广实际工作中出现的具有一定代表性的新鲜经验。其作用主要在于用典型带动一般，对面上的工作起推动和指导作用。因此，能不能真正发现典型并予以挖掘，是写好这类调查报告的前提。写作时，要注意对典型经验的介绍，并明确具体阐明其意义和推广的价值。

3. 揭露存在问题的调查报告

这类调查报告针对性强，往往是在出现问题后，对问题进行周密调查的基础上写成的。旨在揭露问题的实质，反映问题的严重程度及其危害性，分析问题产生的原因，以引起社会和有关部门的重视，从而达到解决问题的目的。

（二）社会调查报告的特点

1. 实证性

实证性是指调查报告必须建立在大量事实材料的基础上，以事实为依据，用事实说话。这既是调查报告最基本的表现手法，也是它的一大特点。调查报告的实证性主要表现在两个方面：一是真实性，即调查报告要真实地反映社会现象或社会问题的本来面目,绝不能歪曲事实、杜撰事实以及埋没事实真相。调查报告是在详尽、全面、系统地占有材料,特别是在掌握"第一手"材料的基础之上,用客观真实的经验材料来描述社会现象或社会问题的状况,或阐明其原因,或检验某种理论假设。二是准确性,即调查报告是在量化分析的基础上,对社会现象或社会问题作出准确的描述或解释。调查报告往往都是以数字说话,而且这些数字都是经过研究者认真核对、细心鉴别的。因此,一份科学的调查报告,是在大量收集客观、真实的第一手资料,利用统计软件进行准确分析的基础上,将客观事物的本来面目呈现给读者。

2. 针对性

针对性,主要体现为目的的针对性和读者对象的针对性。首先,调查报告要有明确的目的,做到有的放矢。任何调查研究都以解决一定的问题为目的,它们或者是现实问题,或者是理论问题,或者是两者兼而有之。

作为调查研究结果呈现形式的调查报告,必须紧紧围绕这个中心,不能泛泛而谈,要针对调查目的,回答所要解决的问题。首先,目的的针对性越强,调查报告的质量越高,发挥的作用也就越大。其次,调查报告的针对性表现在它必须有明确的读者群体。针对的读者群体不同,则调查报告的整体结构、表现手法、写作风格等方面都有比较大的差别。如果调查报告针对的是专业研究人员,则对调查报告的学术性要求较高,既要求结构严谨,同时还要求在理论上有所创新,他们感兴趣的往往是对社会现实问题作出理论上的回答。

3. 时效性

调查报告中所反映的通常都是现实生活中的社会现象或社会问题,而这些现象或问题又都是特定历史时期的产物,随着时间的推移,这些现象或问题往往会发生或多或少的变化,所以,调查报告就必须讲求时效性。调查报告不仅要真实、准确地反映社会现实或社会问题,而且要及时地提出解释社会现象和解决社会问题的答案与对策。

三、调查报告的写作步骤与方法

(一)调查报告的写作步骤

当根据调查的目的、内容、用途、读者对象等因素确定了所撰写报告的类型之后,就可以进行调查报告的撰写工作。调查报告的写作一般要经过确立与提炼主题、拟订提纲、选择材料、撰写报告初稿、修改报告五个阶段。现将这五个阶段的有关写作方法和注意事项进行介绍。

1. 确立与提炼主题

调查报告的主题就是调查报告所要表达的中心思想，它是整个调查报告的灵魂和"统帅"。一篇调查报告能否吸引读者，能否引起人们的重视，能引起多大程度的社会反响，在很大程度上取决于调查报告的主题。主题的确定和提炼，既是整个调查报告撰写过程顺利开展的前提，也对写好调查报告起着决定性作用。

确立和提炼主题的标准是：正确，即要真实、客观、准确地反映调查对象的现状、特点、本质和规律；集中，即调查报告内容要精练，突出主题，要小而实，不要大而空，要精而深，不要粗而宽；鲜明，即调查报告的主题要十分鲜明，统帅全篇，不能含含糊糊，模棱两可；新颖，即调查报告的主题要有所创新，要有与众不同的地方。

确立和提炼调查报告主题的方法主要有以下两种：

其一，根据调查主题确立调查报告的主题。由于每一项社会调查在调查实施之前，都已经确立了明确的主题，而资料的收集也是紧紧围绕这一主题展开的。因此，在此项调查基础上写出调查报告的主题，就应该与调查前确定的整个调查的主题保持一致。比如，进行一项以大学毕业生择业倾向为中心的社会调查，其调查报告的主题就是大学生择业倾向的现状、特点及问题。按照这种方法确立调查报告的主题是比较容易的。

其二，根据调查内容与资料确立调查报告的主题。一般来说，一项调查主题与调查报告主题是一致的、统一的，但在有些时候，可能由于种种原因，使得调查报告的主题不能与调查的主题统一起来，这时候就要根据调查内容和资料来确立调查报告的主题。这种不一致的情况通常有两种：一是当一项调查的内容很多，涉及的范围和领域很广；二是一份调查报告难以容纳全部内容时，就需要从中选择部分内容形成调查报告，并确立相应的调查报告主题。显然，这时的调查报告主题比起调查的主题来，范围就缩小了。

2. 拟订提纲

确立了调查报告的主题之后，还不能立即动手撰写报告，而应先构思好报告的整体框架，并将这一整体框架转变为具体的写作提纲。如果说主题是调查报告的灵魂，那么，这种提纲就是调查报告的骨架。一般来说，调查报告中的导言和方法两部分内容有比较固定的格式与写法，变化不大。因此，拟订报告提纲主要针对调查发现、结论与讨论这两大部分而言的。

拟订调查报告提纲的主要作用是帮助我们理清报告思路，弄清报告前后之间的逻辑联系，明确报告内容，安排好报告的总体结构，为实际撰写报告打下基础。拟订报告提纲就是对调查的结果进行分解，或者对调查发现进行分类，并将分解的每一部分或每一个类型进一步具体化。具体来说，调查报告拟订提纲方法有两种：一是以条目形式拟订写作提纲，即从层次上列出调查报告的章、节、目。比如，以大学生人际关系质量研究为例，可先将"大学生人际关系质量研究"这一主题分解为"宿舍人际关系质量""班级人际关系质量""师生人际关系质量""社团人际关系质量"等六章，在每一章下面又分"主观感受""宿舍人际关系满意度"等节，在每一节下面还可以根据储要继续细分。条目形式比较简明扼要，一目了然，但不够具体。

3. 选择材料

当拟订了调查报告的提纲之后，就要选择恰当的材料去填充。调查报告所用的材料与一项社会调查所收集到的资料是不同的。调查资料往往都与调查主题有关，但不一定都与即将撰写的调查报告有关。也就是说，并非所有的调查资料都能成为撰写调查报告时所用的材料。材料的选择从三个方面进行：首先，应该按照调查报告的主题，对材料进行一次初步的筛选，将与调查报告主题无关的材料舍弃。其次，要根据写作提纲的范围和要求为依据，即按照调查报告的"骨架"进行再次筛选，这样既可以保证所选取的材料与调查报告的主题密切相关，还可以给不同的材料找到对应的"位置"。最后，还要坚持精练、典型、全面的原则，做到既不漏掉一些重要的材料，又使所用的材料具有最大的代表性和最强的说服力。

调查报告所用的材料通常包括两方面的内容：一是从调查中得到的各种数据、表格、事例等客观材料；二是在这些客观材料的基础上通过分析、综合、概括所形成的观点、认识、建议等主观材料。两者相互联系、互相依赖，共同构成填充调查报告"骨架"的"血肉"。

4. 撰写调查报告初稿

在确立与提炼主题，拟订提纲，选择好材料之后，我们头脑中就有了一个逻辑清晰、结构分明、材料充实的调查报告雏形，下一步工作就是用适当的文字把它们流畅地组织在一起，这就是撰写调查报告的初稿。在撰写过程中，通常要从头到尾一气呵成，而不要经常地在些小的环节上停下来推敲修改，以免耽误过多时间。这样做的好处是便于整个调查报告紧紧围绕所确立的主题展开，使得调查报告在整体思想、体系结构、内容形式、行文风格等方面都前后一致，浑然一体。

5. 修改报告

修改报告是撰写调查报告必不可少的重要环，是提高调查报告质量的重要措施之一。修改报告尤其要注意以下五个方面：第一，调查报告的主题是否符合时代的要求；

第二，调查报告的整体结构是否完整，各部分的安排是否符合一定的逻辑顺序；第三，观点是否明确，表达是否准确；第四，引用的材料是否恰当，是否有说服力；第五，通读全篇报告检查语言是否流畅，图表的制作是否清晰、美观。

（二）调查报告的写作方法

调查报告的内容虽然千差万别，目的、要求也各不相同，但其结构和写作方法大体一致，主要包括标题、导言、正文、落款四个部分。

1. 标题

标题通常有两种写法：

第一，采用公文式标题的写法，直接点明关于什么问题的调查报告，如《关于环境污染问题的调查报告》《关于股份制试点企业的调查》。

第二，双行标题。即正题是调查的结果或中心论点的概括与说明，副标题则补充交代调查的内容，或调查的对象以及文种，如《投资环境亟待改善——关于西安市投资环境的调查报告》。

2. 导言

导言又称前言，是调查报告的第一部分，它的主要任务是向读者对已经完成的调查做一个简单的介绍，使他们获得个较全面的印象，以期引起他们的注意和兴趣。主要内容包括调查的背景、目的、内容、对象、时间、地点、方法等。导言部分一般文字较少，简明扼要。调查报告导言的具体写法有下列几种常见的方式：

第一，直述宗旨式。

直述宗旨式，即开门见山，平铺直叙，直接把调查的目的、内容、对象、范围等一一写出。它的优点是有利于读者把握调查报告的主要宗旨和基本精神。例如：

为了全面了解下岗职工的生活状况，加强下岗职工的就业和再就业工作，华中科技大学社会学系于2000年9—10月，在湖北省武汉市调查了900位下岗职工的生活与工作情况，下面是这次调查的方法及主要结果。

第二，提问设悬式。

提问设悬式，即先描述某种社会现象和社会问题，然后对这种社会现象和问题产生的原因、影响等提出一系列疑问，最后介绍调查的基本情况。这种写法的优点在于能引人入胜，增强读者阅读报告的兴趣。例如：

随着社会的发展和人们物质生活水平的提高，中学生早恋已成为一种较为普遍的现象。因早恋而使成绩下降者更是比比皆是。甚至有报道说，目前中学生谈恋爱的比例已高达80%。真的有这么多中学生早恋吗？促使中学生早恋的原因是什么？早恋对学生的成长会带来哪些影响？学校如何进行中学生的青春期教育？为了弄清这些问题，南京大学社会学系于2007年10—11月，对南京市和成都市400多名班主任进行了调查。

3. 正文

正文可分三部分来写，即开头、主体、结尾。

第一，开头。主要是概况介绍，即简要介绍被调查者的总体情况。例如，对某个单位的调查，先要介绍该单位的基本情况，包括人数、人员结构、规模、历史和现状等。如果是对某一问题进行调查，先要概述什么问题，为什么要去调查，调查的经过及其结果等。

第二，主体。主要写调查的经过与内容。这一部分可根据调查的性质和材料决定不同的写法。例如，事件调查常常根据事件的发展过程来写。从事件的产生、发展经过、结果与影响，到处理这一事件的方法与建议。而经验调查则往往省略过程描述，只根据调查所得的基本经验逐条叙述。另外，可根据调查所得的基本结论，从多方面举例加以说明。总之，这一部分一定要丰满、充实，要能够充分反映调查的收获。

调查报告的主体部分，必须精心地安排。一般来说，应用性调查报告主体部分的结构有下列几种常见的形式：

（1）纵向结构式。纵向结构式，即按照调查现象本身所具有的时间顺序，从纵向的角度来描述和分析，以突出某一现象或问题的发展过程，或者反映在不同时间点上的变化与差别。比如，一项反映中国成立70多年来中国人择偶标准变化的调查报告，就可按纵向结构来安排，将主体分为三部分：一是中国成立到十年动乱前的中国人择偶标准；二是十年动乱期间中国人的择偶标准；三是改革开放以来中国人的择偶标准。

（2）横向结构式。横向结构式，即根据调查现象或问题本身所包含的各种不同特征或不同侧面，从横向的角度来逐一描述、分析和比较，以突出某一社会现象或问题的各个方面的内容。比如，一项关于当前中国人择偶标准的调查报告，就可将其主体分为：①政治社会条件；②生理条件；③经济物质条件；④个人品性等。

（3）纵横结合式。纵横结合式，即将上述两种方式相结合，以一种方式为主，常用于较大规模调查的调查报告中，以便于反映出比较复杂的内容。比如，在总体结构上按时间顺序，但在每一时期，又分别从不同的方面进行描述与分析；或在总体上按横向结构偏排，用在每一个具体方面的描述中又采取纵向的结构。

第三，结尾。主要是总结全文，与开头相呼应，使结构完整。建议、说明或要求等，一般也在此叙写。

4. 落款

主要包括署名和日期，位置在右下方。署名根据情况可以署单位的名字，也可以署个人的名字。结尾部分的中心内容是小结调查的过程和主要结果，陈述调查研究的结论，并在阐明所调查现象产生或形成的原因、所具有的影响的基础上，提出若干解决的办法或政策建议。

结尾部分在写作上的具体要求是：语言要精练，陈述要明确，可以简明扼要地列出几点，清晰地表明调查研究的主要结果，以及研究者的看法和观点。

总的来说，导言部分以介绍情况、说明目的为主；主体部分则以详细描述社会现象的实况、报告实地调查的结果为主；结尾部分则以对这一社会现象的讨论以及解决问题的建议为主，以引起社会的重视，或供有关部门参考。

（三）给出结论式

给出结论式，即在描述现象、提出问题的同时，直接写出结论。比如：

中学生早恋已不是偶然现象。这么多的中学生为什么会早恋呢？通过我们对南京市和成都市400多名班主任老师的调查发现，学生的生理心理早熟、家庭性教育不当、社会文化的负面影响是导致中学生早恋的主要原因。

四、调查报告的写作要求及格式规范

（一）写作要求

1. 尊重事实，切忌先入为主

写好调查报告，首先要有客观、公正的求是精神，要尊重事实，不能先入为主。调查研究一般都有明确的目的。到哪里去，调查什么，事先都应该有设想和调查提纲。但写调查报告时，不能以主观设想的调查提纲为依据，更不能戴着有色眼镜去观察、了解，不能有丝毫的歪曲，更不能虚构，而只能依据调查所得的事实。

2. 要抓住本质，不能面面俱到

调查中所得的材料是各种各样的，甚至会有截然相反的意见。因此，在写作时，就要抓住最典型的、最能说明问题的材料，而不能眉毛胡子一把抓，堆砌了很多材料却说明不了什么问题，反而冲淡和削弱了自己的主要观点。能不能在庞杂的材料中慧眼识珠地抓住能够反映本质问题的材料，这是能否写出高质量调查报告的关键。

3. 要点面结合，以点带面

调查报告既要有一般情况，又要有典型事例。如果只有一般情况，而没有典型事例，就容易笼统、浮泛，对问题的阐述就缺乏深刻性。如果只有典型事例，而没有一般情况，读者就不容易从全局上得到清晰的印象，甚至还可能对所举的典型事例产生怀疑。因此，写作的时候一定要做到有点有面，以点带面。

4. 表达方式灵活多样

调查报告在语言表达方式上可以兼用各种表达方式——记叙、描写、说明、议论、抒情，并以记叙、说明、议论为主。在具体的运用中，要做到记叙清楚明了，描写形象生动，说明准确无误，议论有的放矢，抒情真实感人。另外，调查报告的文字应该准确、朴实、鲜明、简练，句子通顺流畅，层次清楚，结构完整。

5. 观点和材料的统一

观点和材料的统一，是撰写调查报告的基本要求之一。一篇好的调查报告，必须既有鲜明的观点，又有翔实的材料。用鲜明的观点去统帅翔实的材料，以翔实的材料去支撑鲜明的观点，两者有机联系，缺一不可。没有鲜明的观点，调查报告就没有灵魂，没有统帅；没有翔实的材料，调查报告就没有血肉，没有根基。鲜明的观点不是研究者调查研究之前的一种主观猜想，而是在深入实地调查，广泛收集第一手经验材料之后，通过对材料深入分析、反复提炼的结果，观点是材料的升华和结晶。在一篇调查报告中，材料若无鲜明的观点来统帅，则材料就成了"无头苍蝇"。鲜明的观点形成之后，就要选择有说服力的材料来支撑。观点若不以翔实的材料作支撑，观点就成了无源之水、无本之木。

如何来选择材料呢？首先要选择真实、准确的材料。真实、准确，是筛选材料过程中要严格把握的第一关，不能让虚假地进入调查报告中。其次，要围绕主题、观点来选择材料，一定要选择与主题关系密切的材料，并将这些材料"安放"到不同的观点之中。

6. 内容和形式统一

撰写调查报告如同艺术家创作艺术作品，总是力求美的内容与美的形式相统一，一篇好的调查报告既要有丰富的内容，又要有与之相致的完美的表达形式。调查报告的内容要具备"四性"，即重要性、真实性、创新性、针对性。

重要性是指一篇调查报告所具有的意义或价值；真实性是指一篇调查报告所反映的事实必须真实、准确、客观；创新性是指一篇调查报告要反映出一些新的东西，增加人们对社会现象或社会问题新的认识；针对性是指调查报告是针对某方面社会生活的，不可能面面俱到，同时也指调查报告是针对某些特定的读者群体而写的。这些充实的内容要以丰富的形式表现出来，文字、图、表等都是表达内容的主要形式。在一篇调查报告中，文字、图、表等表达形式要综合运用，完美结合。

（二）格式规范

针对上文论述的社会调查报告和社会实践总结报告写作，在此介绍一些行文格式方面的基本规范。

1. 封面和目录

在社会调查报告和社会实践总结报告的正式文本前面，最好能有一个封面。项目较多、篇幅较大的报告，可以考虑有目录页。

目录页可采用自动生成格式，也可以手工完成，能将报告中主要项目标题体现出来即可；正文内容一般列到二级标题即可，不必过细。目录字号用小四号或四号宋体皆可，具体考虑篇幅与内容容量，行间距适当，排版美观大方。

2. 报告题目

除了特殊情况，报告题目一般不要超过20字。根据长短设计适当字号，小三号、三号或小二号宋体皆可，要醒目，居中排列。如有主副标题，主标题字号稍大，副标题字号略小，居中上下对称排列，字体上要有所区别。

3. 报告撰写人

在题目下空一行居中，字体可自行选择，字号应比题目小，比正文略大。

4. 摘要和关键词

撰写人下空一行依次为"摘要"和"关键词"。字样可用小四号或五号黑体，加冒号后撰写具体内容。内容可用小四号或五号仿宋或楷体字，以区别于正文，显得清新醒目。摘要一般不超过300字，关键词一般3~5个。

5. 正文部分

"关键词"部分下空一行为正文部分。正文的逐级标题序号可使用"一、（一）、1、（1）"方式。

正文内容一般使用四号、小四号或五号宋体、仿宋或楷体，1.5倍行距。汉字必须使用国家正式公布的规范字，标点符号依国家有关标准规范使用。

正文中涉及的科技名词采用全国科学技术名词审定委员会公布的规范词或国家标准中规定的名称，尚未统一规定或叫法有争议的科技名词，可采用惯用的名称。使用外文缩写代替某一科技名词时，首次出现时应在括号内注明全称。外国人名一般采用英文原名，按名前姓后的原则书写。一般很熟知的外国人名（如牛顿、爱因斯坦、达尔文、马克思等）应按通常标准译法写译名。

报告中的量和单位必须符合《国际单位制及其应用》（GB3100—1993），它是以国际单位制（SI）为基础的。非物理量的单位，如件、台、人、元等，可用汉字与符号构成组合形式的单位，如"件/台""元/千米"。

报告中的测量、统计数据一律用阿拉伯数字；在叙述中，一般不宜用阿拉伯数字。报告中的公式应居中书写，公式的编号用括号括起放在公式右边行末，公式与编号之间不加虚线。

报告中的表格应有自己的表序和表题，表序和表题应写在表格上方居中排放，表序后空一格书写表题。表格允许下页续写，续写时表题可省略，但表头应重复写，并在右上方写"续表××"。表格内容必须清楚易读，排列要适当，组织要符合逻辑。一般要求：表格的名称要专门针对表格内容；行和列要包括适当的小标题；表格空间要能清楚地分隔数字，不要拥挤；报告中的表格格式要一致。

文中的插图必须精心制作，线条要匀称，画面要整洁美观，照片应清晰。插图一律插入正文的相应位置，并注明图序、图题，每幅插图应有图序和图题应放在图位下方居中处，图序和图题一般用五号字。

6. 注释与参考文献

报告中有个别名词或情况需要解释时可加注说明，注释可用脚注形式，自动插入即可。除了特殊情况方便行文，一般不在行文中插注（夹在正文中的注）。

参考文献列于文后。参考文献按文中引用的先后排序，一般序码宜用方括号括起，且在文中引用处用上标方式插入序号，字号可自动生成，一般是五号或小五号。文献作者不超过3位时，全部列出；超过3位只列前3位，后面加"等"字。中国人和外国人名一律采用姓前名后著录法。外国人的名字部分用缩写，并省略"."。参考文献的具体书写格式可参考《信息与文献　参考文献著录规则》（GB/T 7714—2015）的规定。

> **课后习题**
>
> 1. 如何使用恰当的引用和参考文献，确保报告的学术诚信和规范性？
> 2. 如何进行数据和图表的有效展示和解释，以支持报告的主题和观点？

第六章 大学生社会实践总结与成果转化

有句成语，叫"行百里者半九十"。社会实践也一样，很多重要的工作需要在实地调研活动开展后陆续进行。只有认真地总结并进行相应的成果转化，社会实践才算圆满。

本章主要内容为大学生社会实践的总结与成果转化，包括大学生社会实践报告撰写，大学生社会实践考评总结和大学生社会实践成果转化三个部分。

第一节 大学生社会实践报告撰写

社会实践是大学生向实践学习，向人民群众学习的最佳途径。而撰写实践的总结报告，则有助于提升认识，形成更具规律性的分析与思考。对于社会实践总结报告的写作，"看似寻常最奇崛，成如容易却艰辛。"撰写一篇出色的社会实践报告绝非易事，这需要在认真实践并掌握大量资料的基础上加以有效整理，结合实践选题方向报告的类型，根据一定的行文思路与结构，将通过社会实践形成的观点加以详细叙述和表达。

一、社会实践材料的整理加工

在正式开始撰写实践总结报告之前，除了需对定性、定量资料做分析，还需要对这些初步获得的资料进行规范的整理和加工。只有经过科学、系统的整理和分析，才能为撰写报告打好基础。

（一）社会实践材料的整理

大学生通过社会实践，搜集到了丰富的材料，包含文字资料、统计数据、图片、视频、音频、实物等多种类型。所谓整理资料，就是以研究和总结为目的，运用科学方法，对实践所获得的各类资料进行审核检验、分类、汇编等初步加工，使之系统化和条理化，并以集中、简明的方式反映社会实践完成总体情况的工作过程。做好整理资料的工作，首先要清楚资料整理的重要意义和一般原则。

整理资料的重要意义：一是提高实践材料质量的必要步骤。社会实践获得的材料往往是分散的、零乱的，而且难免出现虚假、差错、短缺、冗余等现象。要解决这些问题，就需要进行一次全面检查和整理，以保证资料的真实、准确和完整，提高资料的质量和使用价值。二是研究和总结工作的重要基础。正确的研究结论来源于科学的统计分析和思维加工，科学的统计分析和思维加工又依赖于实践材料的真实、准确和完整。因此，必须采用正确的方法对实践材料进行整理，抽取出有科学意义的信息。三是保存资料的客观需要。社会实践的原始基础材料，不仅是得出分析研究结论的客观依据，对今后再研究同类的社会现象也具有重要参考价值，每次社会实践都应认真整理材料，以便长期保存、查找和研究。

整理实践材料时应遵循以下一般原则：①真实性。所整理的材料必须真实可靠，符合实事求是的原则，不能虚假或主观杜撰。真实性是整理材料的首要和最基本原则。②准确性。整理后的材料必须清晰明了，数据必须准确可信。如果材料内容模糊不清、数据相互矛盾，就无法得出科学的结论。③完整性。整理的材料应尽可能地全面完整，包括历史资料和现实资料、正面材料和负面资料、主体材料和辅助资料等。只有这样才能真实地反映研究对象的全貌。此外，整理实践材料时应考虑统一性，确保研究对象、指标定义、数据计算和结果表现等方面的统一。同时，要追求简明，将资料系统化、条理化，以简洁方式反映调查对象的整体情况。在处理材料时，要保持新颖性，采用新的观点和角度审视、组合材料，避免陈旧的思维方式，创造性地探索新问题，从而为研究的创新性打下坚实基础。

（二）社会实践材料的思维加工

什么是思维加工？"思维"有广义和狭义之分。广义的思维，相对于存在而言，是指意识、精神；狭义的思维，相对于感性认识而言，是指理性认识或理性认识过程，是人脑对客观事物间接的、概括的反映，是认识的高级形式。思维加工中的思维，是狭义的思维，是指理性认识或理性认识过程。

正式撰写社会实践总结报告前研究分析阶段的思维，是指实践者对整理后的资料进行思考、判断、概括、推理等加工的过程，因而称为"思维加工"。简而言之，所谓思维加工，就是调查研究者运用语言等思维工具和科学思维方法，对整理、统计分析后的资料做研究，继而得出结论的思维过程。

对于撰写实践总结报告而言，思维加工主要包括：概括实践获得的真实情况，以简明的方式概括社会实践的真实情况，是思维加工的首要任务，这需要对内容繁多、真假混杂、精粗相伴、层次不清的实践材料加以整理、思考和分析。分析有关现象的因果关系，要对实践材料进行由此及彼、由表及里的分析，逐步弄清造成各种社会现象的内外原因。揭示有关事物的本质及规律，要从通过社会实践获得的个别的、特殊的社会现象中，抽象、概括出一般性、普遍性和相对稳定性的东西，从而揭示出事物本质及其规律。证实或证伪、补充或修改原来的研究假设，要以实践材料为依据，运用各种思维方法来证实、证伪原来的研究假设，或者是补充、修改、完善社会实践前的研究假设。作出判断或结论，这是思维加工的根本任务，即对社会实践所获得的情况作出理性的判断或结论。对于应用性课题来说，还应在理性判断或结论的基础上，对实际工作提出具体的对策性建议。

二、社会实践报告的写作

俗话说，"编筐编篓，全在收口。"撰写社会实践报告，就是社会实践全过程的最终总结环节。作为反映社会实践过程和成果的书面报告，社会实践报告撰写的好坏，关系到实践成果质量的高低和社会作用的大小，同时也是社会实践成果交流使用和保存的重要载体。大学生在实践活动开展完成后，要投入精力做好实践报告的撰写，根据不同的计划和要求，以合适的形式通过社会实践报告表达出来。

（一）社会实践报告的分类与特点

社会实践报告是对某一情况、事件或问题，以文字、图表等的形式将社会实践的过程、方法和结果用书面作品表现出来。撰写社会实践报告的过程要在对所获取实践材料去粗取精、去伪存真、由此及彼、由表及里地分析研究的基础上，揭示出本质，寻找出规律，总结出经验。撰写实践报告的目的是告诉有关读者：社会实践的过程，实践中遇到的问题是如何研究的，最终取得了哪些结果，这些结果对于认识和解决这些情况、事件或问题有哪些理论意义和实际意义等。

社会实践报告作为社会实践成果的阐述和说明，主要有以下五方面特点：

真实性。所谓真实性，就是尊重客观事实，靠事实说话，这是社会实践报告最基本的属性和特点。这一特点要求社会实践报告中的事实必须是真实的，而非虚假的、歪曲的、捏造的；必须是具体的，而非抽象的、笼统的；必须是准确的，而非模糊的、含混不清的；必须是完整的，而非支离破碎的、片面的。这需要实践者（大学生）以严谨科学的态度认真实践，认真撰写报告。

针对性。社会实践报告的撰写必须有明确目的，做到有的放矢。这里有两层含义：首先，必须明确报告的读者对象。读者对象不同，社会实践报告的写作方法应有所差异。其次，必须明确要反映或解决何种问题，任何实践报告如果不是针对特定主题而写的，就丧失了实际意义。

时效性。社会实践报告的写作必须讲究时效。主要有两方面原因：一是大学生应对自己开展的社会实践活动作及时的总结，如果错过了最佳时机，往往会因为材料散失或其他原因无法撰写报告；二是社会实践报告反映的是新颖的现实问题，学校往往会要求学生在实践结束后规定的时间上交报告，及时掌握实践报告中提出的观点、认识。如果报告的写作延误了时间，其作用也会相应地减少甚至丧失。

系统性。系统性是指社会实践报告要系统地将社会实践所得的材料以及经过研究分析后取得的结论系统地展示出来。社会实践报告必须是系统的、具有强大的说服力。撰写时，要做到论证系统逻辑严密、摆事实、讲道理。

规范性。社会实践报告的撰写并非随意而作，在行文思路、结构、格式等方面都有一定的要求和规范。大学生在撰写时，要注意报告的规范性。由于社会实践的内容和形式丰富多样，所以社会实践报告有很多分类。一般来说，包括以下几种分类方法。

按照实践方式与类型的不同，社会实践报告可分为活动总结报告与调查研究报告。对于公益服务型、职业发展型实践，一般最后撰写活动总结报告，而调查研究型的实践则撰写调查研究报告。相比较而言，活动总结报告内容以记录主要实践活动的过程、总结社会实践经验、分享实践者感悟为主，语言比较通俗、生动；调查研究报告则需要以比较规范的行文思路，介绍调查方法、研究方法，对实践获得的资料进行统计分析和思维加工，对调查对象详细分析，并进行思考或提出建议，具有一定的学术意义或应用价值。调研报告的语言要求规范、准确。

按照实践活动参与人数的不同，可分为团队总结报告和个人总结报告。团队总结报告和个人总结报告在结构和形式上大体相同，二者的区别在于报告内容上有不同的侧重点。团队实践报告需要从宏观把握整个实践过程，突出团队实践过程，体现团队协作精神，可以在团队实践报告中附上少许团队成员感悟。个人实践报告的撰写，体现的主观色彩会浓厚些，主要是从个人角度出发，突出个人在实践活动中的行为和思想。

当然，社会实践报告的分类还可以有很多种的分法，不能简单一概而论。这里只是列出了最常见的几种。大学生在实际撰写报告时，可以根据社会实践的具体情况选择相应的报告类型。另外，社会实践报告的层次也有深浅之分，本节提到的社会实践报告，是指狭义上的社会实践后"初加工"形成的较规范的书面作品。

（二）实践报告的一般结构

大学生思想政治理论课社会实践报告要根据不同的实践主体、具体的社会实践活动内容和思想政治理论课社会实践报告性质本身，对所进行的社会实践活动的目的、主旨、功能、结构、特点和效果等要素来协同组织、统筹安排。从总体来说，一份完整的、规范的思想政治理论课社会实践报告应主要由标题、摘要、关键词、正文、谢辞、参考文献和附录等几部分内容组成。

1. 标题

标题，俗称"题目"。一般来讲，标题主要是用于概括思想政治理论课社会实践的对象、内容、范围或者揭示主题。标题部分通常可以有以下两种写作方法。

（1）公文式标题。

学术界有人把公文式标题称为规定式标题格式，即发文主题+文种，基本格式为"×××关于××××××的实践报告""关于××××××的实践报告""××××××实践"等。例如，"关于大学生日常消费情况的实践报告""大学生诚信状况调查"等。

（2）观点式标题。

学术界有人把观点式标题称为自由式标题格式，即"明确的语义表达"+"陈述或提问语气"，基本格式为陈述式、提问式和正副标题式三种。

陈述式。例如，"成都大学思想政治理论课本科毕业生司法考试情况调查"等。

提问式。例如，"为什么高校大学毕业生择业倾向北上广深等一线城市或地区"等。

正副标题式。这种正副标题相结合的标题格式往往要求在正标题部分，报告人首先要陈述清楚思想政治理论课社会实践报告的主要结论或所提出的中心问题，务必要直奔主题，直接揭示社会实践报告的主旨。在副标题部分，首先要用破折号"——"表明，然后报告人要具体概括思想政治理论课社会实践报告的对象、范围、问题和补充等基本信息。实际上，这种正副标题相结合式样的思想政治理论课社会实践报告写法有点儿类似于前面所提到的公文式标题，即发文主题+文种的标题格式。例如，"灾后重建重在思想建设——关于'5·12'汶川地震灾后重建思想建设状况调查实践思考"等。

大学生在撰写具体思想政治理论课社会实践报告时，完全可以根据自己的写作特长、客观需要和实际情况进行标题的选用和设计，在这里，我们不做硬性规定。但是，根据以往的评阅经验来看，我们建议，作为一种规范的、正式的实用文写作，大学生最好采用公文式标题格式，或者观点式标题格式中的正副标题式。同时，大学生还要注意到，要严格控制标题字数，一般不宜超过20个汉字，应尽量使用简洁明了的文字来表达，要言简意赅，不要啰唆一长串。如果有些思想政治理论课社会实践活动细节必须要放进标题里，为了避免烦琐、冗长，可以在正标题下增设副标题，把思想政治理论课社会实践活动的细节内容放到副标题里来说明。

总之，大学生一定要力争做到通过标题部分的展现把思想政治理论课社会实践活动的对象、内容、特点等重要信息较为客观、准确、全面地概括表达出来。

2. 摘要

大学生在撰写思想政治理论课社会实践报告的标题部分之后和正文部分之前，还需要配有定字数的思想政治理论课社会实践报告内容摘要（含关键词）。摘要部分撰写的目的主要是用来反映思想政治理论课社会实践报告的主旨内容和主要观点，要求报告人用较为简明、客观的语言，概括地阐述本次思想政治理论课社会实践活动过程中的实践目的、调查方法、最终结果、基本结论等，它不要求报告人做任何的评论和解释，具有短、精、全的特点。而且，摘要部分要能够独立使用，且具有与正文等量的信息。

一般情况下，摘要部分主要包括摘要字样，摘要正文，关键词字样。关键词摘要具体分为中文内容摘要和英文内容摘要。有的学校明文规定，大学生在思想政治理论课社会实践报告的中文内容摘要部分写完之后，还需要根据中文内容摘要翻译成英文内容摘要（含关键词），是否必须要有英文摘要根据不同学校的具体规定要求而定。摘要部分往往能够帮助他人透彻地理解社会实践报告的中心思想，迅速地抓住社会实践报告的基本观点，较好地把握社会实践报告的主要信息。因此，根据以往的评阅经验来看，我们建议，大学生在撰写社会实践报告中文内容摘要部分时，一定要严格按照以下规范要求来做。

一是字数适宜。要严格控制好中文内容摘要的字数，既不能一笔而过，显得很单薄，也不能洋洋洒洒，显得很松散，而是要做到重点突出，字数适宜。同时，我们建议，中文内容摘要一般以不超过300字为宜。

二是用词精准。大学生在写中文内容摘要时要字斟句酌，既不能废话连篇，提供不出有价值、有效用的信息，也不能含糊其词，让评阅人看后一头雾水，摸不着头脑，应做到观点鲜明，用词精准。需要指出的是，在中文内容摘要部分不应使用"本文认为""作者指出"等类似词汇，要用第三人称来表述。

三是关键词选好。从评阅以往的大学生思想政治理论课社会实践报告状况来看，大学生选取关键词时往往显得很随意，大都认为随便填几个词就可以了。其实，这种做法是非常不可取的，不能较好地反映出报告的主题。因此，我们建议，大学生要从思想政治理论课社会实践报告的标题或正文中选出最具有代表性和关键性的词组来作为社会实践报告的关键词，真正起到检索标识的作用。通常以选取3~6个关键词为宜。关键词与关键词之间统一用分号相间隔，且每个关键词不宜超过四个汉字。

3. 正文

一般来讲，正文是思想政治理论课社会实践报告的主要部分，主要由前言、主体和结尾三部分内容构成。

（1）前言。

前言又称引言或导言，该部分要求报告人以社会实践活动的基本情况为主，主要介绍社会实践活动的组织者、参加者和指导者，以及社会实践活动的主题、时间、地点、目的、价值和意义等基本信息。然后用诸如"现将此次思想政治理论课社会实践活动的有关情况报告于下"等字样直接过渡到社会实践报告的正文主体部分。

前言的写法也是因人而异的，视具体情况而定。大体说来，前言主要有以下几种写法。

其一是交代清楚社会实践活动的缘起或目的、时间和地点、对象或范围、经过与方法，以及社会实践活动的人员组成和考察结果等思想政治理论课社会实践活动本身的基本情况，进而从中引出中心问题或基本结论来。

其二是交代清楚社会实践活动对象的基本情况，进而提出中心问题或主要观点。

其三是开门见山，直截了当，着重概括出社会实践活动调查的结果。例如，肯定做法、点明问题、揭示影响、说明中心内容、阐明重要意义等。

前言部分既可以独立成段，也可以放到正文主体相关部分之中进行说明。正因如此，有的学生认为前言部分是可写可不写的，完全可以根据撰写社会实践报告的现实需要进行取舍，由报告人根据实际情况自行决定。其实，这样的想法是完全错误的，前言部分不是可有可无的，而是要尽量保留并予以明确说明。因为，前言部分往往在整个思想政治理论课社会实践报告中起着画龙点睛的作用，它对于评阅人评定思想政治理论课社会实践报告的优劣、好坏往往起着至关重要的作用。因此，我们建议，大学生在具体行文时要尽量保留前言部分，使之单独成段。同时，大学生在写作前言时一定要谨慎对待，认真撰写，力争做到重点突出，用词精练，高度概括，直切主题。

（2）主体。

主体也称正文。该部分要求大学生根据学校相关规定要求来撰写思想政治理论课社会实践报告的中心内容，它是思想政治理论课社会实践报告的主要部分和核心内容，是对思想政治理论课社会实践活动具体经过的详尽表述，也是对思想政治理论课社会实践活动利弊得失的透彻分析。在该部分，报告人可以全面阐述社会实践活动的基本情况、具体做法和经验总结，深刻剖析社会实践活动过程中项目负责人和团队成员对所获得材料的认识，对所发掘问题提出的具体意见和建议，以及正确把握社会实践活动过程中所总结得出的认知、体会、感悟和基本结论等。

该部分要求报告人根据不同的社会实践报告类型进行自主设计和论证。通常情况下，情况陈述型以反映客观事实为主，典型分析型以揭示规律为主，观点证明型以论证作者的认识或主张为主。组合方式通常有三种：①按空间顺序排列；②按时间顺序排列；③按事物的不同性质及内在联系排列。根据以往的评阅经验来看，我们认为，大学生在撰写思想政治理论课社会实践报告的主体部分时，一定要做到主次分明，详略得当，条理清晰，逻辑紧凑，通过摆事实，讲道理，力争做到观点鲜明，结构合理，文字通畅。同时，我们建议，大学生在撰写思想政治理论课社会实践报告的主体部分时，还应该格外注意（这也是不少学生常常忽略的）一定要结合高校思想政治理论课的相关课程知识内容，灵活运用思想政治理论课基本理论，结合自身专业背景和专业特长，围绕富有理论意义、现实意义和启发意义的社会现实问题，着重写出自己参加社会实践活动之后的认识，尤其是要注意写出自己对社会实践活动的体会与感悟，最好是独立思考后的理性认识和深刻体会，以及对组织社会实践活动的整体评价等。主体部分的字数一般控制在3000~5000字为宜，对于较大的社会实践项目则可以适当增加篇幅。

（3）结尾。

结尾是社会实践报告的落脚点和总结。该部分主要是报告人对本次社会实践活动的总结、补充、意见、批评或者建议等。思想政治理论课社会实践报告结尾部分的写法同样是灵活多样的，没有写作方法方面的硬性统一规定。

在思想政治理论课社会实践报告的结尾部分，大学生可以写出自己对社会实践活动过程中根据发现的问题而提出破解的思路、路径和解决的方法、对策；可以通过全面回顾与系统梳理社会实践活动的大致过程和主要观点，写出自己对进步深化社会实践活动主题的认识，以及对今后下一步更好地开展社会实践活动工作的合理性建议和可操作性办法；可以是基于社会实践活动调查过程中所发现的社会现实问题，提出自己的看法，进而引发更多的人进一步的思考；可以是通过对未来的展望和前景的描绘，吸引越来越多的人对此问题予以高度关注，进而增强感召力和号召力。虽然思想政治理论课社会实践报告结尾部分的写法灵活多样，可以根据报告人的具体行文情况采取自然收结而不另外单独成段的方式，我们不做硬性的统一规定。我们认为，为了保证思想政治理论课社会实践报告的完整性、统一性和规范性，大学生在具体撰写思想政治理论课社会实践报告时，结尾部分还是要保留的。因为，它在规范的实用文写作要求中不是可有可无的，是必须要有的。因此，根据以往的评阅经验，我们建议，思想政治理论课社会实践报告的结尾部分虽然写作内容不多，写作要求不高，写作方式不一，但在具体写作社会实践报告结尾部分的时候一定要注意是有感而发，是在对整个思想政治理论课社会实践活动过程进行归纳和综合后自然而然、水到渠成地得出结论。且说空发议论，词不达意，"为赋诗词强登楼"，甚至是为了达到增强号召力和感染力的目的，而说一些假话、大话、空话、套话，这些错误的做法在评阅社会实践报告中都是屡见不鲜的，在行文过程中一定要注意避免出现这种情况。

4. 谢辞

一般来讲，在大学生思想政治理论课社会实践报告中对谢辞部分没有明确要求，通常情况下也是不做硬性规定的。也就是说，谢辞部分在思想政治理论课社会实践报告中是可有可无的，完全由报告人根据实际需要来选择是否进行写作。其实，谢辞部分通常是报告人用较为简单、明了的文字对在社会实践活动过程中和社会实践报告撰写过程中，直接给予切实帮助的指导教师、答疑教师、实践单位和其他人员表示诚挚的谢意。例如，感谢成都大学×××学院×××指导教师对本次社会实践活动的悉心指导，感谢成都大学×××学院×××老师对社会实践报告撰写提供的相关资料和认真修改，使得本次思想政治理论课社会实践得以圆满、顺利完成等。

5. 参考文献

参考文献是大学生撰写思想政治理论课社会实践报告中不可或缺的组成部分，读者通过阅读参考文献部分就能够看出社会实践报告的取材范围和资料来源。可以说，一份社会实践报告的材料广博程度如何，可信程度有多大都能通过参考文献来体现，它也是评阅者评阅思想政治理论课社会实践报告的重要标准之一。同时，准确无误地标明索引和参考文献也是报告人对他人知识产权的承认和劳动成果的尊重，进而避免发生抄袭、剽窃等涉及学术不端的不道德行为。根据以往的评阅经验，我们建议，大学生在撰写思想政治理论课社会实践报告过程中定要清晰注明引文出处和参考资料，并且文献项目和文献要素需要统一放到社会实践报告的文末（当然，也可以用文尾注的形式表明）。同时，还应该注意，参考文献序号与文中指示序号应一一对应。

6. 附录

对于某些表格、文件、问卷和其他不宜放在正文主体部分中的相关说明材料，同时，这些说明材料的内容又具有较高的参考价值和借鉴意义，报告人可以把它统一编入思想政治理论课社会实践报告的附录部分，一并放在文中相应位置。通常情况下，如果没有统一规定要求，报告人可以直接把这些说明材料附在社会实践报告正文参考文献的后面。

总之，思想政治理论课社会实践报告的内容分类和结构格式主要以上述所提及的相关内容板块为主，大学生在具体撰写思想政治理论课社会实践报告时可以查阅、参考和选用，以资借鉴。但是，大学生还应该注意的是，在具体行文撰写思想政治理论课社会实践报告时，虽然可以按照上述内容分类和结构格式进行构思和设计，但在行文过程中就不要再画蛇添足地标出"标题""前言""正文"等字样了。对于"摘要""参考文献""谢辞"等,则可以明确标出。

(三)实践报告的写作要点

不少大学生比较恐惧应用文写作,当然也包括实践报告的撰写。实际上,只要掌握规律勤于练习,是可以掌握撰写实践报告的基本能力的。实践报告的写作也并非没有规律可循,一般来说,需要完成以下几个必要的步骤。

(1)提炼主题。实践报告的主题是整个报告所要表达的核心问题,也是其灵魂所在。确立清晰而适当的主题,是顺利进行社会实践报告撰写的关键前提。通常情况下,社会实践报告的主题与社会实践项目的主题一致,即报告所要反映的核心问题与整个社会实践活动的核心问题相一致。然而,有时由于特定原因,实践报告的主题可能无法完全与社会实践项目的主题一致。举例来说,当一项社会实践活动包含的内容繁多、领域广泛时,报告很可能无法涵盖所有内容,或者内容过于零散。这时需要筛选部分内容并确定相应的报告主题。另外,有时实践活动的最终效果可能与最初预期存在差距,无法支撑预先设定的主题。在这种情况下,需要根据实际情况和结果重新确定实践报告的主题。形成的主题通常作为社会实践报告的总标题。

(2)拟订提纲。确定主题后,应先筹划报告的整体架构,并将其转化为详细的写作提纲。若主题是报告的灵魂,那么提纲就是其骨架。通常情况下,实践报告中的前言等部分相对固定。因此,拟订提纲是针对实践报告的主体部分而言的重要步骤。确定提纲有助于梳理思路、明确报告内容,并规划整体结构,为实际写作提供基础。拟订提纲的方法是对研究结果进行细分,然后进一步详细阐述每个细分部分。

(3)精选材料。社会实践报告的材料是其血肉。在撰写研究报告之前,必须对所有的实践材料进行选择。这种选择首先应以报告提纲的范围和要求为依据,即应按照报告的"骨架"来选择填充的"血肉",以保证所选取的材料与报告的主题密切相关。其次,还要坚持精简典型、全面的原则,确保既不漏掉重要的材料,又使所用的材料具有较大的代表性和较强的说服力。报告所使用的材料通常包括两种形式:一种是来自研究中得到的各种数据表格、事例等客观材料,另一种是在这些客观材料的基础上通过分析、综合、概括等思维加工所形成的观点、认识、建议等主观材料。这两种材料相互联系、相互依赖,共同构成填充报告"骨架"的"血肉"。

(4)撰写报告。完成以上三个步骤意味着社会实践报告已经具备了灵魂、骨架和血肉,但还需要将其组织整合起来,这便是撰写报告的过程。在撰写报告时,应考虑文体的特点，并明确读者对象。通常，撰写报告的方法是一气呵成地从头到尾进行，避免在小节上过多停顿推敲，以免耽误时间。这样做的好处在于能够确保整个报告紧密围绕所确定的主题展开，使得报告在思想、结构、内容、形式和风格等方面都始终一致，形成一个统一的整体。当整篇实践报告完成后，应反复从头到尾阅读审查，并认真修改每一个细节，以使报告更加丰富和完善。

（5）推敲语言。实践报告的语言是其外在表现的关键。一篇高质量的实践报告要在准确提炼主题、合理安排结构、精选调查资料的基础上，反复推敲书面语言。报告根据种类的不同，可以选择第一人称或者第三人称的写法。社会实践报告作为一种以叙述为主的文体，有其独特的语言风格。一般来说，实践报告的语言应力求做到以下几点。准确，即陈述事实要真实可靠，引用数据要准确无误，议论要缘事而发、把握分寸。统一，即全文概念名称、术语要前后统一，不要随意更改任意混淆。简洁，要尽可能用少的文字表达尽可能多的内容，避免冗杂，叙述事实不作过多描绘，阐述观点不做烦琐论证，坚决删去一切不必要的段落和字句。朴实，报告语言要通俗易懂，要避免使用深奥的专业术语和华而不实的辞藻，不随意运用夸张手法和比喻。生动，语言应生动而朴实，具有形象和活泼的特点。可以适当运用一些通俗易懂的语言，但避免使用大多数人不理解的方言，容易引起歧义或搞怪的网络词语也应避免或慎用。在行文中，应以客观的态度陈述事实，避免主观或情感色彩过重的表达。文章应以向读者报告的方式呈现，而非试图说服读者接受某种观点或看法。作者的个人观点不应被强加给读者，因为读者更关心的是研究得出的客观事实，而非作者的主观见解。尽管在报告中离不开作者的主观分析和思考，但各种结论的得出一定是研究资料和客观事实的逻辑结果，而不应该是作者个人主观看法的延伸。

（四）社会实践报告写作格式

撰写社会实践报告，还应遵循一定的写作格式，这里简要介绍一些注意要点。

1. 标题格式

社会实践报告通常篇幅较大，因此往往有多级标题。一般的情况是：一级标题用中文数字，顿号断开后接标题名。如"一、二、三……"。二级标题用带括弧的数字接标题名（括号后面不加标点符号）。如"（一）（二）（三）……"。三级标题用阿拉伯数字，点号隔开后接标题名。如"1.2.3……"。四级标题用带括号的阿拉伯数字接标题名（括号后不加标点符号）。如"（1）（2）（3）……"。排版时，一级标题居中，二级及以下标题左对齐。前三级标题独占一行，标题后不用标点符号，四级以下标题与正文连排。

2. 引文和注释格式

在撰写实践报告的过程中，有时需要引用别人的论述、数据、资料等来提出或证明自己的观点，有时需要引用某些不易理解的内容或概念，这时就应用注释方式对引用资料的来源、内容或意义作出必要的说明或解释。注释有以下三种方式。

（1）夹注。即夹在行文之中，在引用资料后面用括号对其来源、意义等作出说明或解释。例如，外文的人名、地名、人物生卒年月、较少见的专业名词等，多采用夹注方式。夹注不宜太长，否则就会影响文义畅通，不利于读者阅读。

（2）脚注。即在加注词右上方（或下方）加一个注释号（如①②③等），然后在该页下脚用小一号字体对夹注词的出处内容等情况作出说明和解释。

（3）尾注。即在加注词右上方（成下方）按顺序注明注释号。然后在本章末尾或全文末尾冠以"注释"的标题，并按注释号顺序，用小一号的字体对加注词的出处、时间、意义等情况作出说明或解释。一般地说，调查报告大都采用尾注的方式，注释连续编号；专著大多采用脚注方式，每页重新编码。

引文有不同的方式。直接引文，即引用别人的原话、原文，要用双引号将原话、原文引起来，其注释一般采用脚注或尾注的方式，间接引文（也成"引意"），即用自己的语言引用他人的观点或结论，则不必用引号把原意引起来，但仍引用脚注或尾注的方式说明其出处、内容或意义。提示性引证，即仅说明某书或某章节可以用来说明文中某一观点，也不需要加上引号。简介引文和提示性引证，都应在说明或解释文字前加上"参见"或"详见"等文字。

3. 字体排版格式

社会实践报告一般采用宋体作为主要字体，标题通常使用黑体字。对于字号大小，主体内容的字符一般是小四号字，各级标题的字号相应扩大。

课后习题

1. 撰写社会实践报告之前，对于已获得的材料应开展哪些整理和加工工作？
2. 请简述实践报告的分类与特点。
3. 请简述实践报告的写作步骤。

第二节　大学生社会实践考评总结

社会实践报告的完成并不是社会实践全部环节的结束，还需要完成最终的考评与总结。社会实践的考评与总结既是一项纷繁芜杂的系统工程，又是学校社会实践教育中的重要环节。无论对于社会实践活动本身，还是对于继续开展社会实践活动，都具有重要的意义。本节主要介绍社会实践考评与总结的相关内容。

一、社会实践考核评价概述

大学生社会实践究竟做得怎么样，社会实践活动在理论和实际工作中意义如何，都需要通过考核评价来全面反映。正确认识考核评价，能够帮助大学生更好地明确其意义，在这一过程中使个人能力有所提升和收获一定的成果。

（一）社会实践考核评价的目的与意义

社会实践的考核评价，就是对社会实践活动的选题过程、形成的成果，在学术或实际应用方面的价值，进行实事求是的考核与评价。

社会实践的考核评价旨在服务于高校组织者和大学生参与者的不同需求。对于高校而言，通过评价可以更全面地了解学生的实践情况，评估其所获得的能力，并审查实践活动的独立性与有效性，以便总结实践工作的经验和不足之处。对大学生来说，参与考核评价的目的主要是成功通过评价。鉴于社会实践的双重性质，高校在评估考核时，需采取多样化的方法和渠道，以获取全面多角度的评价结果。他们参与考核的主要目标是顺利通过。因此，大学生有必要了解学校组织社会实践考核评价的目的、采用的评价方法，然后有针对性地做准备。

顺利通过考评，固然是大学生参加社会实践考核评价所追求的目的，但如果仅局限在这一点认识上，态度就过于消极。社会实践的考核评价对于大学生来说，还是具有非常重要的意义。

首先，社会实践的考评是一个增长知识、加强交流学习的过程。为了应对社会实践的考评，大学生需要积极准备，对社会实践进行详细的梳理和总结。无论最终的考评方式是实践报告评阅还是进行答辩，都需要大学生对实践的过程、形成的观点熟记于心。最终通过报告评阅、参与答辩，学习其他同学的先进经验，相互交流、相互启发，对比发现自己实践活动的不足。这本身就是一个积累知识、增长能力、提升认识的过程。

其次，社会实践的考评是展示大学生才能、勇气、雄心、智慧、风度的好时机。通过社会实践考评，大学生可以将自己的才华在实践成果中加以集中展示。特别是对于采用答辩、交流点评方式进行的社会实践考评，大学生可以通过这次机会充分展示自我，模拟未来毕业答辩、求职面试的场景，使自己不再怯场，树立自信心。

最后，社会实践考评的还是向有关专家学习、请求获得指导转化实践成果的好机会。通过社会实践的考评，有关教师、专家会对出色的社会实践成果进行点评和指导。按照专家提出的意见加以修改、调整，一些社会实践成果可以产生更大的社会效益。

（二）社会实践考核评价的标准

社会实践的考核评价是否客观、全面、具有科学性与权威性，取决于考核评价的标准。学生社会实践活动效果的优劣也要依托于考评标准来评判。评价标准的设计要坚持教育性为主导，以育人为本，科学、系统、规范。由于大学生社会实践具有比较强的时代特点，所以社会实践的评价绝非一成不变，需要设计者不断加以调整和完善。一般来说，社会实践的考核评价主要需要考虑以下几个方面。

（1）选题立意难度和水平。选题是社会实践的最基础工作，因为选题方向决定了实践目标。客观上讲，社会实践的选题质量反映出实践者的水平。评价社会实践选题的好坏，可以采用选题评价的标准：重要性、可行性和创新性三条原则。同时，也要考虑大学生社会实践的选题与专业学习、服务基层、深入社会的结合程度。选题立意的难度和水平，是社会实践考评的基础部分。

（2）实践任务量和完成效果。社会实践是有一定的时间和任务量的要求。时间过短，自然不能完成应有的实践任务，也无法起到社会实践的预期效果。因此，社会实践的任务量、完成时间是考评社会实践的一个重要指标。完成效果则是社会实践考评的主要部分。在考评阶段，还需要考查学生是否按照策划申报方案严格执行，实践活动是否取得了实效。

（3）实践价值和社会影响。选题立意水平、实践任务量的评价可以看出大学生社会实践"受教育、长才干"的程度，但是对"做贡献"的评价还要看社会实践的最终价值。

大学生可以通过社会实践形成一份研究深入的报告，这样的实践就具备了一定的学术价值。如果大学生帮助实践单位解决了一些长期存在的问题，或者能够形成比较长期的帮扶项目、建立持久的实践基地等，这样的实践就有实际意义。除此之外，有些社会实践活动会产生些积极的社会影响，得到媒体的关注或者相关单位组织的表扬，这些也是社会实践价值的体现。

（4）报告或答辩完成情况。除了以上几点，社会实践的考评毕竟还是需要依托于一些固定的载体，如报告评阅、公开答辩、汇报点评等。因此，大学生在实际评判过程中的表现或完成情况，也可以作为社会实践考评的一项基本指标。

总之，社会实践的考核评价，特别是其评价标准是一项值得长期探索和研究的课题。只有不断探索完善，才能使社会实践的考评标准更加全面、更有深度。

二、社会实践的考评方式与应对方法

大学生社会实践的考评，既是学校对社会实践活动有效性的检查，也是学生对未来各类实践活动的开展积累经验。了解常见的社会实践考评方式并掌握必要的应对方法，能够使大学生在考评时取得较好的效果，而且有所收获。由于社会实践内容与形式的多样，各高校社会实践工作组织方式的差异，社会实践的考评方式并非严格固定。这里对社会实践最常见的三种考评方式与应对方法进行简要介绍。

（一）答辩展示

1. 答辩展示是大学生社会实践考核评价最常见的方式

在一些高校，所有社会实践团队都要参加答辩展示，从而获得最终的社会实践评价成绩；对于申报先进奖项的实践个人或实践团队，一般也需要通过参加答辩展示，最终由教师评审确定奖项。

2. 答辩是辩论的一种形式

辩论按进行方式的不同，可以分为竞赛式辩论，对话式辩论和问答式辩论。答辩就是问答式辩论的简称。答辩与其他辩论相比，有以下几个显著特点。

（1）答辩双方的不平等性。在社会实践的答辩过程中，答辩双方存在不平等的现象。首先，人数不对等。答辩评审教师的人数一般在三个或三个以上，即使是社会实践团队参加答辩，主讲人一般也只有一个。其次，答辩的评审教师始终是处在主动的、审查的地位上，而答辩者则始终是处在被动的、被审查的地位上，并且双方的知识、阅历、资历、经验等方面都有差距。

（2）答辩评审教师的双重身份。竞赛式辩论除了参加辩论的双方，还设有专门的裁判，即有"第三方"对辩论双方的高低是非作出评价。答辩虽然也要作出评判，但没有特定的"第三方"裁判，而是由答辩评审教师对学生的社会实践情况作出评价。由此可以看出，答辩评审教师有着双重身份，既是辩论员，又是裁判员。

（3）答辩内容范围的不确定性。社会实践答辩是由答辩者根据自己开展社会实践的情况进行说明的，同时答辩评审教师还会根据学生答辩的情况进行提问。由于对教师提问的题目，答辩者事先是完全不知晓的，社会实践答辩的内容范围也就具有了较大的不确定性。因此，在正式参加答辩以前，答辩者要对自己的实践活动进行广泛的思考并做好充分准备。表达方式以自述和问答交流为主，以辩论为辅。答辩通常包括两部分：一是由答辩者进行充分的自述和展示说明；二是以问答的主要形式进行论辩交流，一般是由答辩评审教师提出问题，答辩者作出回答。在问答的过程中，会出现答辩者与评审教师观点不同的情况，这时则应该进行辩论。从总体上说，答辩的两部分中以自述展示和问答交流为主，针对不同观点的辩论为辅。

（4）答辩规则的约束性。社会实践答辩一般是有一定规范和要求的，答辩者在参加答辩时必须遵守这些规则。例如，对于答辩的时间，通常会事先说明，一般在5~10分钟；答辩材料的上交截止日期和格式会有明确的要求和规范；答辩的流程也相对固定。社会实践的答辩一般包括：首先，评审教师在指定位置就座，答辩者到场准备；其次，评审教师宣布答辩开始，并向答辩者说明答辩的相关要求和注意事项；再次，答辩者依次进行答辩，先进行展示说明，然后与评审教师进行问答。答辩可以现场宣布最终结果，也可以不宣布。

参加答辩，需要携带一些必要的材料，一般包括：答辩材料（幻灯片、视频等多媒体材料），答辩讲稿提纲或自述提示，用于记录教师现场提问的纸笔等。除了评审教师事先获取的相关材料，答辩者在现场最好不要携带或分发其他材料。

（二）答辩应对技巧

这里介绍一些答辩应对的技巧，有助于答辩者在答辩时胸有成竹、沉稳应对。

1. 充分准备，自信展示

做好社会实践答辩，准备活动至关重要。第一，要准备好答辩材料，掌握答辩内容。答辩材料一般采用PPT形式，也可以采用视频、电子书等多媒体形式。总体上讲，答辩材料要简洁明了、美观大方、播放顺畅。答辩材料应以提纲性质的文字来表述，注意图文并茂、逻辑清晰。同时，要认真撰写社会实践答辩的讲稿提纲或自述提示，与答辩材料相互比照配合、反复推敲练习。第二，要调整好应对答辩的心态。答辩前应具备正确的答辩心理，树立成功的信心，既要克服紧张恐惧心理，也要避免漫不经心甚至消极抵触。第三，要对答辩中的提问进行预先准备。答辩评审教师提问，一般从检验真伪、探测能力、弥补不足三个方面进行，主要是了解社会实践的实际开展情况、学生收获情况和成果水平等，对答辩中出现的论述不清楚、不详细、不确切或者有矛盾之处提出疑问。答辩者应针对教师的提问，给予必要的补充说明，阐述完整。

2. 紧扣主题，详略得当

答辩材料的制作和展示阐述都要紧密围绕社会实践的主题和内容。

一般来说，应包括概述、实践成果、实践经验及收获等几个部分。概述应包括社会实践的主题、选题的背景及意义、实践方式（团队实践/个人实践）、日程安排概览等。成果应是答辩内容的主体，不同类型的实践成果各异，如调查研究型实践应简要介绍调查方法、调查数据来源，主要介绍调查数据的分析方法、得到的结论等内容；公益服务类型实践应简要介绍活动的方向和过程，突出展示重点的服务项目以及获得实效的活动；职业发展型实践则应重点介绍自己参与实践所从事的主要工作，以及获得的知识与技能等。经验及收获，是从实践向认识转化的升华，应该阐述和总结社会实践后产生的变化。在答辩中，一定要注意详略得当，把重点放在实践成果的阐释说明上，不要在一些不必要的内容上浪费时间，如团队成员组成、实践项目背景、准备联系过程等，如果时间有限可以不介绍。另外，答辩还要把握住展示实践内容的核心地位，不要为形式所累，最好不要配背景音乐，不要本末倒置地把表演节目、播放视频等原本属于"锦上添花"的部分错当作主体，否则既浪费了时间，也丢失了本源。

3. 注意时间，准确作答

社会实践答辩一般都是限定时间的，在答辩中无论是展示陈述说明还是问答交流时，都要概括性强，注意控制好时间。在陈述说明时，一定要配合好已有的答辩材料，提纲挈领、条分缕析，有层次性。如果出现播放错误、不顺畅等意外情况，也要保持冷静，按照原有的材料说完整。答辩总体进度要合理把握，防止语无伦次、东拉西扯，如果到了截止时间还没有说完，要尽快用简洁的语言表述并结束，不要拖拖拉拉。有些同学以为把想到的都说完答辩才算完美，其实是一种误解。答辩时间到点一定要结束，成绩高低与答辩时间长短绝不成正比，拖拉只可能给评审老师留下不好的印象。回答问题一定要抓住要害，有针对性地作答。在教师提问时，要集中注意力，听清问题的主旨和本义，必要时可以将问题记录下来。切忌在未弄清题旨、题意的情况下匆忙作答。如果教师的提问没听清，可以当即提问请教师再说一遍。如果问题显得宽泛模糊，可以请教师做些解释，或者把自己的理解说出来，得到肯定后作答。作答要切入正题，防止错位，抓住问题的要害和本质，简洁明了。

4.礼貌辩论，杜绝狡辩

在社会实践答辩中，可以出现辩论和反驳，但要杜绝拖延、强辩、狡辩等现象。辩论的问题一般属于没有定论的问题。由于社会生活千差万别，很多问题有待探讨，可以把自己的观点拿来同教师进行切磋和辩论。在回答教师进一步提问的过程中，要坚持实事求是的原则，对于那些因为没有实践、受知识面局限而答不上来的问题，不可强词夺理，能答多少就答多少。与教师的辩论过程要掌握分寸、注意礼貌，尽量使用委婉、谦虚的言辞，采用请教、商量的口气，不可咄咄逼人。不论答辩效果如何结果怎样，言行举止都要得体。答辩结束后，要避免过关完事的思想，认真听取教师的评判意见，分析不足、反思得失、总结经验，使自己在知识、见识、能力等各方面有所提高。

（三）材料评阅

材料评阅是大学生社会实践考核评价最通用的方式。材料评阅，是指学校通过社会实践登记表、总结报告、实践日志等书面材料的评阅，对大学生社会实践活动进行审查的考评方式。这种方式一方面可以直观地依托文字材料考查学生社会实践的成果和收获，能够充分锻炼学生的分析总结能力和应用写作能力，反映大学生对待社会实践活动的态度等。另一方面存在一定的局限性，如实践活动的质量、某些实践成果等不便于通过文字材料完整地呈现出来。因此，在一些高校，通常采用材料评阅与答辩展示相结合的考评方式，分数构成上以材料评阅为主。可以说，材料评阅仍然是最传统也是最通用的社会实践考评方式。应对社会实践材料评阅，主要从以下两方面入手：

（1）注意材料内容与种类的完整。社会实践登记表、总结报告、实践日志等书面材料，是对学生开展社会实践活动的书面记录和反映。不同学校社会实践书面材料的种类都有所不同。因此，在最后提交材料前，大学生要根据学校的具体要求对各种书面材料进行整理和检查，保证内容完整，没有缺损。例如，社会实践登记表、实践日志要确保内容充实，真实反映社会实践的具体开展情况；社会实践报告的标题前言、主体、结束语等部分要完整，思考和认识、取得的成果等能够有效呈现。为保证质量，在时间、精力允许的情况下，应该在初稿完成的基础上，对报告等材料进行反复修改，使字数符合要求，内容日臻完善。

（2）注意材料格式与装帧的规范。各高校对社会实践书面材料的提交一般都有相应的规范，务必要严格遵循。对于纸版的印刷材料，要使用统一提供的封面和内容模板，字体、字号、行距、图示、表格等要遵守要求，在规定尺寸的纸张上单面或正反面印刷。按照相应的顺序装订所有的材料，注意保持材料整洁干净、美观大方。电子版材料在提交时，要注意文件种类和命名格式的要求，控制好文件的大小。

（四）交流点评

交流点评是大学生社会实践考核评价最基本的方式之一。在20世纪八九十年代，社会实践考评方式通常是在学生实践归来后召开经验交流讨论会，由教师进行点评。这种考评方式虽然不像答辩展示、材料评阅等形成量化的分数，但形式活泼生动，很多问题能够得到更好的讨论，通过相互观摩学习，给学生留下的印象也比较深刻。

随着社会实践考核评价方式的日益规范，交流点评逐渐成了答辩展示、材料评阅等形式的补充。一些高校会在社会实践结束后，组织各种层级和形式的交流点评活动。例如，以班级为单位组织"实践归来话收获"主题交流会，以院系为单位组织基层经验总结交流会，以学校为单位组织总结表彰大会等。

由于交流点评的考评方式相对轻松，在应对方法上，主要是充分做好发言准备，把社会实践的成果和收获用逻辑性强、活泼生动、简明扼要的语言叙述出来。条件允许的，可以在发言的基础上准备一些展示材料，以提升交流效果。交流点评不能仅满足于自己的讲话，而要重在学习其他好的经验，听取教师点评意见。

充分发挥交流点评作用，依托总结表彰大会，促进实践育人功效

北京科技大学高度重视社会实践的考评和总结工作，通过精心设计，不断地挖掘其育人功效。学校把社会实践总结表彰大会作为展示全年工作成果的盛典，连续举办近十年，成为社会实践工作的一项品牌活动。

一、确立紧密结合年度社会实践工作特点的大会主题

学校在主题设计上狠下功夫，既契合年度实践主题，又突出活动特色，易于学生接受。例如，2012年，结合"挥洒青春访民生，投身实践走基层"的社会实践主题，确立了"行走在祖国大地上"的大会主题。

二、内容突出育人导向，形式上力图创新，把有意义的事情做得有意思

在表彰先进、树立典型内容的基础上，学校努力使总结表彰大会的形式跳出"颁奖""讲话"的窠臼。通过情景剧、微电影展播等活泼生动的形式吸引学生，使学生在欢笑中思考、在观摩中进步。

三、明确总结经验、启发思考的定位，促进工作水平不断提升

学校不仅发掘年度工作的亮点，也着力思考每年工作中不完善的方面。在大会上邀请思政课教师、专业课教师、党政干部等为社会实践工作提出意见建议。表彰大会实施以来，通过年终的回顾和总结，学校社会实践工作的整体水平得到不断提升。

> **课后习题**
>
> 1. 请简要说明社会实践考核评价的目的与意义是什么？
> 2. 社会实践通常有哪些考评方式？
> 3. 如何做好社会实践考评的应对准备？

第三节　大学生社会实践成果转化

社会实践的成果转化，是大学生由实践向认识升华的过程。在这一过程中，社会实践的成果得到进一步的提炼和传播，大学生的实践能力也不断内化于心。社会实践的成果转化是一个内涵非常丰富的概念，本书将其分为学术型和活动型两类。

一、学术型实践成果转化

英国文学家萧伯纳说过："倘若你有一种思想，我也有一种思想，而我们彼此交流，那我们将各有两种思想。"学术型实践成果的转化，就是将社会实践的思想成果加以总结并在更大范围内交流的工作。这里介绍以下几种最为常见的学术型实践成果转化方式。

（一）发表论文

通过社会实践成果转化发表论文，可以获得更大范围的认可，实现更大的社会价值。发表论文有以下意义：第一，是对社会实践成果的公开与再次鉴定。通过社会实践形成的报告，无论是自我认定还是学校评价，毕竟是小范围的鉴定结果。通过成果转化形成学术论文，如果能发表，则是更大范围地对社会实践成果质量的一次检验和提高。第二，有助于培养和提升大学生进行学术研究、开展学术交流的能力。撰写、修改和发表论文，本身就是一次科研实践，有助于进一步激发学习和研究的兴趣，并在这一过程中建立对某一学科的学术交流渠道，对未来继续深造、深化研究工作大有裨益。第三，为丰富人类知识宝库和促进社会发展作出贡献。发表论文使大学生社会实践的成果作为文献保存下来，成为知识宝库的重要组成部分，从而能为同代人和后人借鉴或共享。如果论文中的某些观点、技术能够在社会生产实践中得以推广、运用，就会对经济社会发展产生直接影响。发表论文不能等同于把社会实践报告直接投稿发表。论文通常是就某一方面、某一问题、某一领域或者某一细节展开介绍、讨论、分析、展望或者说明，要求结构短小但内容完整,强调研究内容的创新性及文章本身的可读性和规范性。因此,发表论文前通常要进行系统的修改,这也就是将社会实践成果加以转化的过程。论文的修改一般从三方面入手:一是提高论文内容的学术性。论文的内容是学术期刊编辑衡量稿件质量的首要指标,修改时要注意的问题包括:主题是否新颖、超前,论证是否透彻、全面,论据是否确凿、充分,数据、图表是否准确等。二是注重论文结构的科学性,主要注意:各部分结构是否完整,思路是否清晰,逻辑是否严密,各级标题、编号是否合理等。三是加强论文语言和格式的规范性,主要注意:文字表达是否准确、通畅,遣词造句是否精炼,数字和标点用法是否恰当、正确,计量单位是否符合国家标准和国际标准,中外文字符的大小写、正斜体、上下脚标是否准确,索引、参考文献是否在文末列出,文、图、表等标号全文是否一致,字数是否符合要求等。

关于学术论文的撰写和排版,中国期刊学术论文的组成部分一般包括:标题、作者署名、摘要、关键词、中图分类号和文献标识码、引言、正文、结论和建议、参考文献等。

标题,又叫题目、题名或文题。有的标题还包括副标题或引题。所谓标题,是以最恰当、最简明的词语反映论文中最重要的特定内容的逻辑组合。标题所用每一词语必须考虑有助于选定关键词和编制题录、索引等二次文献可以提供检索的特定实用信息。标题一般不宜超过20字。

作者署名,在题名之下正中。作者署名的主要意义包括:作为拥有著作权的声明、表明文责自负的承诺、便于读者同作者联系。期刊中要求作者署名的格式一般分两行,第一行写清作者姓名(或集体署名),第二行注明作者的工作单位名称、地名和邮政编码。

摘要,是论文内容不加注释和评论的简短陈述。摘要应具有独立性和自明性,即不阅读论文的全文,就能获得必要的信息,其内容应含与论文同等量的主要信息。摘要中应有数据、有结论,是一篇完整的短文,可以独立使用,可供引用。中文摘要一般不宜超过300字。

关键词,是为了文献标引工作,从论文中选出用以表示全文主题内容信息款目的单词或术语。每篇论文选3~8个词作为关键词。关键词列于摘要段之后。

中图分类号和文献标识码,期刊学术论文刊载时一般还要注明中图分类号和文献标识码,以提高文献检索的实用性,确定论文的检索范围。

引言,又称绪论,旨在简要阐述论文的研究目的、范围、相关领域的前人工作和知识空白、理论基础和分析、研究设想、研究方法、预期结果和意义等内容。这一部分的表述应当简洁明了,避免与摘要重复,也不应成为摘要的注释。对于较短的论文,可以用简短的段落文字来引入论文的主题和关注点。

正文，是论文的核心部分，承载着研究工作的成果和学术水平。由于不同论文涉及的学科、选题、研究方法和结果表达方式等存在差异，因此对于正文内容并不存在统一的规定。然而，总体思路和结构应当遵循"提出论点，通过论据（事实和数据）对论点进行论证"的基本要求。

结论和建议部分是论文最终的总结，不应简单重复正文内容的小结。如果无法得出明确的结论，也可通过讨论部分提出建议、研究设想、设备改进意见或未解决的问题等。

参考文献，是为撰写或编辑论文和著作而引用的相关文献信息资源，属于学术论文不可缺少的一个组成部分。参考文献是对前人成果继承的反映，尊重他人著作权的标志；是真实反映论文中某些观点、数据、资料来源的依据；是向读者提供检索信息资源的线索。按机关规定，参考文献应在文中引用的地方予以标明，并在文末列出。

在教师指导和帮助下转化形成的学术论文，一经完成即可选择向媒体投稿。这些论文可投向期刊、报纸、网络出版物，一般以专业期刊为主。向期刊投稿时，要根据论文的内容、质量，对期刊的类别和级别有所选择，以提高投稿的效率。

在论文投稿的实际过程中，一般要注意以下几方面问题：要学会查找投稿信息。这是投稿的基础工作，平时对投稿相关信息多留意、多收集有助于及时投稿、准确中稿。了解和掌握投稿信息通常有以下几方面的渠道：一是从专业期刊上了解相关征稿的具体信息和要求。期刊的征稿信息较多地登载在年初或年末的期刊上或常年发布在网上该刊的相应版面。二是通过有关数据检索系统，检索相关期刊的投稿信息。通过中国知网、万方数据知识服务平台、维普网等，可以方便地检索到被其收录的我国公开出版的期刊的详细信息，特别是包括与投稿相关的编辑部信息、邮编、电子信箱等。要尽量做到"知己知彼"。所谓"知己"，是对自己稿件的质量有个基本认识。论文的质量有高下之分，要根据成果的类别和分量，选择向不同性质、层次的期刊投稿，避免出现"低稿高投"或"高稿低投"的情况。所谓"知彼"，则是对投稿的刊物有基本了解。论文要适应所投刊物的特点和要求。由于不同期刊的办刊宗旨、报道重点和特点不同，因此对论文的内容要求、编写格式等要求也不一样。同时，还要对期刊的稿源情况有所了解，选择稿源少的期刊，稿件往往会发表得快一些。

掌握基本的投稿方式。通常有以下几种投稿方式：第一，邮寄稿件，按照刊物编辑部地址将稿件寄送至编辑部或相应编辑。这是最基本的投稿方法。第二，电子稿投稿，即通过电子信箱，向开通E-mail的学术刊物编辑部投稿，邮件正文中写明所投稿件的题目、文件格式等信息，以附件的形式附上论文发送。第三，送稿，即作者将稿件直接当面送交编辑。这种方法费时费力，不建议采取。第四，推荐，即达到发表水平的稿件，经由同行专家、本校老师等推荐给相应期刊。

正确对待投稿处理的结果。稿件寄出之日起，就是等待期刊编辑部的处理结果。投稿处理结果有三种：一是接受，经编辑略作修改后刊出。二是退修，即编辑部把稿件退还给作者，附上修改意见，待修改后再审定，决定是否发表。三是退稿，即编辑部不采用。退稿通常包括以下几种原因：稿件质量差；稿件内容与期刊宗旨不符，建议改投其他刊物；积压稿件较多等。论文投稿无论是否成功，都是积极进行成果转化，参与科研的体现，要以平和的、正常的心态对待，从而追求更大的进步。

（二）参加竞赛

竞赛是激发潜能和创造力的最好手段。调查研究、科技发明与研究等类型的社会实践结束后，可以将形成的学术成果进一步转化，通过参加竞赛检验成果的质量和水平。

通过参加竞赛，可以进一步深化社会实践成果，调动大学生学习专业的积极性，同时还能够有效地锻炼大学生的非智力因素，如增强信心、磨炼意志、提高竞争意识等。通过参加竞赛的洗礼，很多优秀的人才脱颖而出。有数据显示，在相关竞赛中取得一定成绩的大学生，在就业、创业和继续深造等方面都具有较为明显的优势。

经过几十年的优化和积淀，我国已经形成了比较成熟的大学生学术科技竞赛体系。一般来说，调查研究类型社会实践转化形成的调研报告、学术论文等可以参加"挑战杯"为代表的社会科学类课外学术科技作品竞赛，科技发明与研究等类型社会实践转化形成的发明成果、科研论文等可以参加相关专业类科技竞赛或综合类科技竞赛。大学生可以根据自身情况转化社会实践成果，通过关注学校和各级竞赛的相关信息，做好参赛准备。

（三）申请专利

申请专利，对于开展科技发明与研究类型的社会实践，是比较常见的成果转化和成果保护方式。大学生在社会实践之后，要树立科研成果转化和保护意识。特别是对于那些具有实用价值的优秀成果，不能仅满足于撰写论文，更要注意"先申请专利，再发表论文"。

由于申请专利属于知识产权保护，不同高校对于学生在校期间科研成果的知识产权归属有不同的规定，所以要注意提前了解相关政策。另外，申请专利还需要经过一系列规范手续。申报前，可以登录国家知识产权局网站了解相关政策和基本流程，然后自行申报或通过学校相关部门代为办理。通过申请专利，可以更好地实现社会实践科研成果的价值最大化。

二、活动型实践成果转化、巩固与运用

活动型实践成果的转化、巩固与运用形式丰富并且灵活多样。比较常见的有通过基地建设实现社会实践项目的长效化，组织活动成果的汇编、展览、宣讲、反馈等等。不同内容的社会实践，在活动型成果的处理方式上也各有侧重。

（一）基地建设

建立社会实践基地，是活动型实践成果转化、巩固最为常见的方式。所谓社会实践基地就是指能够定期为在校本科生、研究生提供社会实践机会的单位或组织。作为一种载体，基地为大学生社会实践活动的长期化、专业化、效益化提供了阵地保障。基地建设使高校能够引导大学生定期、分批到相关单位开展高质量的社会实践。基地建设可以起到对社会实践稳步推动、持续发展的作用，有利于实践经验的总结和积累，有利于实践理论的创新和发展。

将基地建设作为社会实践成果转化的一种，需要高校形成稳固的基地建设机制，定期组织学生、企事业单位、社会组织等参与基地建设的工作中来。基地建设需要把握好以下几个主原则：一是双向受益、互惠互利。基地建设要从单位发展建设的实际需求和大学生成长成才的需要出发，一方提供实践岗位和机会，另一方提供技术服务和智力支持，使学生受锻炼，基地单位见效益。二是权责明晰，管理规范。基地建设双方应签订基地建设协议以明确责任，双方加强规范管理，认真履行各自义务。三是长远规划、精品导向。基地建设不应盲目追求数量，或者"一阵风"，而是要把基地作为精品实践项目来建设。因此，基地提供的实践岗位应具有一定的典型性和示范意义，学校也应有步骤地深入参与基地的发展建设中。

大学生可根据各高校相关规定申报基地的建设。一般来说，选择建立社会实践基地的单位应满足以下标准：拟建基地所在单位应具备提供大学生社会实践机会的意愿和接受大学生开展实践的条件和能力，具备国家法定的安全生产条件；能够定期组织安排、接待社会实践活动；能够为实践大学生出具实践鉴定和证明；提供的实践机会易于形成具有学术价值、现实意义的实践成果。

基地建设需要完成基本的流程。各高校虽有差异，但总体相近或相似。一般而言，有意向成为社会基地的单位，首先应通过完成社会实践的大学生向高校提交本单位的基本信息和基地建设合作意向，然后经高校审核、双方协商通过后，签订基地建设协议，确定双方合作年限及各自联系人。最后，基地挂牌成立并开展合作。

（二）参加或开展其他成果巩固活动

活动型实践成果转化，没有严格的行事之规，因此各高等学校在实际操作中的方式方法也很多样。从是否由学校统一组织的角度划分，可以分为以下两类：

（1）学校搭建平台，学生自愿参与的成果转化。一般由学校或院系统一组织，通过收集学生的活动成果加以集中展示。主要包括：举办社会实践图片展览、优秀论文展览、活动成果展览等；组织社会实践视频短片展播；组织社会实践优秀经验宣讲；汇编活动成果集等。

（2）学生自发的成果转化活动。这类活动比较灵活多样，常见的有学生基于原有社会实践项目进行自主创业，转化形成长久的学生兴趣社团等等。

社会实践成果转化是一个开放的平台。大学生作为最有创造力的群体，要勇于不断探索和丰富社会实践成果转化的方式和途径，使自己通过成果转化有所收获和成长。

拓展阅读

"挑战杯"全国大学生课外学生科技作品竞赛和中国大学生创业计划竞赛

挑战杯是"挑战杯"全国大学生系列科技学术竞赛的简称，是全国性的大学生课外学术实践竞赛。"挑战杯"竞赛在中国有两个并列项目，一个是"挑战杯"中国大学生创业计划竞赛，另一个则是"挑战杯"全国大学生课外学术科技作品竞赛。这两个项目的全国竞赛交叉轮流开展，每个项目每两年举办一届。

●"挑战杯"全国大学生课外学术科技作品竞赛

"挑战杯"全国大学生课外学术科技作品竞赛（以下简称"'挑战杯'竞赛"）是由共青团中央、中国科协、教育部、全国学联和地方政府共同主办，国内著名大学、新闻媒体联合发起的一项具有导向性、示范性和群众性的全国竞赛活动。自1989年首届竞赛

举办以来,"挑战杯"竞赛始终坚持"崇尚科学、追求真知、勤奋学习、锐意创新、迎接挑战"的宗旨,在促进青年创新人才成长、深化高校素质教育、推动经济社会发展等方面发挥了积极作用,在广大高校乃至社会上产生了广泛而良好的影响,被誉为当代大学生科技创新的"奥林匹克"盛会。历经十届,"挑战杯"竞赛已经成为:

——吸引广大高校学生共同参与的科技盛会。从最初的19所高校发起,发展到1000多所高校参与;从300多人的小擂台发展到200多万大学生的竞技场。"挑战杯"竞赛在广大青年学生中的影响力和号召力显著增强。

——促进优秀青年人才脱颖而出的创新摇篮。竞赛获奖者中已经产生了两位"长江学者",6位国家重点实验室负责人,20多位教授和博士生导师,70%的学生获奖后继续攻读更高层次的学历,近30%的学生出国深造。

——引导高校大学生推动现代化建设的重要渠道。成果展示、技术转让、科技创业,让"挑战杯"竞赛从象牙塔走向社会,推动了高校科技成果向现实生产力的转化,为经济社会发展作出了积极贡献。

——深化高校素质教育的实践课堂。"挑战杯"已经形成了国家、省、高校三级赛制,广大高校以"挑战杯"竞赛为龙头,不断丰富活动内容。拓展工作载体,把创新教育纳入教育规划,使"挑战杯"竞赛成为大学科技创新活动的重要平台。

——展示全体中华学子创新风采的亮丽舞台。香港、澳门、台湾众多高校积极参与竞赛,派出代表团参加观摩和展示。竞赛成为全体中华青年学子展示创新风采的舞台,增进彼此了解、加深相互感情的重要途径。

- **"挑战杯"中国大学生创业计划竞赛**

创业计划竞赛起源于美国,又称"商业计划竞赛",是风靡全球高校的重要赛事。它借用风险投资的运作模式,要求参赛者组成有事互补的竞赛小组,提出一项具有市场前景的技术、产品或服务,并围绕这一技术、产品或服务,以获得风险投资为目的,完成一份完整、具体、深入的市场计划。竞赛采取学校、省(自治区、直辖市)和全国三级赛制,分预赛、复赛、决赛三个赛段进行。

作为学生科技活动的新载体,创业计划竞赛在培养复合型、创新型人才,促进高校产学研结合,推动国内风险投资体系建立等方面发挥出越来越多的积极作用。

(资料来源:佚名."挑战杯"简介[EB/oL].挑战杯官方网站,http://www.tiaozhanbei.net/)

课后习题

1. 通常有哪些社会实践成果转化方式？
2. 如何进行社会实践基地建设？
3. 为什么在社会实践完成后要进行成果转化？

附录

全国挑战杯一等奖调研报告

——以"医"汇乡，医"通"百通：资源整合式服务何以助力"医"锦还乡？

摘要：习近平总书记在党的二十大报告中强调："推进健康中国建设，要促进优质医疗资源扩容下沉和区域均衡布局。"《"十四五"优质高效医疗卫生服务体系建设实施方案》明确提出了"省域优质医疗资源扩容下沉"的建设目标，建成优质高效的整合型医疗卫生服务体系，让广大人民就近享有公平可及、系统连续的高质量医疗卫生服务。

随着近年来深化医改的持续努力，医联体、医共体的建设使得医疗资源分布不均得到逐步改善。西北地区面积320万平方千米，是我国面积最大的地区，人口总量达1亿人，医疗资源缺口较大，资源整合能力仍需优化。延安市位于陕西北部，是连接西北和中西部地区的重要节点城市，辖区卫生机构2356个（含诊所、卫生所、医务室），总数位列省内前列，但黄土高原丘陵沟壑较多，医疗资源相对分散，地区医疗机构对优质医疗资源需求量大，甘肃庆阳、青海贵德等地区存在同样的现状和特点。因此，如何提升西北地区基层医疗机构资源整合式服务能力，对促进医疗机构之间的协作，提高医疗资源的利用效率和质量具有重要意义。

为此，团队三年深入陕北革命老区3县25镇，发现基层医疗机构在整合医疗资源提升服务能力方面取得了明显成效。由于医疗卫生资源辐射面窄、医疗卫生资源配置分布不均、基层医疗机构服务利用效率不足，以及医疗服务能力标准判定不清晰等问题依然制约着基层医疗资源整合式服务能力的提升。运用因子分析、扎根理论方法构建医疗资源整合式服务能力提升因素模型，得出医疗资源覆盖全度、医疗资源配置准度、医疗资源下沉效度以及医疗资源使用评估力度是其主要影响因素。

依据分析结果和跟踪采访等数据，团队提出"人才整合—特定性发展—资源下沉—评估监督"的解决思路，通过建言降低人才招聘门槛，扩宽人才招录覆盖面；联合构建"半小时"医疗圈原则，精准划分病种以促报销；配套政府搭建"专家智库"，牵头成立"青年促医联"宣讲团，推动数字化医疗资源革新下沉；协同构建"1+2+1"评估监督体系，引入第三方评估机制，引导基层医疗机构主动承担。为基层群众就医带来便利，实现"家门口就医"，切实提升基层群众健康获得感，实现美好生活愿景。

关键词：乡村振兴；基层医疗机构；医疗资源整合式服务能力

一、"医"之起源：基层就诊不易，急需以"医"汇乡

（一）调研背景

习近平总书记在党的二十大报告中强调："推进健康中国建设，要促进优质医疗资源扩容下沉和区域均衡布局。"作为增进民生福祉的重要内容，健全基层医疗保障，提升基层群众健康水平是实施健康战略的重要一个环节，也是全面推进乡村振兴的重要基础。因此，推动优质医疗资源下沉，构建整合式医疗服务体系意义重大。

当前，我国全力推动优质医疗资源扩容下沉补齐薄弱环节，正在800多个县（市、区）试点建设县域医共体4000余个。通过整合优质医疗资源，有效地保障了基层群众在家门口有"医靠"，县域内常见病、多发病的就诊率超过90%；我国西北地区地形较平坦，经济发展相较沿海地区较为缓慢，一些偏远农村地区情况更甚，医疗服务供给水平与群众需求情况具有差距，优质诊疗医疗稀缺，下沉效果亟待进一步改善。陕西延安在西北地区医疗资源发展总量处于中等水平，因地理自然特征，分布较为不均。因此，项目团队3年分批次深入革命老区延安3县25镇进行跟踪调查，了解当地基层医疗机构医疗资源整合式服务能力现状，与当地卫生健康部门、医疗机构相关工作人员和基层群众近千余人进行访问，结合团队成员专业背景、动员多方力量为基层群众在家门口享受高质量医疗资源贡献一份力量。

（二）调研目的与意义

1. 调研目的

推动优质医疗资源下沉是构建整合型医疗卫生服务体系的主要突破口，团队深入延安市3县25镇的基层医疗机构开展调研。

（1）关注重点，从医疗卫生资源辐射、医疗卫生资源配置、基层医疗机构服务利用效率以及医疗服务能力标准等方面，了解样本地区医疗服务能力的基本情况。

（2）把握难点，通过对调研问卷的分析和相关数据的科学统计，以因子分析法和扎根理论对影响基层医疗机构服务能力的指标进行归类统计，为提升医疗资源整合式服务能力提供参考借鉴。

（3）创新亮点，基于对数据的分析整理，为促进基层医疗机构医疗资源整合式服务能力提升建言献策。

2. 调研意义

（1）理论意义。

第一，丰富基层医疗机构资源整合式服务能力提升的研究视角，明确乡村振兴与基层医疗机构资源整合式服务能力的内在关联，科学分析存在问题并探寻治理对策。

第二，拓宽"三农"问题的研究路径。研究基层医疗机构资源整合式服务能力的提升，有助于扩宽"三农"问题研究领域，丰富和完善学科体系。

（2）现实意义。

第一，有利于提升基层医疗机构资源整合式服务能力。立足乡村振兴战略调研基层医疗机构资源整合式服务能力现状，创新性地提出"1+2+1"评估监督反馈体系，将全度、准度、效度、力度融入其中，有针对性地提出优化路径。

第二，有利于巩固脱贫成果，有效地避免因病返贫。在实施乡村振兴战略下，研究基层医疗机构资源整合式服务能力提升问题，探索促进城乡医疗资源共享、资源流通有效方式。

（三）拟解决的关键难题

第一，通过调研、访谈等途径，了解各基层医疗机构卫生服务能力现状，以及基层医疗机构资源整合式服务能力存在的人力、设备、资金等方面问题。

第二，从学理角度和实际状况因素，分析基层医疗机构资源整合式服务能力提升存在的困境及其原因。

第三，基于扎根理论和因子分析结果以及跟踪调查中发现的问题，有针对性地分析基层医疗机构资源整合式服务能力的提升路径。

（四）调研概述

1. 调研对象

根据国务院办公厅印发《全国三级公立医院绩效考核国家监测分析情况》（国办发〔2019〕4号）可知，西北地区和西南地区的医疗服务能力需要进一步提升优化。在地理方面，西北地区总面积为320万平方千米，是我国面积最大的地区，人口总量达1亿人。在医疗资源方面，2022年西北地区（新疆、青海、西藏、陕西、甘肃、宁夏，下同）医院总数为3445所，同比提升0.17%（低于全国医院总体同比增长率3.03%）。其中三甲医院占比仅7.61%，同样低于全国平均的9.3%。高等级医院负荷相对较重，优质医疗资源稀缺且分布呈现重点城市突出化。例如，陕西西安、新疆乌鲁木齐、甘肃兰州等区域的医疗资源相对丰富且医疗综合实力较强。宁夏银川、青海西宁、陕西延安等地属于西北地区甚至是国内医疗欠发达的地区，存在资源较为多但水平较低，整合能力有待提升等问题。

陕西延安在西北地区发展过程中处于扼要地位，医疗资源总量处于中下水平，辖区内三甲医院不足10家。从地理位置和人口因素来看，延安位于陕西北部，是连接西北和中西部地区的重要节点城市，人口数量约达227万人，农村人口占比近40%。由于其地区黄土高原丘陵沟壑区域较多，医疗资源相对分散，基层地区医疗机构对优质医疗资源需求量大，提升医疗资源整合式服务能力方面具有迫切性和重要性。从政策层面来看，延安市高度重视医疗服务领域发展，积极推动医疗资源整合和优化，探索市、县、乡三甲医院资源共享，不断提升医疗服务水平，先后荣获"国家卫生城市""健康中国年度标志性城市""首届健康中国年度标志城市"等荣誉。

结合调查，社会实践团队选取延安市的"国家卫生城市"宝塔区、"国家卫生县城"吴起县和"省级乡村振兴重点帮扶县"延川县三个地区开展调研（附图1-1），实现区（县）级医疗资源高中低水平全覆盖。宝塔区作为延安市内人口最多的区域，其辖区内包含三甲医院2家，二甲医院3家，医疗资源相对丰硕。吴起县次之，与甘肃省华池县地理环境相似，人口不多，但医疗资源水平较低。延川县较次之，甘肃省定西市临洮县同延川县一样，同属黄土高原丘陵沟壑区，人口众多，医疗资源相对欠缺，需求量大。综上所述，调研所选择的宝塔区、吴起县和延川县都在实践课题上具有代表性，加之其历史影响和政治地位，研究该地区医疗资源整合式服务能力的提升路径具有很强的推广价值和借鉴意义。

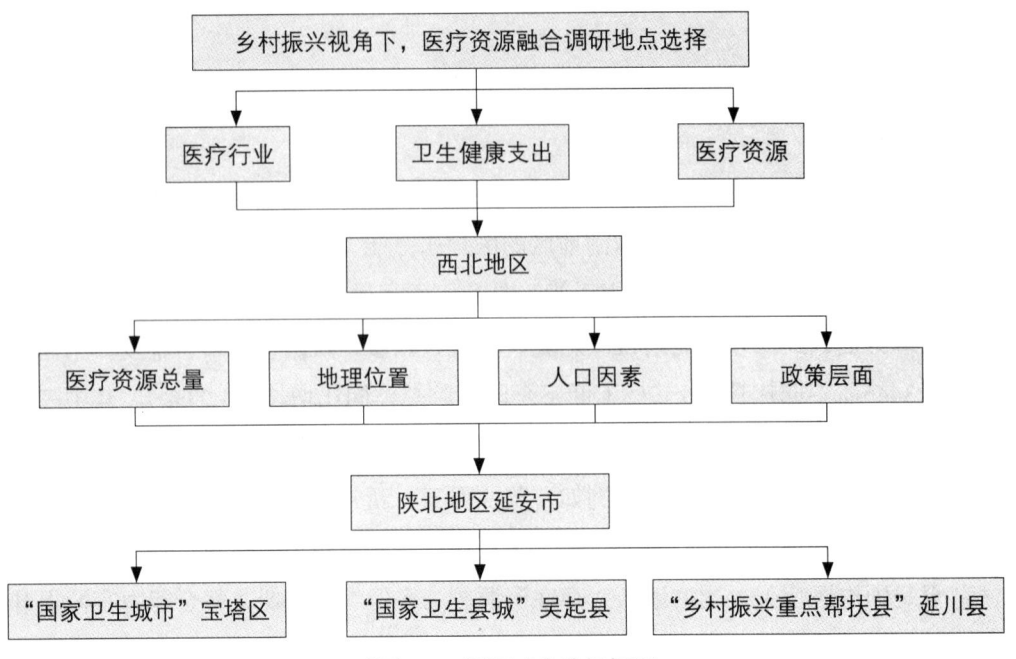

附图1-1　调研对象选择框图

2. 调研路线图

从2021—2023年，调研路线，如附图1-2所示。

附图1-2　调研路线图

3. 调研内容及方法

实践报告立足乡村振兴战略，聚焦基层医疗机构医疗资源整合式服务能力提升，选取延安地区3县25镇为样本展开三年的调研追踪。通过线上线下调研，结合问卷调研与实地走访的方式把握样本地区医疗资源整合式服务能力现状。以扎根理论和因子分析研究影响医疗资源整合式服务能力提升的因素，并以此为依据提出提升医疗资源整合式服务能力的路径。调研主要运用实证分析法、文献分析法、因子分析法和扎根理论等方法。

4. 调研技术路线图（附图1-3）

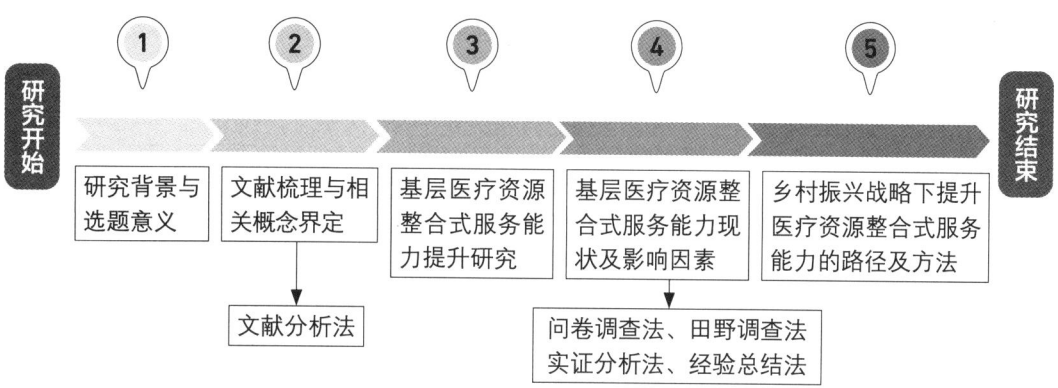

附图1-3　调研技术路线图

二、"医"之大局：普查整合现状，整体稳中向好

保障人民健康是实现乡村振兴战略的重要内容，完善的基层医疗服务是人民健康的重要保障。通过对西北地区延安市3县25镇资源服务能力现状进行调研，为进一步发现问题和解决问题提供数据支撑。

（一）调查样本分布及数据来源

1. 调查样本分布

见附表1-1、附表1-2，团队从2021—2023年深入延安市宝塔区、吴起县和延川县等3县25镇开展调研，共调查采访535户医疗机构负责人和村民。

附表1-1　调查样本的分布表

调查省市	调查区域	调查方式
陕西省西安市	第四军医大学唐都医院	线下采访

续表

调查省市	调查区域	调查方式
陕西省延安市	宝塔区河庄坪镇	线上、线下采访
	宝塔区李渠镇	线上、线下采访
	宝塔区姚店镇	线上、线下采访
	宝塔区青化砭镇	线上、线下采访
	宝塔区蟠龙镇	线上、线下采访
	宝塔区柳林镇	线上、线下采访
	宝塔区南泥湾镇	线上、线下采访
	宝塔区临镇	线上、线下采访
	宝塔区甘谷驿镇	线上、线下采访
	宝塔区川口镇	线上、线下采访
	宝塔区万花山镇	线上、线下采访
	宝塔区麻洞川镇	线上、线下采访
	延川县永坪镇	线上、线下采访
	延川县延水关镇	线上、线下采访
	延川县文安驿镇	线上、线下采访
	延川县杨家圪台镇	线上、线下采访
	延川县贾家坪镇	线上、线下采访
	延川县关庄镇	线上、线下采访
	延川县乾坤湾镇	线上、线下采访
	吴起县吴起镇	线上采访
	吴起县铁边城镇	线上采访
	吴起县周湾镇	线上采访
	吴起县白豹镇	线上采访
	吴起县长官庙镇	线上采访
	吴起县长城镇	线上采访

附表1-2 采访对象分布表

采访地点	受访人员	身份	受访人数（人）
姚店镇卫生	工作人员	院领导	11
		职工	36
	群众	老年人	53
		青年、中年人	55
		儿童	12

续表

采访地点	受访人员	身份	受访人数（人）
河庄坪镇卫生院	工作人员	院领导	19
		职工	35
	群众	老年人	23
		青年、中年人	32
		儿童	11
万花镇卫生院	工作人员	院领导	14
		职工	26
	群众	老年人	15
		青年、中年人	15
		儿童	12
川口镇卫生院	工作人员	院领导	22
		职工	34
	群众	老年人	26
		青年、中年人	25
		儿童	13
李渠镇卫生院	工作人员	院领导	19
		职工	34
	群众	老年人	23
		青年、中年人	22
		儿童	12
延川县各乡镇卫生院	工作人员	院领导	30
		职工	106
	群众	老年人	253
		青年、中年人	140
		儿童	107
吴起县各乡生院	工作人员	院领导	88
		职工	185
	群众	老年人	120
		青年、中年人	190
		儿童	112

附图1-4 岔口村现场宣讲

附图1-5 实践队员实地采访

2. 问卷设计概况

调查问卷共16题（附表1-3），从基层医疗机构在医疗资源融合的全度、准度、效度、力度四方面开展调查，如附图1-4、附图1-5所示。

附表1-3 问卷设计结构

类型	内容	目的
1—4	基层医疗机构在医疗资源整合中的"全度"	了解基层医疗机构在医疗设施建设的全面程度；对基层医疗资源的配置体系等情况

续表

类型	内容	目的
5—8	基层医疗机构在医疗资源融合中的"准度"	了解医疗资源在基层医疗机构资源下沉与融合、资源利用率等情况
9—12	基层医疗机构在医疗资源整合中的"效度"	了解基层医疗机构在医疗资源整合中的医联一体化上下联合体制建设情况
13—16	基层医疗机构在医疗资源整合中的"力度"	了解基层医疗机构在医疗资源整合中的评估体系建设情况

3. 调查数据来源

数据来源于团队2021—2023年对样本地区的县级卫生健康部门、基层医疗机构工作人员和部分村民。以户为单位对受访者采取结构化"访谈+问卷"的方式进行入户调查，发放问卷2187份，回收2058份，有效回收率94.1%。对县、镇级领导及基层医疗机构采取半结构化"集中座谈+个别访谈"等方式进行深入调查，获取各地医疗服务能力情况的一手数据，依托各地人大代表和政协委员的意见和建议，在此基础上为后续分析影响因素分析提供数据支撑。

附表1-4 问卷发放情况表

问卷类型	调查对象	问卷数量（份）
县级访谈问卷	县级卫生健康部门、医疗机构等工作人员	56
镇级访谈问卷	乡镇政府工作人员、当地包抓干部、基层医疗机构工作人员	384
村民调查问卷	当地村民	1747

4. 实地调查情况

（1）乡镇卫生院的医疗设施建设（床位、环境）满意度。

调研数据显示（附图1-6），278人对乡镇卫生院的医疗基础设施建设特别满意；有1398人对乡镇卫生院的医疗设施建设较为满意态度，342人对乡镇卫生院的医疗设施建设一般满意态度；461人对乡镇卫生院的设施配置不满意。

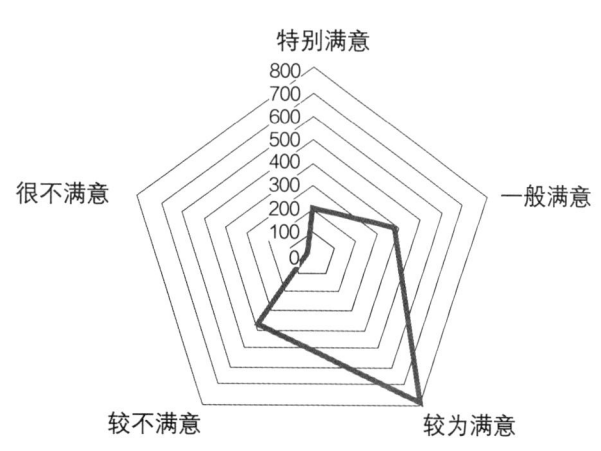

附图1-6 受访者对医疗设施建设的满意度

小结 乡镇卫生院应完善医疗基础设施配置，落实医疗资源融合政策。

（2）先进医疗技术（如"心脏搭桥"）在乡镇卫生院的实行高度认可度情况。

根据调研数据（附图1-7），2600余人中约有50%群众对先进医疗技术在乡镇卫生院的实施表示认可，约1/5对乡镇卫生院引进的技术持不认可态度。

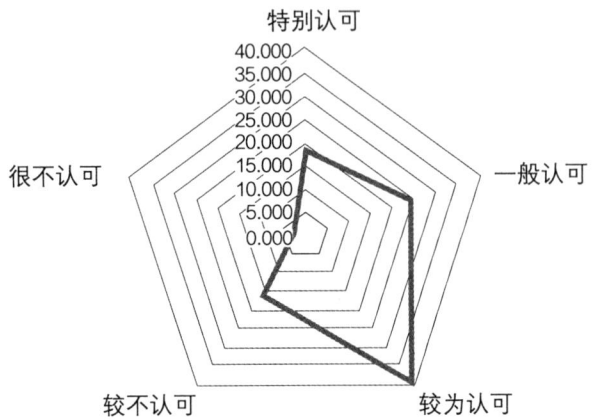

附图1-7 受访者对先进医疗技术（如"心脏搭桥"）在乡镇卫生院的实行认可度

小结 应注重乡镇卫生院对于引进的先进医疗技术因"人"制宜，促进先进医疗技术在基层的下沉与融合。

（3）对乡镇卫生院增加医疗网络化（如"远程在线义诊""建立电子档案"）的希望度。

根据调研数据（附图1-8）可知，约有90%的村民希望乡镇卫生院增加医疗网络化。

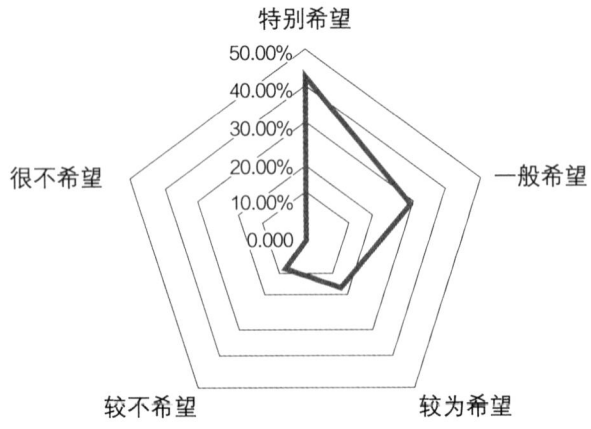

附图1-8 受访者对乡镇卫生院增加医疗网络化的希望度

小结 在"互联网+医疗资源"大背景下,乡镇卫生院在医疗资源网络化方面存在显著差距。

(4)受访者对目前乡镇卫生院存在的主要问题的认识。

根据调研数据(附图1-9),村民认为基层医疗机构主要问题为管理混乱以及医务人员专业水平不高。

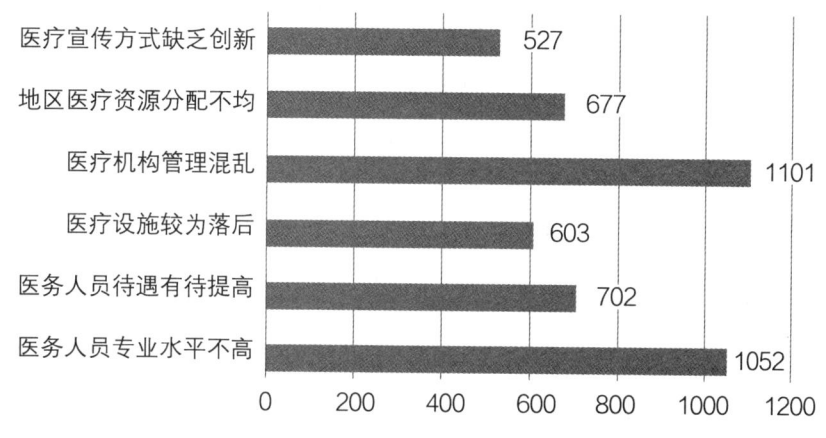

附图1-9 受访者对乡镇卫生院主要存在问题的认识

小结 乡镇卫生院在管理水平方面有待提高,医疗基础设施建设评估体系有待健全。

附表1-5 受访群众对乡镇卫生院医疗服务工作满意调查表

项目	特别满意百分比(%)		一般满意百分比(%)		较为满意百分比(%)		较不满意百分比(%)		很不满意百分比(%)	
您对所在乡镇卫生院的医护人员配置满意吗?	21.9	451	36.6	753	35.4	729	6	123	0.1	2
您对所在乡镇卫生院的看病流程满意吗?	18.3	377	34	700	41.5	854	6.1	126	0.1	1
您对所在乡镇卫生院的服务态度满意吗?	20.6	424	34.1	702	40.2	827	3.7	76	1.4	29
您对所在乡镇卫生院的看病流程政策满意吗?	17.1	352	32.9	677	41.5	854	7.4	152	1.1	23
您对所在乡镇卫生院的信息管理满意吗?	22.1	455	31.7	652	43.8	901	2.3	47	0.1	3

通过对乡镇卫生院医疗服务工作满意度的调查结果显示（附表1-5），对于乡镇卫生院医护人员配置问题，特别满意占比21.9%；一般满意占比36.6%；较为满意占比35.4%，较不满意占比6%，很不满意占比0.1%。大多数受访群众持较为满意态度，乡镇卫生院医疗服务工作总体上符合群众要求，但也存在部分问题。

（二）延安地区基本医疗服务能力现状

1. 医疗卫生资源基本覆盖，服务性可进一步提高

附表1-6　2019—2022年延安市抽样乡镇卫生院物力资源情况

项目	2019年	2020年	2021年	2022年
业务用房面积（米²）	1315.31	1459.14	1624.99	1657.07
住院床位（张）	22.74	24.74	24.98	25.41
万元以上设备数/台	6.38	7.08	7.98	8.40

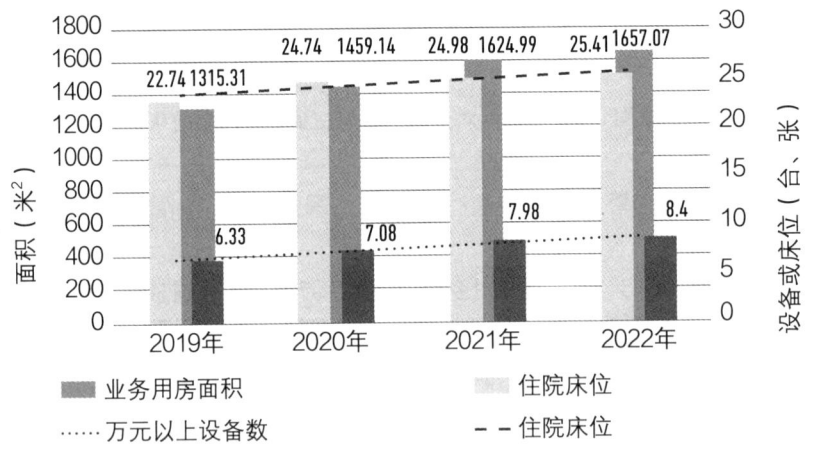

附图1-10　2019—2022年延安市抽样乡镇卫生院物力资源情况

根据调研结果分析（附表1-6、附图1-10），2019—2022年延安市乡镇卫生院物力资源整体呈增长趋势。不断规范乡镇卫生院建设，配备四维彩超、全自动生化分析仪等万元以上先进仪器，切实解决基层群众看病难的问题。

附表1-7　2020—2022年延安市吴起县乡镇卫生院人员学历和职称构成情况

项目		2020年	2021年	2022年
在岗人员	人数（人）	250.3	258.7	240.3
大专以上学历人员	人数（人）	82.4	89.5	106.6
	比例（%）	32.92%	34.69%	44.07%

续表

项目		2020年	2021年	2022年
中级及以上职称人员	人数（人）	28.4	30.2	31.2
	比例（%）	11.35%	11.67%	12.90%

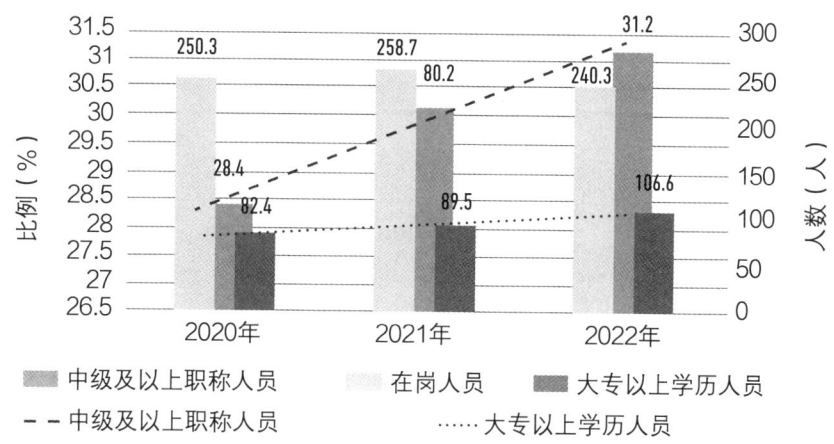

附图1-11　2020—2022年延安市抽样吴起县乡镇卫生院人员学历和职称构成情况

根据调研数据（附表1-7，附图1-11），2020—2022年延安市吴起县乡镇卫生院大专以上学历人员和中级以上职称人员均呈递增趋势。分析可得，2020年起，吴起县乡镇卫生院根据自身经济情况调整人才招聘门槛，大幅度向大专及以上学历倾斜。2022年平均乡镇卫生院大专以上学历人员可达107人、中级以上职称人员32人。

2. 医疗卫生资源合理布局，服务均等化进一步提升

附表1-8　2019—2022年延安市抽样乡镇卫生院基本医疗服务能力变化情况

项目	2019年	2020年	2021年	2022年
门急诊量（人次）	1390690	1452783	1535889	1514362
出院人次数（人次）	94533	93731	75753	73870
每医生日均门诊（人次）	4.82	4.91	4.78	4.60
每医生日均住院（人次）	0.33	0.32	0.24	0.22

数据显示（附表1-8，附图1-12），近年来，全市绝大多数的常见病、多发病在县域范围内即可完成治疗，80%的大病在市域内就能得到救治，日均接诊量逐年增多。分析可得，延安市基层医疗机构的医疗条件和水平不断提升，服务能力不断增强，逐步实现"小病不出乡、大病不出县"的目标。

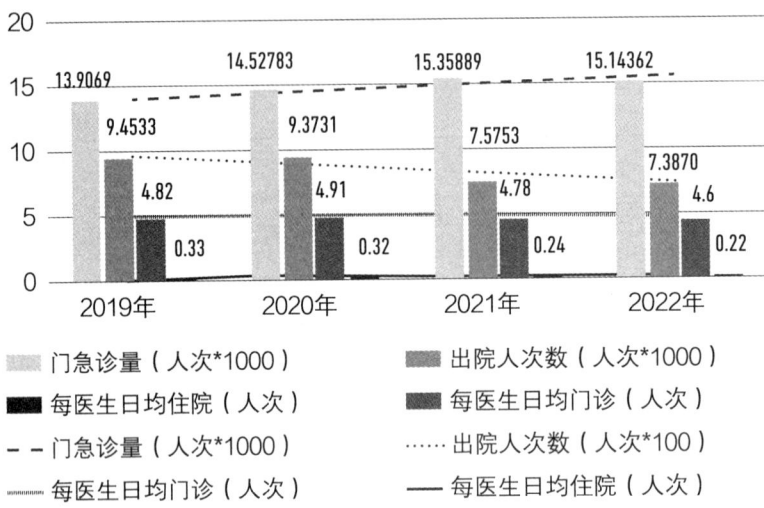

附图1-12 2019—2022年延安市抽样乡镇卫生院基本医疗服务能力变化情况

3. 医疗卫生资源下沉基层,服务便利性进一步增强

附表1-9 2019—2022年延安市抽样乡镇卫生院农村居民健康档案计算机管理情况

项目	2019年	2020年	2021年	2022年
农村居民健康档案建档人数	29	1351	5401	11476
健康档案计算机管理人数	0	147	1323	10222
健康档案计算机管理率(%)	0.00	10.89	24.50	89.07

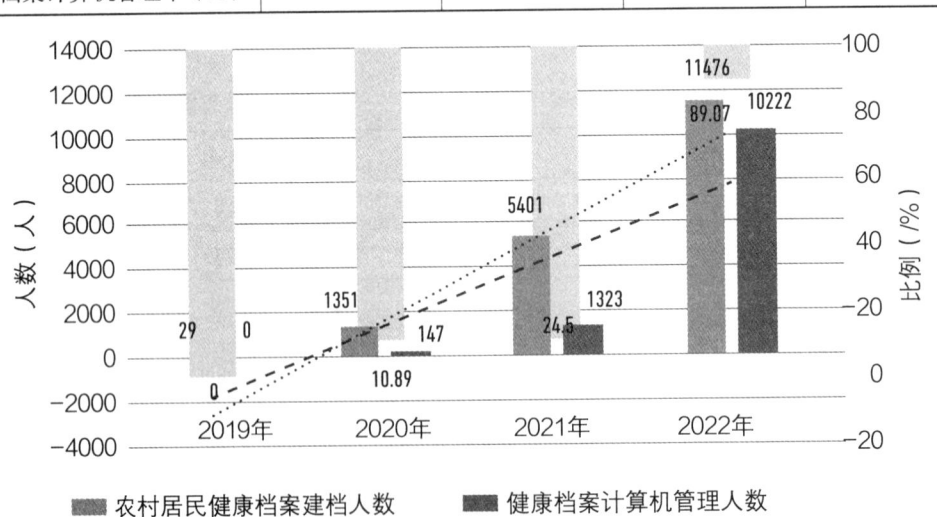

附图1-13 2019—2022年延安市延川县抽样乡镇卫生院农村居民健康档案计算机管理情况

数据显示（附表1-9，附图1-13），三年来，农村居民健康档案计算机管理人数及管理率逐年增加。延安市依托"互联网+"技术，医生动、设备动、技术动、信息动、群众不动的"四动一不动"的流动医院服务模式，发展乡镇卫生院诊疗服务平台，专家通过线上问诊病情，群众可近距离同专家交流，结合专家建议采取有效应对措施。

4. 医疗卫生资源不断扩容，服务评估力度进一步加大

附表1-10 2021—2023年延安吴起县吴起镇、周湾镇卫生医疗基本设备季度

设备类别	设备名称	2021年使用次数（次）	2022年使用次数（次）	2023年使用次数（次）
基本设备	急救抢救箱	55	134	289
	氧气瓶	24	102	367
	电动吸引器	0	15	55
	洗胃机	0	5	22
	心电图机	89	213	477
	抢救床	34	139	448
	观察床	234	390	535
	诊查床	99	187	365
	妇科检查床	24	78	189
	新生儿体重计	243	298	361
	血球计数仪	67	258	376
	离心机	0	10	55
	恒温箱	16	59	107
	X光机	22	76	104
	观片灯	55	102	224
	各种规格注射器	560	1300	2419
	无菌柜	12	105	336
	污物桶	41	124	269
	担架车	5	22	78
	紫外线灯	234	567	1201
	高压灭菌设备	47	204	397

数据显示（附表1-10，附图1-14），2021—2023年延安市吴起县吴起镇、周湾镇卫生医疗基本设备逐步完善，使用次数逐年增多。进一步来讲，延安市不断加强基层医疗机构资源建设，减少基层群众就医困扰，解决就医难题。

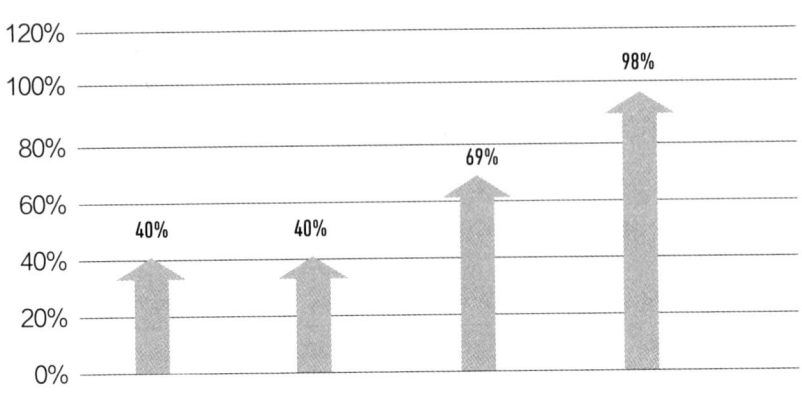

附图1-14　2019—2022年延安市抽样乡镇卫生院基本医疗服务能力变化情况

根据调研结果分析,延安市基层群众满意度不断提升,"看病难"已得到有效解决,"看病贵"的问题得到缓解,群众看病就医负担进一步改善,获得感、满意度不断提升。

三、"医"之痛点:规避走弱风险,总结提升困境

通过对延安医疗服务能力的调查数据分析,得出延安市基层医疗机构卫生资源有不同幅度的加大,总体满足当前居民的健康服务需求,但基层医疗机构资源整合式服务能力在全度、准度、效度、力度四方面等仍存在优化空间。

(一)医疗卫生资源辐射亟须优化

基层医疗单位的现状不能适应农村发展的需要。首先是设施规模数并未与实际人口布局相一致。根据调查发现,2019年前,延川县的县城约有3万人口,农村地区群众就医主要集中在村镇,县医院基本可以满足城镇就医需求。

随着城镇化的发展和新农村合作医疗的实施推进,越来越多的农民到县城就医,产生了原有医院规模、医疗设施不能满足人民群众的就医需求的矛盾。根据实地调研发现,延安市辖区内基层医疗机构数量占比95%,诊疗人次占比55%;而数量占比仅为3%的三甲医院,诊疗人次却高达41.2%。

根据调研走访,截至2020年底,延安市基层医疗机构全市共有医生1523人,平均每万人口医生数量为3.3人,低于国家卫生健康委员会规定的标准(每万人口应有3~3.5名全科医生)。同时,延安市基层医疗机构医生流动性大。调研发现,2021年全市基层医疗机构共招聘了212名医生,68名医生离职,离职率高达32.1%,说明基层医疗机构在

留住医生方面存在困难。基于以上数据，可以看出延安市基层医疗机构存在医生数量不足、医生流动性大和职业发展空间有限等问题。

因此，解决这些问题的关键在于提高基层医疗机构的吸引力和医生的职业发展空间，同时加强医生的培训和进修学习，鼓励医生在基层医疗机构长期执业，从而提高基层医疗机构的服务能力和质量。

（二）医疗卫生资源配置分布不均

目前，我国医疗资源在地区上仍是分配不平衡情况，城市大医院"人满为患"，基层医疗机构"门可罗雀"。部分农村地区因为偏远、经济发展水平不高等原因，满足不了其辖区范围内居民的健康需求，甚至"缺医少药"局面还很普遍。根据实地调研发现，2021年延安市每千人口中，卫生人员数9.92人，其中乡镇基层人员数仅3.14人。执业（助理）医师3.04人，其中专家类别仅0.52人。延安市卫生人员中，基层人员占比为31.7%，却承担了50.2%的诊疗量。基层卫生人员严重短缺，与其医疗机构数量和服务能力严重不平衡。人才短缺的严峻现状令人担忧。

通过调研，除了延安市内几所三甲医院可以提供更为全面的检查和治疗手段，其他机构目前无法承担。以吴起县为例，辖区内乡镇医疗机构少，没有专门的医疗分科，乡村有超过一半的卫生诊所没有儿科、妇科、内科等科室及其他先进医疗设备。同时，紧急医疗救护预案不足，缺失健康咨询和健康检查制度。

例如，以城乡床位数量差距过大为例，农村每千人口基层医疗卫生机构床位不足城市的一半。2021年，延安市地区拥有的医院床位数占比达81.38%，是其附属乡镇的43倍，可见，人口众多的农村占有的医疗卫生资源极其有限。从延安市农村每千人床位数÷全国每千人床位数，通过百分比可知城乡医疗卫生基本公共服务差距的指标中，2012年每千人农村床位数只有城市平均水平的29.63%，2021年才缓慢上升到31.48%。

因此，综合考虑医疗资源布局分配、医疗机构能力提升、信息技术应用、协作合作等多个方面。通过优化诊疗流程、加强基层医疗能力、推广急救教育、推进远程医疗等措施，有效缩短患者就医时间，提高医疗服务，最终实现构建"30"分钟医疗圈原则，更好、更全面地满足县域人民群众的健康保障和需求。

（三）基层医疗机构服务利用效率不足

基层医疗机构信息化程度低以及互联网医疗应用不足。依据调研显示，延安市基层医疗机构信息化水平总体较低，电子病历覆盖率仅为40.1%，医院信息化管理系统覆盖率仅为19.2%。根据调研走访，延安市基层医疗机构在线预约和在线问诊的覆盖率分别为36.4%和27.3%，移动支付的应用覆盖率仅为13.6%。

由于基层医疗机构的数量众多，而且信息技术的发展程度和实施情况不同，导致医疗信息难以在各机构之间共享。因此，给医生诊疗带来了困难，使得患者就医也缺乏及时、准确地指导和建议。根据调研发现，延安市基层医疗机构的医疗信息共享和交流存在问题，如医疗信息不够准确、信息共享不充分等。这些问题导致医生在诊疗和治疗过程中缺乏必要的信息支持，从而导致医疗服务效率降低。

因此，在提升基层医疗资源整合式服务能力过程中，需要加强医疗信息化建设和信息交换标准的统一，完善基层医疗机构之间的信息共享和交流机制，同时加强医疗信息安全的保护和管理，促进医疗信息的共享和利用。

（四）医疗服务能力标准判定不清晰

基层医疗服务能力标准缺乏具体可操作性。农村医疗服务能力标准往往只是抽象地列举了一些要求，却没有提供具体的实施细节，缺乏明确的指标和量化标准。根据调研发现，2020年之前，延川县具体标准仅要求医疗机构要有一定的设备、人员和药品储备，但是并没有明确要求设备、人员和药品的种类和数量，也没有具体的实现方法和考核指标。根据《医疗机构基本标准（试行）》（2017年版），要求乡镇卫生院每床建筑面积不少于45平方米，必须配备基本的医疗设备和药品，并按照人员规模配备医师、护士等医疗人员。农村医疗服务能力将依据这些指标进行参考提升。

农村医疗服务能力标准往往是根据经验或者主观判断制订的，缺乏科学性和客观性。例如，吴起县医院在2020年之前将"医生的职称和学历"作为评判医疗机构能力的主要指标，而并没有考虑医生的实际技术水平和临床经验。根据中国人民大学健康发展研究中心发布的《农村医疗卫生服务能力评价指标体系研究》报告，医生的技术水平、临床经验、医疗质量和服务态度等因素是评估医疗服务能力的关键指标。

农村地区基层医疗卫生机构的服务对象主要是老年人、慢性病患者、孕产妇等特殊人群。因此，以延安市为例，2021年延安市宝塔区卫生健康局在制定农村医疗服务能力标准时，以服务人群的实际需求，从加大对慢性病管理的力度，提高孕产妇的保健水平等方面提出了具体指标判定医疗服务能力。

因此，发现农村医疗服务能力标准判定不清晰的问题是多方面的，需要从多个途径来解决。只有在科学的数据评估、具体的操作指南和人民群众需求的匹配上取得平衡，才能更好地提升农村医疗服务能力。

四、"医"之破局：溯源困境根结，根源"四度"问题

为探索影响医疗资源服务能力的重要因素，报告结合具体实际，选取相关的影响因素构建指标体系，运用因子分析法对指标进行归类统一。同时，结合访谈记录，基于扎根理论提取访谈文字中的高频关键词，进行开放式编码，并降维提取核心编码，形成完整理论闭环，最终为提升西北地区医疗资源服务能力参考借鉴。

（一）数据来源

数据来源于团队成员对延安地区3县25镇实地走访调研所记录的一手问卷数据和访谈对话。在2021—2023年的调研过程中，基于线上线下结合的访谈方式，共访谈村民、医护人员和基层管理人员等525户人，访谈共转录6万余字，部分访谈案例样本见附表1-11。

附表1-11 部分访谈案例样本

地区	编号	样本对象	样本介绍
宝塔区	AL1	河庄坪镇卫生院	地处宝塔区西北部，下辖2个社区、15个行政村，户籍人口12582人
	AL2	川口镇卫生院	地处宝塔区东部，下辖13个行政村，户籍人口11406人
	AL3	姚店镇卫生院	地处宝塔区东北部，下辖4个社区、38个行政村，户籍人口31439人
	AL4	南泥湾镇卫生院	地处宝塔区南部，下辖1个社区、12个行政村，户籍人口13264人
延川县	AL5	永坪镇卫生院	地处延川县西北部，下辖5个社区、24个行政村，户籍人口30322人
	AL6	关庄镇卫生院	地处延川县西北部，下辖17个行政村，户籍人口14338人
	AL7	延水关镇卫生院	地处延川县东南部，下辖25个行政村，户籍人口21109人
吴起县	AL8	长官庙镇卫生院	地处吴起县西南部，下辖7个行政村，户籍人口6508人
	AL9	铁边城镇卫生院	地处吴起县西北部，下辖17个行政村，户籍人口19142人
	AL10	长城镇卫生院	地处吴起县最北部，下辖6个行政村，户籍人口8538人
	AL11	周湾镇卫生院	地处吴起县东北部，下辖8个行政村，户籍人口10554人

（二）模型构建

1. 开放性编码

扎根理论的开放性编码是一种用于分析和理解文本数据的方法。它将文本数据分为单元，然后使用编码过程将这些单元组织成主题网络或概念层次结构。

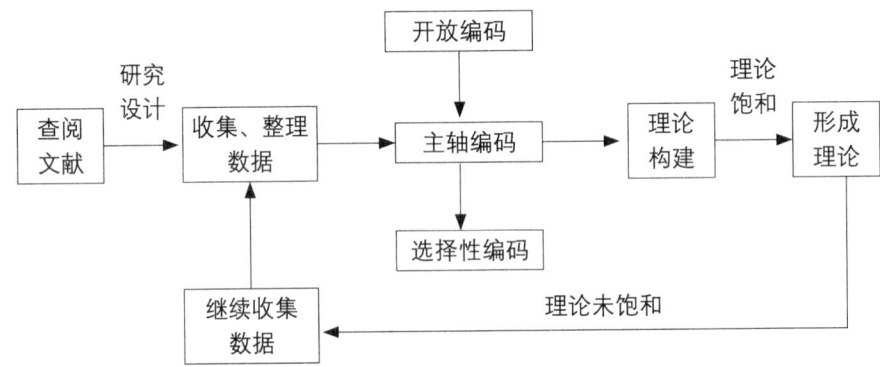

附图1-15　扎根理论流程思路图

研究的编码为提取访谈信息。访谈信息分为医联体下整合式服务能力现状、基层医疗整合式服务能力现状和基层医患整合式服务能力现状。

医联体下整合式服务能力的访谈形成以下9个开放式编码：A1"医联体内提供基本医疗服务"，A2"医联体内提供预防保健服务"，A3"医联体内提供综合性的健康管理服务"，A4"医联体内提供连续性的健康管理服务"，A5"医联体内承担县（区）级卫生行政部门委托的卫生管理职能"，A6"医联体内医疗服务"，A7"医联体内检验检查服务"，A8"医联体内计划生育技术服务"，A9"医联体内公共卫生服务"。各开放式编码的相关语句分析见附表1-12，各开放式编码的提及次数如附图1-16。

附表1-12　各开放式编码的相关语句分析-A

编号	开放式编码	参考点	相关语句
A1	医联体内提供基本医疗服务	6	由于医联体内提供基本医疗服务，我县的医疗水平得到稳步提升
A2	医联体内提供预防保健服务	5	医联体制度要求提供预防保健服务
A3	医联体内提供综合性的健康管理服务	4	医联体制度要求提供综合性和连续性的健康管理服务
A4	医联体内提供连续性的健康管理服务	6	医联体制度要求提供综合性和连续性的健康管理服务

续表

编号	开放式编码	参考点	相关语句
A5	医联体内承担县（区）级卫生行政部门委托的卫生管理职能	9	承担县（区）级卫生行政部门委托是评价卫生管理职能的一大要点
A6	医联体内医疗服务	5	医疗服务在医联体建设中占主要地位
A7	医联体内检验检查服务	4	检验检查服务也是推进医联体建设的一大重点
A8	医联体内计划生育技术服务	6	医联体内计划生育技术服务
A9	医联体内公共卫生服务	8	公共卫生服务的提升有利于推动医联体的建设

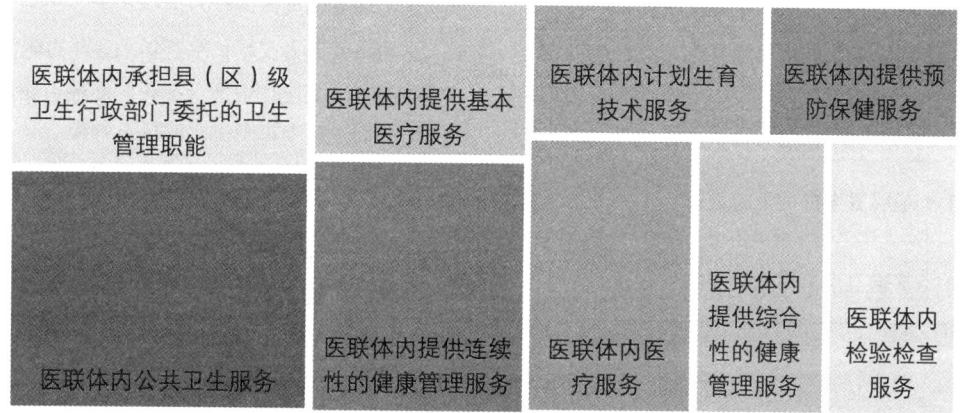

附图1-16　各开放式编码的提及次数-A

基层医疗整合式服务能力现状的访谈形成以下14个开放式编码：B1"基层卫生机构住院服务"，B2"基层卫生机构门、急诊服务"，B3"基层卫生机构家庭医生签约服务"，B4"基层卫生机构转诊服务"，B5"基层卫生机构远程医疗服务"，B6"基层医疗机构医疗卫生运行效率"，B7"基层医疗机构医疗卫生服务水平提升率"，B8"基层医疗机构医疗卫生服务质量提升率"，B9"基层卫生机构床位利用率"，B10"基层卫生机构诊疗人次增长率"，B11"基层卫生机构居民就诊人次数增长率"，B12"基层卫生机构科室设置"，B13"基层卫生机构设施设备"，B14"基层卫生机构人员配置"。各开放式编码的相关语句分析见附表1-13，各开放式编码的提及次数见附图1-17。

附表1-13　各开放式编码的相关语句分析-B

编号	开放式编码	参考点	相关语句
B1	基层卫生机构住院服务	6	卫生院住院服务拥有较为全面的评价体系
B2	基层卫生机构门、急诊服务	3	卫生院的门急诊服务是相对比较健全的
B3	基层卫生机构家庭医生签约服务	7	率先开展家庭医生签约服务

续表

编号	开放式编码	参考点	相关语句
B4	基层卫生机构转诊服务	6	卫生院的转诊服务在整个县都是数一数二的
B5	基层卫生机构远程医疗服务	7	远程医疗服务是近几年新兴的一种医疗方式，有利于提高医疗资源利用效率
B6	基层医疗机构医疗卫生运行效率	8	基层医疗机构医疗卫生运行效率
B7	基层医疗机构医疗卫生服务水平提升率	5	基层医疗机构医疗卫生服务水平提升率
B8	基层医疗机构医疗卫生服务质量提升率	9	基层医疗机构医疗卫生服务质量提升率
B9	基层卫生机构床位利用率	9	卫生院的床位利用率是体现卫生院医疗服务能力的重要指标
B10	基层卫生机构诊疗人次增长率	5	基层卫生机构诊疗人次增长率
B11	基层卫生机构居民就诊人次数增长率	4	居民就诊人次增长率近年来逐年得到提升
B12	基层卫生机构科室设置	6	为了推动医疗资源整合式服务能力建设，我们也在丰富卫生院的科室种类
B13	基层卫生机构设施设备	7	下属卫生院拥有设施设备种类直接影响整合式医疗服务能力
B14	基层卫生机构人员配置	6	在人员配置方面，建议降低录取门槛，丰富卫生院人员配置情况

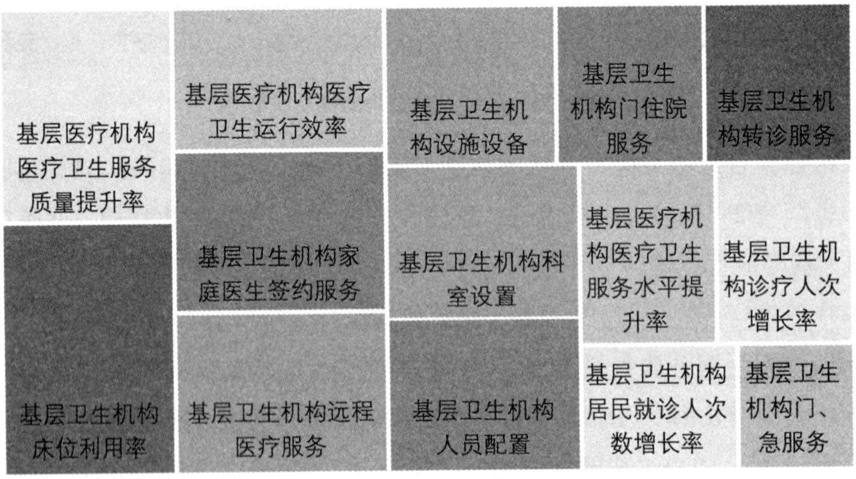

附图1-17 各开放式编码的提及次数-B

基层医疗整合式服务能力现状的访谈形成以下5个开放式编码：C1"基层医务人员对乡村振兴工作参与度"，C2"基层患者对分级诊疗参与度"，C3"基层医务人员和患者参与配合度"，C4"基层医务人员对乡村振兴工作满意度"，C5"基层患者对机构服务方面的满意度"。各开放式编码的相关语句分析见附表1-14，各开放式编码的提及次数见附图1-18。

附表1-14 各开放式编码的相关语句

编号	开放式编码	参考点	相关语句
C1	基层医务人员对乡村振兴工作参与度	5	医师在乡村振兴工作中承担了大部分工作
C2	基层患者对分级诊疗参与度	8	卫生院的患者采用分级诊疗的方式提高医疗资源利用率
C3	基层医务人员和患者参与配合度	9	医务人员和患者共同参与医疗资源优化中
C4	基层医务人员对乡村振兴工作满意度	7	医务人员认为乡村振兴工作有利于提高基层卫生院整合式服务能力
C5	基层患者对机构服务方面的满意度	6	我们拥有患者对机构服务方面满意度的数据搜集

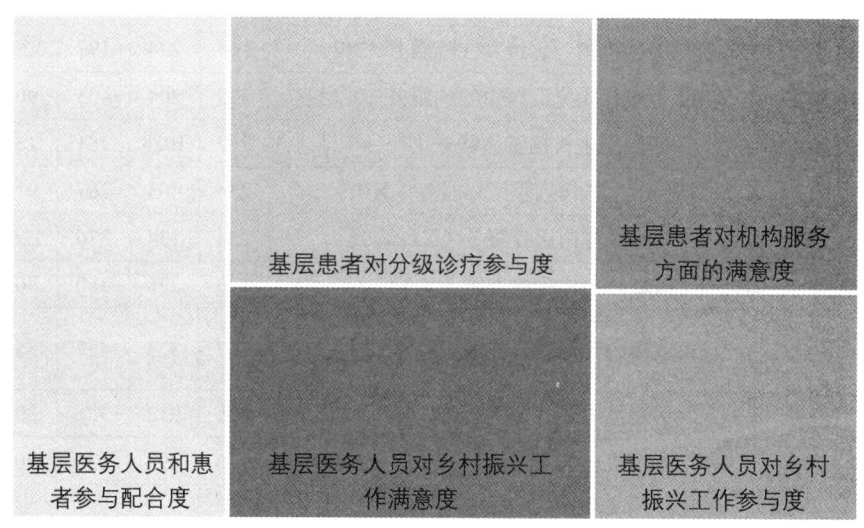

附图1-18 各开放式编码的提及次数-C

2. 因子指标选取

根据扎根理论得到的开放式编码,建立因子指标选取和归类,依据基层医疗机构在医疗设施建设的全面程度、基层医疗资源的配置体系情况、医疗资源在基层医疗机构资源利用率情况,以及基层医疗机构在医疗资源整合中的监督体制建设情况、评估体系建设情况等客观数据,结合访谈政府管理人员、医院管理人员以及相关专家等意见后,构建基层医疗资源整合式服务能力指标体系。该体系基于"医疗卫生资源覆盖全度、医疗卫生资源配置准度、医疗卫生资源下沉效度和医疗卫生资源评估力度"四个维度,分析基层医疗机构医疗资源整合式服务能力的效果,构建了24个指标,指标选取及样本统计见附表1-15所示。

附表1-15　乡村振兴战略下医疗资源整合式服务指标选取和样本统计

指标层面	指标描述	样本统计（程度由强到弱）				
		5	4	3	2	1
预防保健服务	医联体内提供基本医疗服务和预防保健服务（X1）	296	236	491	912	235
健康管理服务	医联体内提供综合性、连续性的健康管理服务（X2）	148	536	137	436	901
管理职能	医联体内承担县（区）级卫生行政部门委托的卫生管理职能（X3）	245	481	182	243	1006
科室设备	基层卫生机构科室设置（X4）	203	105	264	201	1342
设施设备	基层卫生机构设施设备（X5）	247	284	931	310	286
人员配置	基层卫生机构人员配置（X6）	136	536	901	137	436
住院服务	基层卫生机构门急诊和住院服务（X7）	164	234	197	1230	314
医生签约服务	基层卫生机构家庭医生签约服务（X8）	379	204	403	901	181
转诊服务	基层卫生机构转诊服务（X9）	277	1028	281	167	345
远程医疗服务	基层卫生机构远程医疗服务（X10）	254	403	267	919	295
医疗服务	医联体内医疗服务（X11）	234	134	376	1267	169
检察服务	医联体内检验检查服务（X12）	126	275	380	302	973
计划生育技术服务	医联体内计划生育技术服务（X13）	162	323	467	556	435
公共卫生服务	医联体内公共卫生服务（X14）	406	912	326	207	317
卫生运行效率	基层医疗机构提高卫生运行效率（X15）	356	499	634	203	193
质量提升率	基层医疗机构医疗卫生服务水平和质量提升率（X16）	198	191	1163	306	256
床位利用率	基层卫生机构床位利用率（X17）	475	159	432	750	246
人次增长率	基层卫生机构诊疗人次增长率（X18）	137	1237	344	136	214
就诊人次数增长率	基层卫生机构居民就诊人次数增长率（X19）	268	266	512	369	675
乡村振兴工作参与度	基层医务人员对乡村振兴工作参与度（X20）	483	129	129	504	895
分级诊疗参与度	基层患者对分级诊疗参与度（X21）	247	1239	143	128	327
患者参与配合度	基层医务人员和患者参与配合度（X22）	134	1201	394	302	247
乡村振兴工作满意度	基层医务人员对乡村振兴工作满意度（X23）	267	231	1169	223	271
服务满意度	基层患者对机构服务方面的满意度（X24）	239	239	298	1156	257

3. 主轴编码

8个主轴编码分别是——"医联体内基本功能全度""基层卫生机构医疗资源配置""医联体内医疗服务内容和水平准度""基层卫生机构医疗服务方式准度""基层卫生机构医疗服务效度""基层卫生机构医疗资源整合式服务利用效度""基层医务人员及患者参与力度""基层医务人员及患者满意度"。再通过合并，得到以下四个核心编码："医疗卫生资源覆盖全度""医疗卫生资源配置准度""医疗卫生资源下沉效度""医疗卫生资源评估力度"。主轴编码和核心编码合并结果见附表1-16。

附表1-16　主轴编码和核心编码合并结果

核心编码	主轴编码	开放式编码编号	频次
医疗卫生资源覆盖全度（F1）	医联体内基本功能全度	A1，A2，A3，A4，A5	30
	基层卫生机构医疗资源配置	B12，B13，B14	19
医疗卫生资源配置准度（F2）	医联体内医疗服务内容和水平准度	A6，A7，A8，A9	23
	基层卫生机构医疗服务方式效度	B1，B2，B3，B4，B5	29
医疗卫生资源下沉效度（F3）	基层卫生机构医疗服务效度	B6，B7，B8	22
医疗卫生资源下沉效度（F4）	基层卫生机构医疗资源整合式服务利用效度	B9，B10，B11	18
医疗卫生资源评估力度（F5）	基层医务人员及患者参与力度	C1，C2，C3	22
	基层医务人员及患者满意度	C4，C5	13

4. 因子分析

本报告中因子数量共24个，采用SPSS中的降维模块对因子进行降维。KMO和Bartlett检验结果见附表1-17，KMO统计量为0.924，大于0.9，符合做因子分析的条件。巴特利特球形检验的结果中，显著性的数值为0.00，该结果小于0.05。原始因子间的相关系数矩阵并非单位矩阵且存在相关性，符合使用因子分析的要求。

附表1-17　KMO和巴特利特球形检验结果

KMO和巴特利特检验		
KMO取样适切性量数		0.924
巴特利特球形检验	近似卡方	47899.722
	自由度	276
	显著性	0.00

通过因子分析,将原有的24个指标提取为4个公共因子,实现数据的整合和降维。由附表1-18可知,前四个公共因子总方差之和为78.428%。

附表1-18 指标总方差

成分	初始特征值			旋转载荷平方和		
	总计	方差百分比	累积(%)	总计	方差百分比	累积(%)
1	6.852	28.550	28.550	6.424	26.767	26.767
2	4.645	19.356	47.906	4.419	17.288	44.055
3	4.624	19.265	67.171	4.138	17.243	61.298
4	2.702	11.257	78.428	4.111	17.130	78.428
5	1.003	4.179	82.607			
6	.302	1.257	83.863			
7	.297	1.239	85.102			
8	.286	1.191	86.293			
9	.279	1.162	87.455			
10	.262	1.092	88.548			
11	.258	1.075	89.623			
12	.251	1.045	90.668			
13	.240	1.002	91.669			
14	.226	.943	92.613			
15	.219	.911	93.524			
16	.211	.879	94.403			
17	.205	.855	95.258			
18	.197	.821	96.079			
19	.179	.748	96.827			
20	.170	.709	97.536			
21	.163	.678	98.214			
22	.162	.675	98.890			
23	.145	.605	99.494			
24	.121	.506	100.000			

注:提取方法为主成分分析法。

用最大正交旋转法对矩阵进行旋转,旋转后成分和矩阵的结果见附表1-19所示。原24个指标在旋转后的矩阵中分别在不同的公共因子上具有较高的载荷,呈现出指标在公共因子上的聚集。

附表1-19 旋转成分矩阵

	成分			
	1	2	3	4
预防保健服务	−.030	−.012	.001	−.008
健康管理服务	−.071	−.042	.899	−.065
管理职能	−.074	−.074	.904	−.074
科室设置	−.087	−.061	.899	−.064
设施设备	−.069	−.058	.904	−.054
人员配置	−.066	−.071	.904	−.059
住院服务	.892	−.057	−.049	−.066
医生签约服务	.889	−.085	−.077	−.086
转诊服务	.895	−.071	−.067	−.078
远程医疗服务	.887	−.084	−.067	−.086
医疗服务	.900	−.055	−.038	−.051
检查服务	.885	−.068	−.067	−.068
计划生育技术服务	.890	−.082	−.067	−.075
公共卫生服务	.893	−.063	−.051	−.058
卫生运行效率	−.070	−.076	−.064	.900
质量提升率	−.045	−.043	−.050	.891
床位利用率	−.075	−.068	−.074	.900
人次增长率	−.063	−.063	−.069	.901
就诊人次数增长率	−.059	−.054	−.059	.896
乡村振兴工作参与度	−.049	.905	−.047	−.043
分级诊疗参与度	−.055	.918	−.050	−.061
患者参与配合度	−.036	.901	−.055	−.045
乡村振兴工作满意度	−.075	.892	−.077	−.083
服务满意度	−.068	.895	−.079	−.080

注：提取方法为主成分分析法。

整合四个公共因子及其下属指标见附表1-20。

附表1-20　四个公共因子及其下属指标整合

医疗卫生资源覆盖全国（F1）	医联体内提供基本医疗服务和预防保健服务（X1）
	医联体内提供综合性、连续性的健康管理服务（X2）
	医联体内承担县（区）级卫生行政部门委托的卫生管理职能（X3）
	基层卫生机构科室设置（X4）
	基层卫生机构设施设备（X5）
	基层卫生机构人员配置（X6）
医疗卫生资源配置准度（F2）	基层卫生机构门急诊和住院服务（X7）
	基层卫生机构家庭医生签约服务（X8）
	基层卫生机构转诊服务（X9）
	基层卫生机构远程医疗服务（X10）
	医联体内医疗服务（X11）
	医联体内检验检查服务（X12）
	医联体内计划生育技术服务（X13）
	医联体内公共卫生服务（X14）
医疗卫生资源下沉效度（F3）	基层医疗机构医疗卫生运行效率（X15）
	基层医疗机构医疗卫生服务水平和质量提升率（X16）
	基层卫生机构床位利用率（X17）
	基层卫生机构诊疗人次增长率（X18）
	基层卫生机构居民就诊人次数增长率（X19）
医疗卫生资源评估力度（F4）	基层医务人员对乡村振兴工作参与度（X20）
	基层患者对分级诊疗参与度（X21）
	基层医务人员和患者参与配合度（X22）
	基层医务人员对乡村振兴工作满意度（X23）
	基层患者对机构服务方面的满意度（X24）

5. 选择性编码与模型构建

选择性编码即三级编码，通过Nvivo进行相关编码，分析影响因素，对参考点进行归类编码，精炼4个核心范畴，并通过其内在逻辑关系构建相应模型。

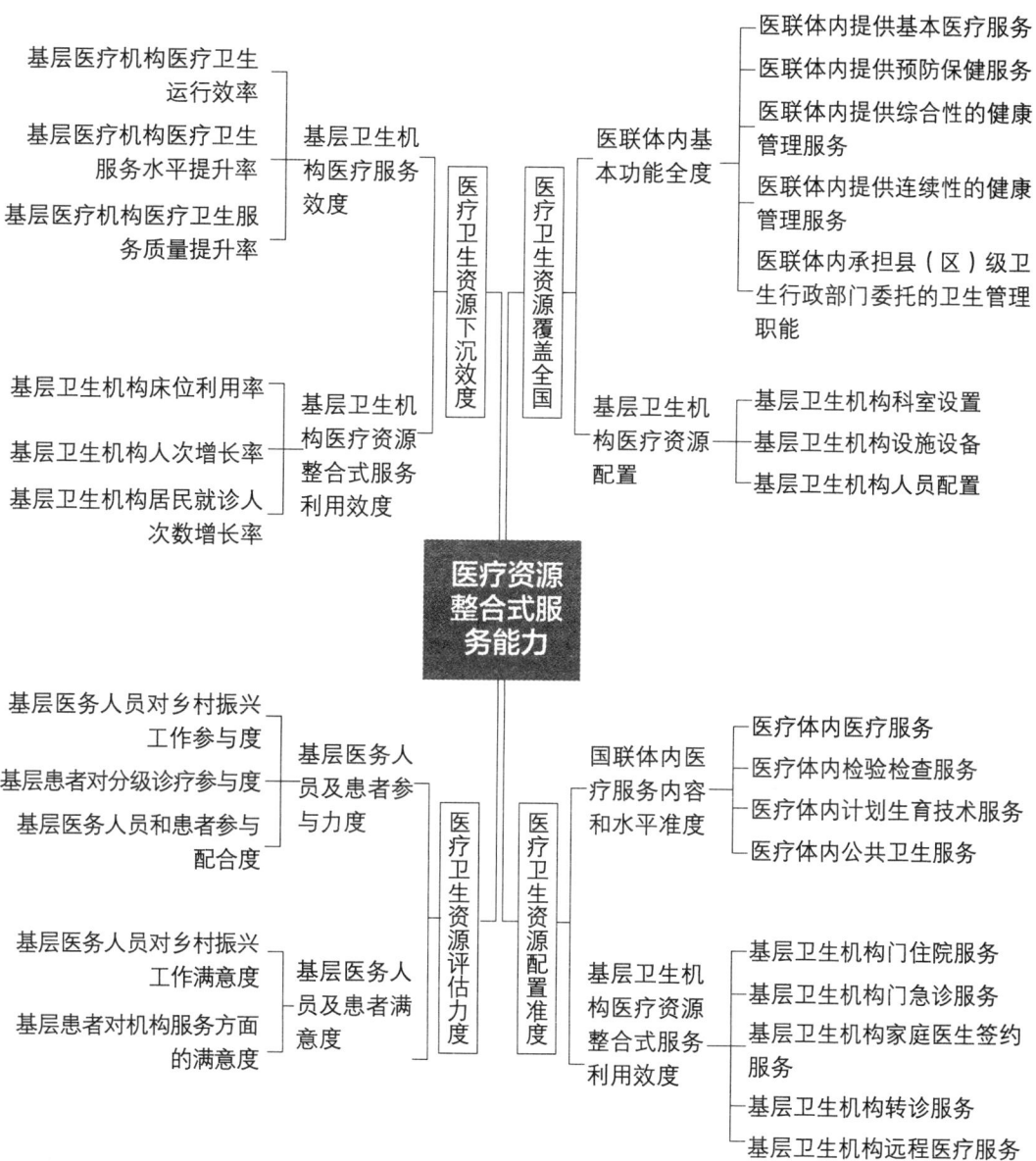

附图1-19 选择性编码与模型构建

6. 饱和度检验

为了对该结论的理论饱和度进行检验,将预留的案例进行编码检验,从结果看出,并没有出现新的关键词和指标,即该结论已经达到了理论饱和,医疗资源整合式服务能力因素已被充分挖掘。

（三）赋权计算

1. 因子分析法权重计算

由上述内容可知，F_1、F_2、F_3、F_4的方差贡献率分别是19.265%、28.550%、11.257%、19.356%，以上4个方差贡献率的和为78.428%，得到4个公共因子的权重分别为：WF_1（因子）=24.56%，WF_2（因子）=36.41%，WF_3（因子）=14.35%，WF_4（因子）=24.68%。

2. 扎根理论权重计算

通过对各核心编码下属词语的频数统计，计算各核心编码频数占全部频数的比值，得到各核心编码客观赋权权重分别为：WF_1（扎根）=27.84%，WF_2（扎根）=29.54%，WF_3（扎根）=22.73%，WF_4（扎根）=19.89%。

3. 组合赋权计算

客观赋权基于因子分析法和扎根理论，两种方法得到的主成分因子和核心编码存在一一对应的关系，故将两种方法的权重进行组合，得到客观赋权综合权重。两种不同的方法的样本分别基于调研数据和访谈文字，故各具有其客观科学性和不可替代性。所以在计算客观赋权的占比时，取其平均值，即W_F（客观）=1/2[W_F（因子）+W_F（扎根）]。计算结果如下：WF_1（客观）=26.20%，WF_2（客观）=32.98%，WF_3（客观）=18.54%，WF_4（客观）=22.28%。

客观赋权是对调研数据分析得出的，赋权结果的准确度和可信度取决于数据的质量。因此，在客观赋权的基础上，本调研引入主观赋权，形成主、客观赋权相结合的赋权方式，提高赋权真实度。本书采用德尔菲法，通过咨询相关专家、学者，科学客观地进行咨询和访谈，探讨合理赋权比重，最后取各位专家、学者权重赋值的平均值，得到F_1、F_2、F_3、F_4的组合权重，W_F（主观）=18%，WF_2（主观）=28%，WF_3（主观）=32%，WF_4（主观）=22%。

客观赋权代表了数据的客观性，需要通过主观赋权给予一定的干预，为提高共同赋权的精准度，因此组合权重取二者的平均值，即W组合=α·W（客观）+（1-α）·W（主观），α代表组合系数，这里取α=0.5，组合赋权后，F_1、F_2、F_3、F_4权重分别变为：WF_1（共同）=22.10%，WF_2（共同）=30.49%，WF_3（共同）=25.27%，WF_4（共同）=22.14%。

（四）医疗资源整合式服务能力提升的影响因素分析

依据数据和共同赋权，公共因子的权重排序为F_2、F_3、F_4、F_1，即医疗卫生资源配置准度、医疗卫生资源评估力度、医疗卫生资源下沉效度和医疗卫生资源覆盖全度。

1. 医疗卫生资源覆盖全度：以人才引进留任为根本

医疗卫生资源覆盖全度是指基层医疗机构在医疗设施建设的全面程度，其组合权重为22.10%。通过扎根理论和主成分因子法的研究发现，在有关人才方面的词频和调查问卷数据聚集度较高，即人才的需求方面仍有很大缺口，仍然面临引进人才难、留住人才难的问题。

在访谈中，案例AL6的卫生院院长指出，大多数引进人才会因为待遇和地域等问题，在来卫生院一年后选择前往市区医院工作。调查问卷得到的数据显示，人员配置情况对基层卫生院的医疗服务能力提升和人才的留任在各个层面上都有一定影响。基层卫生医疗机构的人才引进和留任问题亟须改善。

2. 资源配置准度：以精细规划布局为核心

医疗卫生资源配置准度是指基层医疗资源的配置体系情况，其组合权重为30.49%。在扎根理论中，编码得出的各项词频均为较高，但均为改进建议。反映出门诊、急诊和住院服务开展医疗资源配置准度不足，规划布局不合理，通过更加精细的规划发展布局，提高资源配置准度。

在访谈的过程中，案例AL3的卫生院院长提到，卫生院虽拥有多项服务，但无法精准地针对患者痛点进行诊治。综合调查问卷数据显示，各项服务的满意度均较低，其内在原因为资源在空间上的不合理规划，通过精细规划医疗资源布局，增强基层卫生院的医疗水平和能力，提高基层卫生院医疗资源整合式服务能力。

3. 资源下沉效度：以"互联网+"医疗为抓手

医疗卫生资源下沉效度是指医疗资源在基层医疗机构资源利用率情况，其组合权重为25.27%。当前医疗整合式服务提升路径正持续向前，医疗卫生资源下沉效度也对医疗整合式服务提升有较大影响。在扎根理论词频的统计中，各项开放式编码的词频均较低。

其中，在案例AL8的卫生院护士建议，通过借助网络平台优势，可以提升医疗资源的共享利用。综合问卷数据及分析结果，各项效率数据都偏低。因资源和设备的限制导致无法进一步提升，团队认为目前的运行效果较差的解决方案为通过将"互联网+"医疗作为抓手，提升服务水平和质量。

4. 资源评估力度：以评估监督反馈为目标

医疗卫生资源评估力度是指基层医疗机构在医疗资源整合中的监督体制建设情况、评估体系建设情况，其组合权重为22.14%。

在扎根理论的开放性编码中，多数词频聚集于提升反馈体系建设。同时，根据调查数据，针对医务人员和患者两方进行医疗卫生资源进行评估，明显地反映了患者对于分层诊疗参与度低，从而反映了目前医疗卫生资源在监督反馈方面落实度低，实施方案不完善，进一步提醒需要尽快改善实施方案，精准落实在患者身上。

五、"医"之方略：完善解决方案，助力"医"锦还乡

根据医疗资源整合式服务能力提升的主要因素，报告从全度、准度、效度、力度四个方面采取人才整合——个性发展——数字资通——评估监督的工作思路（附图1-20），提出西北地区医疗资源整合式能力提升的路径与策略，为其他地区后续医疗资源服务能力提升提供借鉴。

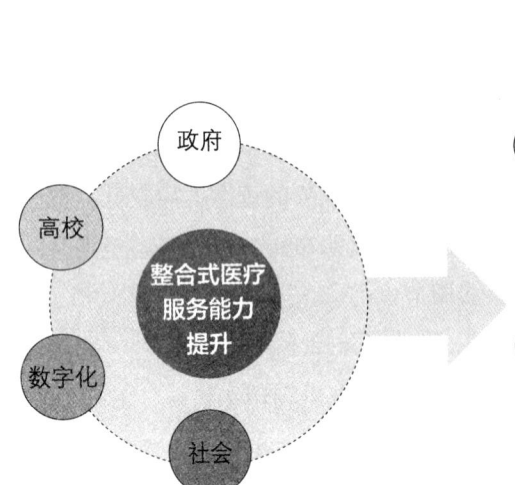

附图1-20 工作思路图

（一）建言降低人才招聘门槛，扩宽人才招录覆盖面

1. 推进招录农村生源，逐步放宽学历限制

各地医疗政府应以农村生源为重点，扩大定向培养规模，吸引更多考生报考基层医

疗单位，在基层人员的招聘中适当放宽学历、年龄的限制，推进非全日制学历、有丰富基层工作经验的医务人员参与选拔，招录能够快速胜任岗位的医务人才，在引进人才的同时，保证人才的稳定性，见附图1-21。

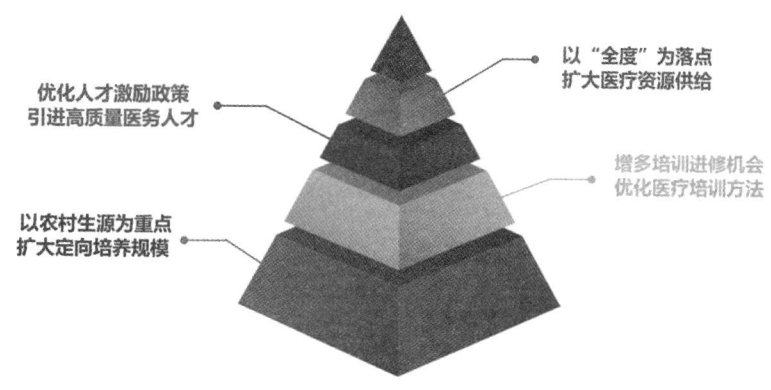

附图1-21 扩大医疗卫生资源供给

陕西省延川县卫生院在人才招录的过程中已将往年的研究生要求岗位学历降低至本科，更新药剂师等岗位录用要求为专科，且新招收的医疗卫生人才在两年的工作经历后，留用率达100%。宝塔区卫生健康局正在按照此建议修订《延安市医疗卫生人才录用政策》。

2. 优化人才激励政策，把握全科医生引进培养

各地医疗政府及基层医疗机构应结合全科医生的岗位职责、工作表现和职业规划，制订现金奖励、培训机会、晋升机会以及福利待遇等多元化专项激励措施，不断地提升全科医生的岗位吸引力。加强注重医护人员的情感需求，解决家庭等后顾之忧，通过鼓励不断地增强获得感、尊重感和荣誉感。

宝塔区落实"两个允许"，扩大实施全科医生特岗计划，加大职称晋升倾斜力度，已完成规培的全科医生到基层工作参加一年以上的可突破学历等限制，破格晋升职称。目前，已聘用基层全科医生10余名。吴起县各镇卫生院已招录特岗全科医生8名，保证一院一职。

3. 分批分类培训进修，多元优化技能培训方式

各地基层医疗单位以分批分类为原则，加大基层医护人员培训方式和培养力度，如乡镇卫生院设置专项基金，分期分批培训有潜能的医护人才，分门别类，针对基层管理人员、医生、护士、单位新进不同类型人才制订不同的培养方案；依据不同科室工作情况，定期开展医疗技能培训，不断提高医护人员业务能力水平。在培训方式的选择上，采取线下培训与线上培训相结合、内部培训与外部培训相结合，以实现多元化培训方式相融合，促进基层医护人员工作技能的提升。

调研团队在宝塔区、吴起县试点推行"1+N"模式，依托95名主任医师担任特聘专家的医学智库，建立医疗疑难杂症网络联络组，采取线下培训与线上培训相结合、内部培训与外部培训相结合的多元化方式，每月开展一次疑难杂症交流研讨会，不断促进基层医护人员工作技能的提升。延川县乡镇卫生院与所辖社区卫生服务中心骨干临床医师、公卫医师在一年时间内前往延安市人民医院进行学习实践，重点强化全科理念及全科临床思维的训练，学习本专业常见病的诊断、治疗与基层应急处理的综合管理能力，现每人每年累计线下培训时长达到90天，完成不少于6个项目（包括基层常见病多发病诊疗、中医适宜技术、合理用药、医德医风四个必修项目包）的学习。

（二）联合构建"半小时"医疗圈原则，精准划分病种以促报销

1. 构建"半小时"医疗圈原则，定制医疗资源规划和布局

各地医疗政府牵头，以医保基金为杠杆，设立一定额度医保基金只能用在乡镇一级的医疗卫生机构，以紧密型县域医共体为保障促进优质医疗资源下沉，引导患者基层首诊规划医疗资源圈；依据地区特点和需求，合理划定乡镇卫生院和城市三甲医院的服务范围，建立明确的转诊机制；制订具体的病情评估指标，根据病情的严重程度和诊疗需求，将患者分级转诊到不同级别医疗机构，确保患者在30分钟内得到实时转诊。

延安市宝塔区制定的《2023年延安市PDF分级报销规定》，以不同就诊机构对应不同的报销与自付比例为原则，促进患者在小病选择基层医院就诊，大病在城市诊疗合理报销。以减少不必要的就诊，同时规定每所三级医院至要与2所县级医院建立对口帮扶关系。在医共体内逐级转诊情况居全省前列，基层医疗卫生机构中医诊疗量占同类机构诊疗总量比例≥30%。县域内就诊率提高到90%左右，居民2周患病首选基层医疗卫生机构的比例≥70%，基本实现"小病不出乡、大病不出县、90%的病人在县域内就诊"的新局面。团队试推行"救护车辆+医疗设备+全科医师团队+远程医疗"流动医院模式，延川县、宝塔区、吴起县实现30分钟医疗卫生服务圈全覆盖，为基层群众在"家门口"提供便捷、优质、高效的医疗服务，切实打通基层惠民医疗"最后一公里"，缩短患者就医时间，提高医疗服务，不断提升群众看病就医体验感、获得感和满意度。

2. 把握转型原则，因需制宜精细化调动资源

各地医疗政府整合医疗卫生资源要以"因地制宜、按需改进"为原则（附图1-22）。对标县域医疗机构的建设目标及要求，"因县而异"提升基层医疗机构服务能力。不同

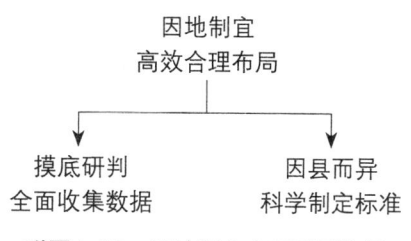

附图1-22　因地制宜合理配置资源

地区结合当地的人口健康状况及地域特色，精准布局，进行特定的专科能力培训与提升，提升医疗资源精细化调动水平，推进优质医疗卫生资源合理利用。

宝塔区卫生健康局针对辖区内各基层医疗机构的医疗需求进行了实地调研，开展打造特色科室工作，推广中医药适宜技术，为各乡镇卫生院配备中医医生，现已在青化砭中心卫生院增设特色中医馆诊疗服务，提供覆盖全民和全生命周期的公益性中医药服务，更全面满足基层人民群众的健康保障与需求。

3. 发挥课程作用，双线路课程精确化服务主体

各级医疗机构与公益组织应以课程为导向，积极拓展"精确化"的惠民培训形式，根据不同服务主体、不同地域差异化设计课程和服务方案，以满足服务对象的个性化需求从而提升服务质量。设计线上诊疗使用课程以及健康保健与急救课程服务乡镇中老年人，普及医疗政策及急救常识；对于基层医疗单位工作人员，辅以专家教授技术指导课程，利用各地上级医院专家医生资源，提升基层卫技人员专业技能，提升诊疗水平和专业知识。同时，提供个性化的服务，根据服务对象的具体需求和问题，提供相应的解决方案。

延川县卫生院联合开展医疗宣讲会45场，以医保政策与常见心肺复苏、海姆立克急救法等急救技能为培训内容，辐射基层农户765户，如在延安市延川县岔口村开展的健康保健课程中，对照课程知识，三位老人发现了隐患腰部疾病，通过线上诊疗，为服务对象提供更详细的医疗指导和咨询，从而减轻疾病的恶化，在提升服务质量的同时，满足服务对象的个性化需求。

（三）远程问诊，高校联合——扎实构建数字化乡医新未来

1. 配套政府建立"专家智库"，搭建医疗远程问诊平台

各市、各县依托现有的大型优质医院、医学院校、推广部门的科研资源和科研力量，各级政府牵头与各地基层医疗机构加快形成"互联网+"医疗远程问诊体系（附图1-23）。

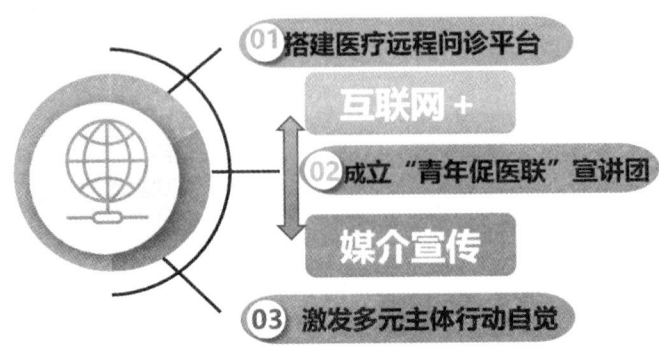

附图1-23 "数"说医疗

延安市卫生健康局联合建立合作，邀请来自西安市唐都医院、西京医院等多家三甲医院各科室95余名专家，建立医联专家智库与医疗问诊平台。第一，延安市已正式推进多渠道下乡问诊工作，以白求恩义诊团与刘易式好医生服务队为核心，保障"一院一队""一院一扶"，让贫困群众享受三甲医院的专家问诊资源。第二，借用远程教育技术融合团队设计课程，搭建远程医学教育平台，为基层"全科医生"提供在线远程诊疗培训服务，提高其诊断技巧、用药指南、常见病和慢性病诊断技术。以季度为周期进行至少6次义诊活动，一年内累计义诊85次，有效地解决了延安市延川县75户村民的病患问题与疑难杂症，提前预防恶化病例32例，及时促进转诊治疗54次。

2. 联合高校成立"青年促医联"宣讲团，激发多元主体行动自觉

各级政府在城乡融合发展过程中应注重开展"主体意识"教育工作，持续激发多元行动者的主体自觉。医务人员与基层群众作为多元主体的积极行动是促进城乡医疗融合发展的原动力。联合省内外七所高校成立"青年促医联"宣讲团，努力推进群体意识变"被动响应"为"主动参与"。持续开展有效的城乡融合开展宣传活动，努力赢取多元主体的认同自觉，充分认识到推进城乡共享发展的重要性。

延安市川口镇、柳林镇等20余镇结合自身实际情况，开展以医联体政策、现阶段乡村就诊形式、常见突发疾病急救方式为主题宣讲会共40余场，通过搭建新媒体平台，分发宣传册、现场测量血压等手段，使基层人民更加了解现在当地的医疗政策以及常用的医疗知识。

（四）引入第三方评估机制，协同构建"1+2+1"结果评估监督体系

1. 明确短板弱点，构建整合式服务能力评价体系

各级医疗单位在自主考核评价体系之外补充第三方机构，提供客观地评估和考核。

这种独立性有助于减少潜在的利益冲突,确保评估结果的公正性和可信度。从全度—准度—效度—力度四个维度构建医疗整合式服务能力评价体系,动态分析该服务能力的实施效果,对评价级别较低,或者某一维度方面缺失的医疗机构对其提出有效路径。

以延安市辖区内所有基层医疗机构为样本发放调查问卷,访问各医疗单位,收集关于延川县与吴起县等基层卫生机构医疗资源配置、乡村振兴成员单位、基层医务人员及患者参与度等体系所需要的数据,其评价结果如附图1-24。

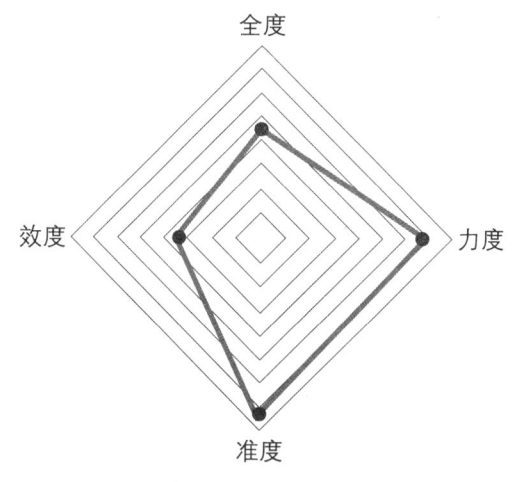

附图1-24 延川县医疗资源整合式服务能力评价雷达图

2. 坚持标准指标,构建"1+2+1"监督反馈体系

对于基层医疗机构整合医疗资源评估结果,可以通过监督反馈体系进行补充,保证在医疗资源整合过程中各主体切实发挥作用。团队构建"1+2+1"结果监督体系(附图1-25),"1"是全、准、效、力构建"1"赋分平台,即一个智慧化动态化结果监督平台。依据调研内容,得出该基层医疗机构资源整合体检总赋分,形成资源整合结果报告。"2"是两个资源提供和资源接收终端。即推动上层优质医疗资源不断下沉,"因需制宜"落到实处。第二个"1"就是形成一套真实、客观、全面反映基层医疗机构资

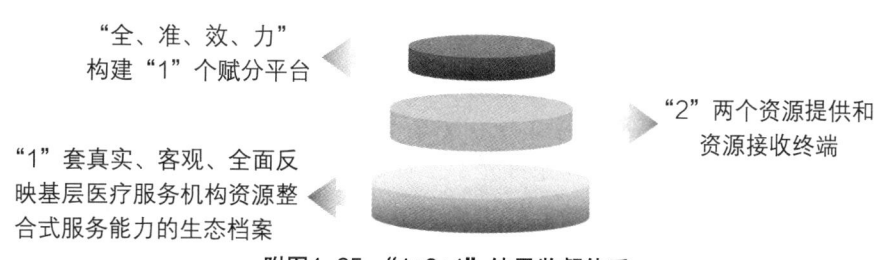

附图1-25 "1+2+1"结果监督体系

源整合式服务能力的生态档案。实现监管信息动态上传、精准分析、动态掌握各级医疗机构各项医疗资源情况，精准、科学、有效地研判弱点状况，切实增强监督工作的前瞻性、针对性和精准性。

六、"医"之实践：策略验证总结，实践彰显优势

（一）陕西省内：宝塔区、吴起县策略实施与反馈

1. 宝塔区策略实施与反馈

收集宝塔区基层卫生机构医疗资源配置、乡村振兴成员单位、基层医务人员及患者参与度等体系所需要的数据，得其基层卫生机构整合式医疗服务能力评价指标为良好。根据数据评分可得宝塔区在"准度、效度、力度"上良好，相对于"全度方面"尚存欠缺。针对"全度"，主要显著问题为：城区大医院虹吸效应，高层次人才留不住。2021年，延安市第三人民医院向社会公开招聘高层次人才公告，位于宝塔区的河庄坪、姚店等乡镇卫生院对于医务人员的招聘条件要求与城区相同（附表1-21）。

附表1-21 2021年延安市医院部分招聘表

医院列表	招生岗位及人数			招聘岗位所需资格条件		
延安市	岗位简称	岗位类别	招聘人数	学历	其他条件	人才待遇
第三民医院	临床科室	专技	3	硕士研究生及以上	硕士学位及以上具有执业医师资格证书	按照事业单位正式在编相关规定执行
河庄坪乡镇卫生院	心脑血管科室	专技	2	硕士研究生及以上	硕士学位及以上具有执业医师资格证书	按照事业单位正式在编相关规定执行
姚店乡镇卫生院	耳鼻喉科室	专技	1	硕士研究生及以上	硕士学位及以上具有执业医师资格证书	按照事业单位正式在编相关规定执行

因为乡镇和城区相比生活工作条件差、工资福利待遇低、基层工作繁而杂且成长空间有限等严峻问题导致"城区大医院虹吸效应，高层次人才留不住"的现象十分严重。针对宝塔区基层医疗机构在"全度"上的问题，根据"1+2+1"结果监督体系，切合实

际地提出有效准确的解决路径：即提高乡镇卫生院医务人员待遇，同时适当降低录用基层人员门槛，放宽基层卫技人员学历限制要求，降低学历要求至本科。

反馈情况，见附表1-22，附表1-23。

附表1-22 2023年宝塔区基层医疗机构医务人员招聘部分情况

招聘单位	编制类型	招聘岗位	招聘人数	年龄要求	学历要求	专业要求	其他要求	备注
延安市第一人民医院	差额事业	临床	4	35周岁及以下	研究生及以上学历	临床医学专业	硕士学位以及具有执业医师资格证书	在县级医疗机构累计工作满3年及以上者年龄可放宽至40周岁
		影像	1			医学影像学专业		
		检验	3			医学检验专业、医学检验技术专业	具有检验师及以上资格证	
			1				服务基层项目专门岗位，具有检验师及以上资格证	
		药剂	4			药学专业	具有药剂师及以上资格证	
		护理	4			护理学专业	具有护士及以上资格证	
姚店乡镇卫生院	差额事业	护理	2	35周岁及以下	专科及以上学历	临床医学专业	具有护士及以上资格证	在县级医疗机构累计工作满3年及以上者年龄可放宽至40周岁
			1			护理专业、护理学专业	服务基层项目专门岗位，具有护士及以上资格证	
		临床	2			临床医学专业		
		检验	1			医学检验专业、医学检验技术专业	具有检验师及以上资格证	
河庄坪乡镇卫生院	全额事业	检验	1			医学检验专业、医学检验技术专业	具有检验师及以上资格证	
			1				服务基层项目专门岗位，具有检验师及以上资格证	
		临床	2		本科及以上	临床医学专业		
			1				生殖科工作限男性	
		影像	1			医学影像学专业		
		眼科	1			眼视光医学专业		

在"全度"弥补不足的同时于"准度、效度"方面力求精益求精。

附表1-23 2023年宝塔区医联体建构情况

时间	会议
2023年3月3日	延安大学附属医院与横山区人民医院、黄陵县第二人民医院举行医联体签约仪式
2023年3月30日	宝塔区人民医院召开临床与医技科室沟通交流座谈会
2023年4月3日	宝塔区召开深化医药卫生体制改革医联体、医共体建设现场推进会,延安大学附属医院与姚店中心卫生院、南泥湾中心卫生院等分别签订了对口帮扶、医联体、医共体建设帮扶协议

全力推进紧密型医共体建设,促进市、区医疗机构机制协同、医疗协同,助推优质医疗资源下沉,进一步带动宝塔区基层医疗服务能力全面提升;通过品牌平移、技术和服务嫁接等形式综合提升成员单位实力,利用人才培养、专科扶持、远程医疗等方式不断优化资源配置,形成上下联动、优势互补、资源共享的运行机制,实现在准度、效度方面的更加完善。

2. 吴起县策略实施与反馈

依据评价体系所产出的结果,延安市吴起县在医疗资源整合效度以及力度方面相对稳步发展,在全度以及准度上仍存在上升空间,存在主要显著问题为:基层卫生机构设施设备配置不完善;医联体中上级医院专家下基层坐诊频率次数较低。据此情况,针对吴起县吴起镇、周湾镇乡镇医疗机构在"全度"以及"准度"上的问题,根据"1+2+1"结果监督体系,切合实际地提出有效准确的解决路径:即建立健全医疗卫生基础设施的配置,实现医疗资源下沉与融合,与此同时利用本项目"95名专家智库平台"团队点对点、类对类、精准治病,让百姓看得放心切实解决"看病难"的问题。

反馈情况,见附表1-24。

附表1-24 2021与2023年吴起县吴起镇、周湾镇卫生机构设施配置情况对比

设备类别	设备名称	2021年是否配备(1是,0否)	2021年是否配备(1是,0否)
基本设备	急救抢救箱	1	1
	氧气瓶	1	1
	电动吸引器	0	1
	洗胃机	0	1
	心电图机	0	1
	抢救床	1	1

续表

设备类别	设备名称	2021年是否配备（1是，0否）	2021年是否配备（1是，0否）
基本设备	观察床	1	1
	诊查床	1	1
	妇科检查床	1	1
	新生儿体重计	0	1
	血球计数仪	0	1
	离心机	0	1
	恒温箱	1	1
	电冰箱	1	1
	X射线机	0	1
	观片灯	1	1
	开口器	0	1
	导尿包	0	1
	身高体重计	1	1
	至少100支各种规格注射器	1	1
	器械盘	1	1
	器械柜	1	1
	无菌柜	1	1
	污物桶	1	1
	担架车	0	1
	紫外线灯	0	1
	高压灭菌设备	0	1

由调查可得，2023年较2021年在基本设备配置方面有了大幅度提升，基本实现了基层卫生机构基本设备的配备，基本保障村民看病的医疗服务设施。

附表1-25 2021与2023年吴起县吴起镇、周湾镇卫生机构患者对卫生建设的满意率对比

指标	2021年满意度（%）	2023年满意度（%）	差值（%）
对门诊室的满意度	60.59	80.98	20.39
对病房的满意度	51.76	74.23	22.48
对产房的满意度	58.24	71.17	12.93
对医护办公室的满意度	55.88	83.44	27.56
对上下水系统的满意度	67.64	93.25	25.61

续表

指标	2021年满意度（%）	2023年满意度（%）	差值（%）
对厕所的满意度	72.30	77.30	5
对供暖的满意度	47.65	73.62	25.97
对环境的满意度	54.71	77.91	23.20
对设备种类的满意度	51.68	82.82	31.14
对设备质量的满意度	45.61	73.62	28.01

由调查可得，2023年较2021年吴起县卫生医疗机构患者对卫生建设满意率显著提高（附表1-25）。对设备种类、设备质量、医护办公室环境的差值满意度列居前位，在"全度"方面大幅度提升，实现资源整合式下沉与融合。

附表1-26　2021与2023年吴起县吴起镇、周湾镇基层卫生机构卫生服务提供增长率对比

指标	2021年增长率（%）	2023年增长度（%）
门急诊人次	10.86	32.23
住院人次	31.34	85.63
住院分娩人次	50.01	92.55
手术人次	48.49	86.87
床位使用率	19.36	70.12
线上诊疗	22.36	67.32
医疗药品业务收入增长率	33.54	69.81
医疗业务收入增长率（扣除药品）	39.60	78.03

由调查可得，2023年较2021年吴起县卫生医疗机构卫生服务提供增长率各方面显著提高（附表1-26）。来自西安市唐都医院、西京医院等领衔的95余名专家智库，以"互联网+"技术为依托，推进医疗问诊平台建设及实地看诊。依据青年志愿团队力量将医生专业与乡镇卫生院需求"点对点"匹配连接，省时、高效地促进基层乡镇卫生院医疗技术能力提升，大幅度增加了看病人数、手术人次、医疗业务收入等卫生服务。大范围解决了当地村民的一些疑难杂症，让贫困民众也能享受到三甲医院的相关医疗条件。

（二）新疆维吾尔自治区：温宿县策略实施与反馈

依据评价体系所产出结果，新疆维吾尔自治区温宿县在医疗资源整合全度、力度以及准度方面相对稳步发展，在效度上仍存在上升空间，存在主要显著问题为：基层卫生机构互联网＋医疗发展较为滞后；医联体上级医院专家下基层坐诊频率次数较低。据此情况，针对新疆维吾尔自治区温宿县乡镇医疗机构在"效度"上的问题，根据"1+2+1"结果监督体系，切合实际地提出有效准确的解决路径，即建立"专家智库"，利用"互联网＋"搭建医疗远程问诊平台，精准治病，让百姓看得放心切实解决"看病难"的问题。

现阶段，互联网技术使远程医疗成为可能，患者可以通过在线咨询、视频会诊等方式获得专业医疗服务从而缩小看病里程，推动实现"小病不出乡，大病有医靠"，根据回访调研，新疆维吾尔自治区温宿县参照团队所建议路径，建立适用于当地的"专家智库"，依托团队医疗远程问诊平台，利用互联网技术提供远程医疗咨询和诊断服务，根据患者的病情和需求，提供准确、高质量的诊断和治疗建议。根据调研数据（附图1-26），自2021年开始，历时三年现已开展有效义诊45场，服务患者450人，就诊满意度上升至99%。

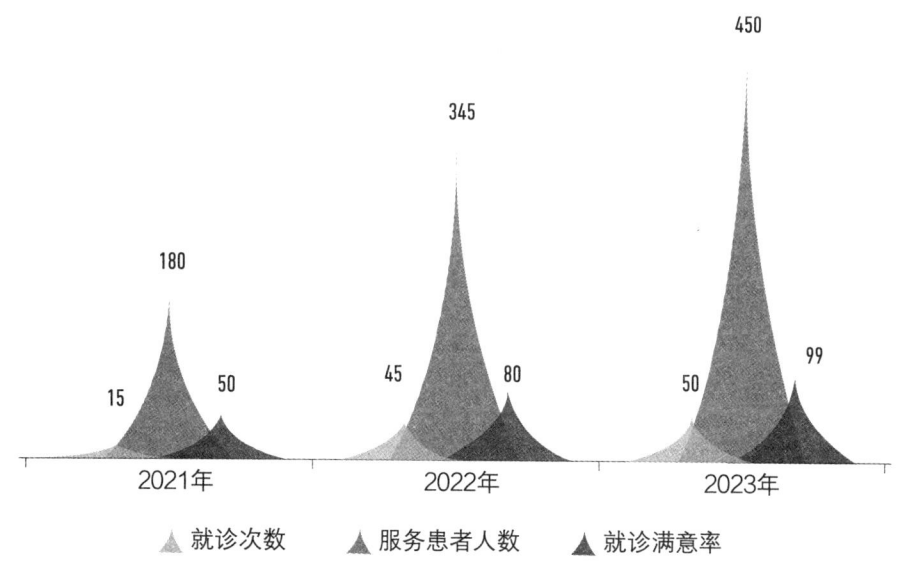

附图1-26　2021与2023年新疆维吾尔自治区开展义诊情况对比

（三）青海省：贵德县策略实施与反馈

依据评价体系所产出结果，青海省贵德县在医疗资源整合准度、效度以及力度方面相对稳步发展，在全度上仍存在上升空间，存在主要显著问题为：基层卫生机构在人才录用过程中以研究生学历为最低要求，导致人才招录与留用困难。据此情况，针对青海省贵德县乡镇医疗机构在"全度"上的问题，经与贵德县卫生健康局建言座谈，团队所提出的以农村生源为重点，推进非全日制学历、有丰富基层工作经验的医务人员参与选拔被以采纳，在基层医疗从事人员的招聘中放宽学历限制，降低学历至本科。

反馈情况，见附表1-27。

附表1-27 2023年贵德区基层医疗机构医务人员招聘部分情况

招聘单位	招聘岗位	招聘人数	年龄要求	学历要求	专业要求	其他要求	备注
祁连县人民医院	临床	4	35周岁及以下	研究生及以上学历	临床医学专业	硕士学位及以上具有执业医师资格证书	
	影像	1			医学影像学专业		
	检验	3			医学检验专业，医学检验技术专业	具有检验师及以上资格证	
		1				服务基层项目专门岗位，具有检验师及以上资格证	
	药剂	4			药学专业	具有药剂师及以上资格证	
	护理	4			护理学专业	具有护士及以上资格证	
祁连县八宝镇卫生院	护理	2	35周岁及以下	专科及以上学历	护理专业、护理学专业	具有护士及以上资格证	在县级医疗机构累计工作满3年及以上者年龄可放宽至40周岁
		1				服务基层项目专门岗位，具有护士及以上资格证	
	临床	2			临床医学专业		
	检验	1			医学检验专业、医学检验技术专业	具有检验师及以上资格证	
	影像	1			医学影像学专业		
	眼科	1			眼视光医学专业		

农村生源具备地域适应能力与对农村地区的了解和适应能力，更容易融入农村基层卫生院的工作环境，理解和满足农村居民的特殊医疗需求，从而提供更加贴近实际需求的医疗服务。增加对农业劳动相关的职业病、农村地区特有的疾病需求的理解和关注，更好地提供农村居民所需的医疗服务。同时，农村生源更容易与基层居民建立文化认同和沟通，更流畅地进行交流和合作，建立良好的医患关系，提供有效的医疗咨询和健康教育。降低学历要求至本科水平可以吸引更多的人选择在基层就业，将人才引进来，留下来。同时，鼓励农村地区的年轻人选择医疗专业，培养和吸引更多的本土医疗人才，不断地促进农村地区的人才流动和发展，推动农村地区的医疗事业和社会经济发展。

2023年3月回访调研得知，贵德县人民医院、贵德县八宝镇卫生院已在人才的录用招聘过程中对学历的要求降低至本科学历，同时对于有丰富工作经验的基层卫技人员年龄限制改为40岁。不断加速人才引进进程，吸引更多人才扎根基层，共促城乡医疗资源融合

（四）已有模式的再推广与再验证

团队通过调研得出的反馈案例现汇编成册并已经成功分发给了陕西省、甘肃省、青海省、宁夏回族自治区、新疆维吾尔自治区以及贵州省部分县域卫生院等45个基层卫生院，尽管这些地区可能尚未实施相应的模式，但各省、市、县在接收到反馈案例集后，均表示了积极的采纳意愿与高度认可（附表1-28）。在与各地区的沟通和交流中，我们观察到这些地区的医疗机构和管理部门对于引入先进的医疗模式和经验非常开放，并希望借鉴其他地区的成功案例。他们认为这些模式有助于提高基层卫生院的服务水平，优化医疗资源配置，并提升整体医疗服务体系的效能。因此，尽管尚未实施，但他们明确表达了愿意参与推广和验证的意愿。

附表1-28　汇编案例集分发省市统计表

甘肃省			
天水市	秦州区乡镇卫生院	麦积区乡镇卫生院	武山县乡镇卫生院等。
兰州市	城关区乡镇卫生院	七里河区乡镇卫生院	安宁区乡镇卫生院等。
青海省			
西宁市	城中区乡镇卫生院	城东区乡镇卫生院	城西区乡镇卫生院等。
海东市	乐都区乡镇卫生院	平安区乡镇卫生院	民和县乡镇卫生院等。
宁夏回族自治区			
银川市	兴庆区乡镇卫生院	金凤区乡镇卫生院	西夏区乡镇卫生院等
吴忠市	大武口区乡镇卫生院	惠农区乡镇卫生院	平罗县乡镇卫生院等
新疆维吾尔自治区			
乌鲁木齐	天山区乡镇卫生院	沙依巴克区乡镇卫生院	
克拉玛依	独山子区乡镇卫生院	克拉玛依区乡镇卫生院	白碱滩区乡镇卫生院

这种积极的反馈表明，团队所调研的已有模式在西北五省的省、市、县中具备广阔的应用前景。各省、市、县愿意借鉴其他地区的经验，探索适应本地区实际情况的医疗模式，并期待通过合作交流进一步提升医疗服务的质量和效果。

需要指出的是，具体的推广和验证工作仍需在进一步的研究和合作中展开，并需要考虑各地区的实际情况和条件。结合当前的反馈显示，西北五省其他省市县以及部分西

南地区对于已有模式的再推广和再验证，具有积极的态度和意愿采纳的表态。这为未来的合作与实践奠定了坚实的基础。

七、"医"之未来：铺就"健康之路"，医"通"普惠民生

近年来，全国各地区扎实做好基层医疗服务能力提升工作，基层医疗机构的医疗设备数量、医疗服务队伍、医疗资源布局有了明显改善。实践团队3年分批次深入革命老区延安市的3县25镇，对其医疗资源整合式服务能力现状进行调查，创新性地构建出基层医疗资源整合式服务能力的24个指标体系。在此基础上，有针对性地从扩大医疗卫生资源供给、信息化技术助力基层群众健康、"专家智库"零距离问诊和推进健康乡村建设的青年担当等方面提出了具有可操作性的建议，探索出一条在乡村振兴战略下如何在经济相对落后、交通较为不便、人才相对稀缺的地区推进优质医疗资源下沉的有效路径。

同时，西北地区多为高原地区和边远地区，地理条件恶劣，交通不便，医疗资源匮乏。医疗资源相对较为集中在大城市、省会城市，而农村地区和偏远地区的医疗资源相对匮乏。这导致城乡医疗服务能力差距较大，实践团队以延安市3县25镇为主体调研地，为西北地区医疗资源整合式服务能力发展提供有益借鉴，在医疗资源整合、医疗服务网络建设、人才培养和队伍建设以及信息化应用等方面所提出经验做法，为西北地区促进医疗服务的均衡发展和提高整体服务能力，提供有效指导。

健康是幸福生活最重要的指标，新时代新征程上，我们要毫不动摇坚持"人民至上、生命至上"，矢志不渝地维护人民健康，继续全方位推动优质医疗资源下沉。要在政策上给予保障，继续加大财政投入力度，合理调整相关政策，让先进设备和优秀人才走进基层、走向百姓；要在技术上给予支持，互联网的飞速发展，要让数据多跑路、让群众少跑腿，大力推进"智慧医疗"覆盖城乡；要在信心上给予引导，随着疫情防控政策的调整，我们更有机会且更有条件地深入到基层一线为百姓送去健康，动员多方力量，为全面推进健康乡村建设尽一份力，不断谱写新时代乡村振兴新篇章。

参考文献

曹银忠，胡树祥，2010.新中国成立以来大学生社会实践活动的回顾与展望[J].思想理论教育导刊（5）：84-88.

陈延斌，张明新，2005.高校文科科研训练与论文写作指导[M].北京：中央编译出版社.

都基辉，刘晓东，胡智林，2015.改革开放以来大学生社会实践的历程、经验和启示[J].思想教育研究（3）：97-101.

冯艾，范冰，2005.大学生实践导读[M].北京：社会科学文献出版社.

葛士新，2019.大学生社会实践选题的统筹研究[D].合肥工业大学.

蒿坡，陈琇霖，龙立荣，2017.领导力涌现研究综述与未来展望[J].外国经济与管理，39（9）：47-58.

姜志兵，张杰，2012.科学发展观指导下加强和改进大学生社会实践活动的思考[J].文教资料（1）：195-196.

李丽，郎润华，2022.新媒体营销教学中融入课程思政元素的研究与实践[J].对外经贸（7）：81-84，125.

列宁，黑格尔，1990.列宁全集[M].第55卷.北京：人民出版社.

刘晓东，2014.大学生社会实践理论与实务[M].高等教育出版社.

刘晓娟，2013.大学生"三下乡"活动的成败因素与对策探索[J].赤峰学院学报（自然科学版），29（09）：259-261.

刘增辉，2023.以"教育丝路"助力"一带一路"[J].在线学习（11）：28-29.

吕新云，2010.研究性学习理论在"思想道德修养与法律基础"课教学中的应用研究[J].教育探索（1）：80-81.

倪福全，李昌文，2011.大学生社会实践教程[M].北京：中国水利水电出版社.

屈陆，2014.大学生思想政治课社会实践指南[M].北京：科学出版社.

邵明英，2009.改革开放30年大学生思想政治教育途径的回顾[J].中国电力教育（5）：200-202.

王润清，2021.美国高校服务学习对优化我国大学生社会实践的启示[J].西部学刊（12）：3.

徐精鹏，2013."三个倡导"语境中的大学生思想政治教育探析[J].思想理论教育导刊（8）：126-129.

姚成玉，陈东宁，2012.论文写作规范及编排精讲[M].北京：电子工业出版社.

于庆峰，2014.高校思政课实践教学节日纪念日主题教育活动研究[J].哈尔滨师范大学社会科学学报（03）：181.

张辉，王智丽，2011.大学生实习实用手册[M].北京：高等教育出版社.

张建，2011.应用写作[M].北京：中国人民大学出版社.

Bavik Y L, Tang P M, Shao R，et al.，2018.Ethical Leadership and EmployeeKnowledge Sharing：Exploring Dual-mediation Paths[J]. The LeadershipQuarterly, 29 (2)：322-332.

Dean T J, McMullen J S, 2007.Toward a Theory of Sustainable Entrepreneurship: Reducing Environmental Degradation through Entrepreneurial Action[J].Journal of Business Venturing, 22 (1): 50-76.